V&R

Andreas Bürgi / Herbert Eberhart

Beratung als strukturierter und kreativer Prozess

Ein Lehrbuch für die ressourcenorientierte Praxis

Mit 5 Abbildungen

Sonderausgabe

Vandenhoeck & Ruprecht

Bibliografische Informationen Der Deutschen Bibliothek

Die Deutsche Bibliothek verzeichnet diese Publikation
in der Deutschen Nationalbibliografie;
detaillierte bibliografische Daten sind im Internet
über ‹http://dnb.ddb.de› abrufbar.

ISBN 3-525-46247-6

Umschlagabbildung: Eve Aschheim, *Float*, 1993,
Graphit, Kohle, Öl auf Leinwand, 28 x 36 cm.

Internet: www.v-r.de

Printed in Germany.
Schrift: Minion
Herstellung: SchwabScantechnik, Göttingen
Druck und Bindung: Hubert & Co., Göttingen

Gedruckt auf alterungsbeständigem Papier.

Inhalt

Zum Geleit

Gern bin ich der Bitte nachgekommen, diesem Buch von Andreas Bürgi und Herbert Eberhart ein Geleitwort voranzustellen. Trotz einer kaum übersehbaren Fülle an Büchern, die sich an Berater richten, ist es nämlich immer noch eher eine Seltenheit, dass dem Praktiker in einer leicht verständlichen Sprache fundierte Vorschläge und Hilfen an die Hand gegeben werden. Mit »fundiert« meine ich, dass der Verzicht auf lehrbuchartige Darstellungen theoretischer Perspektiven mit ihren wissenschaftlichen Reflexionen und Begründungen dennoch keineswegs in eine Sammlung reiner »Kochrezepte« münden muss. Vielmehr ist in dem vorliegenden Buch die sehr große Fülle an konkreten Beispielen und Hinweisen immer auf zuvor kurz und prägnant erörterte Grundlagen bezogen. So werden theoretische Diskurse – die erfahrungsgemäß von Praktikern sowieso überlesen und gemieden werden – nur sehr knapp aufgeführt; das relevante Wissen aber über die systematische Erörterung der Beispiele praxisnah und an der langen und reichen Erfahrung der Autoren gespiegelt auf geschickte Weise nachgereicht.

Sehr begrüße ich auch die explizite »Einstimmung« auf den zu erwartenden Text, seine Stärken und notwendigen Begrenzungen sowie die Begründung der getroffenen Entscheidungen für die Auswahl der verarbeiteten Perspektiven beziehungsweise Ansätze. Für den Leser ist es immer hilfreich, die Intentionen der Verfasser zu erfahren und zu akzeptieren, dass in einem Buch normalen Umfangs stets Kompromisse geleistet werden müssen. Dass in einem Buch mit dem Untertitel »Ein Lehrbuch für die ressourcenorientierte Praxis« Insoo Kim Berg als prominente Vertreterin der lösungsorientierten Kurztherapie von De Shazer einen zentralen

Platz hat, nimmt nicht wunder. Ebenso war zu erwarten, dass das Neurolinguistische Programmieren von Bandler und Grinder von besonderer Bedeutung sein würde. Ungewöhnlich ist aber, dass dem Beziehungsaspekt ein so großer Stellenwert eingeräumt wurde – endlich, möchte ich gern hinzufügen. Und mit weiterer Genugtuung stelle ich fest, dass hier Carl Rogers auch explizit an den »Tisch der Diskurse« geladen wurde (um die sehr gelungene Einstimmungs-Metapher der Autoren aufzugreifen): Nachdem die Bedeutsamkeit der »Beziehung« von vielen Therapieansätzen kaum weiter ignoriert werden konnte, findet sich leider ein zunehmender Trend, so zu tun, als habe man (nach Jahrzehnten der Diskreditierung) alles selbst erfunden – das heißt, die Konzepte und Forschungsergebnisse von Rogers werden einfach übernommen, ohne ihn zu zitieren. Letztlich ist aber mindestens ebenso erstaunlich, dass auch die psychoanalytische und tiefenpsychologische Perspektive – in der »Einstimmung« vertreten durch den »Geist Sigmund Freuds« – eine angemessene Berücksichtigung findet. Mir scheint die Auswahl dieser zentralen Perspektiven, aus denen die Autoren auf den Prozess der Beratung blicken, gleichwohl gut begründet und für die in den Beispielen erläuterte Praxis der Autoren angemessen.

Herausfordernd ist bereits das im Titel auftauchende Spannungsfeld zwischen den Aspekten der Strukturiertheit und der Kreativität des Beratungsgesprächs. Wer diese beiden Pole eher als Gegensätze versteht, mag fragen, ob und gegebenenfalls wie weit denn Kreativität planbar ist – oder, andersherum, ob und wie weit nicht eine Betonung der Kreativität die Strukturen aufweichen und unterlaufen könnte. Das Plädoyer der Autoren, dass die Verbindung beider Aspekte möglich, ja vielleicht gar erforderlich ist – was sie schlicht durch ihre Anleitungen und Beispiele untermauern – ist für mich zumindest auf dieser praktischen Ebene gut nachvollziehbar: Um überhaupt Pläne entwickeln zu können, bedarf es der Kreativität, für welche die Beratungskontexte die Räume öffnen können oder gar sollen. Und um Kreativität entfalten zu können, muss ein Rahmen geplant werden.

Gleichwohl wird gerade an dieser Frage ein wenig die Unterschiedlichkeit der Standpunkte beider Autoren deutlich, die sie durch die namentliche Kennzeichnung der jeweiligen Kapitel auch nicht verschleiern, sondern offen legen wollten. Diese Differenz der Standpunkte eröffnet schon unterschiedliche Perspektiven auf den konkreten Beratungsprozess, der einmal eher aus dem Blickwinkel der planerischen Anleitung, das andere Mal stärker aus dem Blickwinkel der kreativen Überraschung betrachtet wird. Ich sehe darin aber keinen Nachteil, sondern einen doppelten Vorteil: Zum Ersten wird ein Gegenstand grundsätzlich plastischer und letztlich auch präziser wahrnehmbar durch die Vielfalt der Perspektiven, die sich auf ihn richten. Zum Zweiten ist es gut, in einem Buch, in dem der »Begegnung« ein solcher Stellenwert eingeräumt wird, auch die – gelungene – Begegnung zweier aufeinander eingestimmter, aber eben durchaus unterschiedlicher Autoren erfahren zu können. Immerhin ist Begegnung zwischen zwei Menschen nur dann möglich, wenn sie nicht genau dieselbe Position haben, was ja im besten Fall symbiotische Verschmelzung wäre, sondern sich mit einem gewissen Abstand ebenso eigenständig wie achtungsvoll betrachten. Reflexivität setzt eben immer auch eine Außenposition voraus.

Das Spannungsfeld zwischen Planbarkeit und Überraschung ist ja gerade in unserer heutigen Zeit ein brennendes Thema. Allzu sehr neigt unsere Kultur gegenwärtig dazu, der zunehmenden Komplexität globalisierter medialer und ökonomischer Vernetzungen mit einem ebenso zunehmenden Reduktionismus zu begegnen. Beratung, die ja vornehmlich aus einer Position des »Nicht-Wissens« startet, weil der Berater in der Regel gar nicht in der Komplexität der Gegenstandsbereiche kompetent sein kann – was sogar schon für die heutigen Biografien der Einzelnen mit der Vielfalt an Gewordenheit und der Fülle an Möglichkeiten gilt – muss beide Bewegungen, Informationsanreicherung und Reduktion, im Auge behalten. Eine Übertreibung in die eine Richtung droht ins Chaos abzugleiten, eine zu starke Gegenbewegung in die andere Richtung könnte in die Zwangsordnung führen. Angesichts dieser Extreme bietet das Programm dieses Buchs, Beratung als »strukturierten und kreativen« Prozess zu verstehen, einen lebensfähigen und lebensnahen Ausschnitt. Berater von Menschen in führender staatlicher Verantwortung, in Steuerungsprozessen von großer ökonomischer Wirksamkeit oder an Entscheidungshebeln bedeutsamer, weit reichender Weichenstellungen spüren oft, wie die einengende Perspektive, die allein auf eine kontrollierte Machbarkeit ausgerichtet ist und die Kreativität von Selbstorganisationsanteilen unterschätzt, auch die mögliche Kreativität des Beratungsprozesses einzuengen droht. Die zu einseitige Machbarkeitsideologie unserer Gesellschaft unterminiert dabei dann auch die Beratungspotenziale. Hier ermuntert das Buch in hohem Maße, dem prozessualen Fluss selbst stärkeres Vertrauen entgegenzubringen, Überraschung nicht nur als unliebsame Störgröße zu sehen, die noch nicht geplant war, aber in Zukunft möglichst ebenfalls zu kontrollieren wäre, sondern die überraschende Neuartigkeit der sich plötzlich ergebenden Perspektiven als eine Ressource zu begreifen – und zu ergreifen – die überhaupt erst neue Entfaltungsräume zu öffnen vermag. Dass und damit dann aber nicht alles in die Beliebigkeit abgleitet, professionelle Beratung von scharlatanerieartiger »Verstörung« deutlich unterschieden wird, wird durch die Betonung der planerischen und strukturierten beziehungsweise strukturierenden Perspektive gewährleistet. Daher ist das explizit aufgegriffene Spannungsfeld zwischen strukturierend-planerischen und kreativ-überraschenden Aspekten, das vom Titel bis zu den vielen Beispielen gerade in den Schlusskapiteln dieses Buch durchzieht, gerade für den Praktiker eine gelungene Ermunterung und Mahnung zugleich.

Hervorheben möchte ich schließlich noch eine lobenswerte, weil leider keineswegs selbstverständliche Bescheidenheit: Diese bezieht sich zunächst darauf, dass klar eine Grenze zwischen Beratung und Psychotherapie gezogen wird – so fließend diese in einzelnen Sonderfällen auch sein mag. Aber die Einsicht in die Grenzen des Ansatzes zeichnet gerade jede hohe Professionalität aus. Die zweite auffällige Bescheidenheit bezieht sich auf den Duktus, mit dem die zahlreichen Beispiele vorgetragen werden: Obwohl diese anregenden bis anleitenden Charakter haben, hat der Leser nie das Gefühl, es nun »genau so« machen zu müssen oder auch nur »den großen Gurus nachmachen« zu sollen (ein Trend, der leider mit dem oben erwähnten Bedürfnis nach Reduktion und einfachen »Wahrheiten« von allzu vielen nur zu gern aufgegriffen wird). Vielmehr sind die Beispiele stets so offen vorgetragen, dass der Leser auch dann und dadurch etwas lernt, wenn er damit und daran reflektiert, was er im Einzelfall *nicht* so machen möchte.

Lernen besteht nicht in unreflektiertem Nachmachen (um nicht zu sagen: Nachäffen), sondern in der am Modell spielerisch erfahrbaren Möglichkeit zur Überprüfung der eigenen Reaktionstendenzen, Reflexion der eigenen Prinzipien und Differenzierung der eigenen Handlungskompetenzen. Dies bedeutet sowohl eine Integration neuer, passender Handlungsoptionen als auch die Abgrenzung gegenüber solchen Vorgehensweisen, die zur eigenen biografisch bedingten und dem Arbeitskontext angepassten Beraterpersönlichkeit (derzeit) nicht passen.

So wünsche ich dem Buch von Andreas Bürgi und Herbert Eberhart eine kritisch-wohlwollende Aufnahme und weite Verbreitung, damit für viele Berater sowohl die strukturierenden als auch die kreativen Aspekte ihrer Tätigkeit wachsen können.

Jürgen Kriz

TEIL I · Auf dem Weg zur Professionalität

Zur Einstimmung – Ein Round-Table-Gespräch[1]

Unsere Einleitung haben wir in die Form eines »Round Table« gebracht, damit Sie, liebe Leserin, lieber Leser, erfahren, worum es uns Autoren in dieser Publikation geht. Erteilen wir der Gesprächsleiterin das Wort!

Gesprächsleiterin
In diesem Gespräch, zu dem wir Sie herzlich einladen, möchten wir Ihnen das Buch von Andreas Bürgi und Herbert Eberhart mit dem Titel »Beratung als strukturierter und kreativer Prozess – Ein Lehrbuch für die ressourcenorientierte Praxis« vorstellen.

Es wird Sie interessieren, wen wir als Gäste ins Publikum geladen haben. Es sind dies einmal Fachleute, die Menschen in persönlichen Angelegenheiten beraten, wie Berufsberaterinnen, Laufbahnberater, Lebensberaterinnen, Krisenberater, schulpsychologische Beraterinnen und Sozialarbeiter in beratender Funktion. Weiter sind Fachleute hier, die episodisch Beratungsaufgaben übernehmen und sich darin professionalisieren möchten – Krankenpflegerinnen, Seelsorger, Sozialadministratorinnen, landwirtschaftliche Berater, Ernährungsberaterinnen, Ärzte, Lehrerinnen und Sonderpädagogen. Dass Sie unser Thema »Auf dem Weg zur Professionalität« so sehr interessiert, freut uns.

Bevor wir auf die genannte Publikation eingehen, möchten wir Ihnen die Vielfalt der Wege zur beraterischen Professionalität kurz demonstrieren. Vielfach herrscht die Meinung, dass sich Beratung erlernen lässt, indem sich die Beraterin einer der verschiedenen

1 Die Dialoge sind frei erfunden und den Personen in den Mund gelegt. Es handelt sich nicht um Zitate oder mündliche Äußerungen der Persönlichkeiten.

psychotherapeutischen Richtungen anschließt. Professionelle persönliche Beratung benötigt ein wissenschaftliches Fundament und solches bieten die verschiedenen psychotherapeutischen Schulen. Wir haben deshalb einige Vertreterinnen und Vertreter der verschiedenen Richtungen hier an unsern Tisch gebeten. Wir mussten eine strikte Auswahl treffen, da sonst der Tisch länger geworden wäre, als Platz im Saal ist.

Zu meiner Rechten ganz außen begrüße ich den Geist Sigmund Freuds, Begründer der Psychoanalyse. Neben ihm hat der Geist Carl Rogers Platz genommen, der mit seiner klientenzentrierten Psychotherapie bekannt geworden ist. Direkt neben mir John Grinder, einer der Begründer des Neurolinguistischen Programmierens (NLP). Zu meiner Linken begrüße ich Insoo Kim Berg, eine prominente Vertreterin der lösungsorientierten Kurztherapie von De Shazer, links außen unsere beiden Autoren Andreas Bürgi und Herbert Eberhart.

Ich möchte unsere Diskussionsrunde eröffnen und das Wort dem Geist Sigmund Freuds erteilen, der mit seiner Psychoanalyse erstmals Voraussetzungen für professionelle Psychotherapie und Beratung geschaffen hat.

Geist Sigmund Freuds
Tatsächlich bietet die Psychoanalyse nicht nur für die Psychotherapie, sondern für jegliche Art psychologisch orientierter Beratung die gültigen, grundlegenden Denkmodelle und Vorgehensweisen. Psychoanalytisch orientierte Beratung ist eine etablierte und in ihrer Wirksamkeit wissenschaftlich bestätigte Methode. Es widerstrebt mir, den Kern der psychoanalytischen Denkweise in einem Kurzvotum zusammenzufassen. Ich will es trotzdem versuchen.

Erwachsene Menschen geraten in Probleme, weil sie aktuelle Lebenssituationen nach frühkindlich festgelegten Mustern zu bewältigen suchen, statt sie in real angepasster Art und Weise zu bewältigen. Die psychoanalytische Arbeit setzt sich zum Ziel, die Vergangenheit des Patienten aufzuarbeiten. Die unbewusst das Verhalten beeinflussenden Muster sollen erkannt und bewusst gemacht werden. Erst solche Deutungsarbeit erlaubt es, aktuelle Lebenssituationen von neuem anzugehen. Ohne Bewusstmachung ist kein Heilungs- und Veränderungsprozess möglich.

Insoo Kim Berg
Eine solche Art Beratung braucht außerordentlich viel Zeit, denn sie verharrt im »problem talk«. Sie fixiert auf das Problematische, statt auf die Befreiung davon. Die Psychoanalytiker fokussieren auf die Vergangenheit. Die wenigsten Menschen in Not haben heute Kraft, Zeit und Geld, sich einer solchen Prozedur zu unterstellen. Bei der lösungsorientierten Beratung gilt die Aufmerksamkeit einer Zukunft, in der das Problem gelöst sein wird. Expertin für die Lösungen ist nicht die Beraterin, sondern die Klientin, die grundsätzlich über alle Ressourcen verfügt, um ihr Problem selber zu lösen. Ziel der lösungsorientierten Beratung ist, zusammen mit der Klientin Lösungen zu (er)finden.

Geist Sigmund Freuds
Eine solche Art Beratung entspringt amerikanischem Machbarkeitswahn. Sie vermeidet jeden Tiefgang. Der Therapeut wird zu einem die Situation steuernden Seelenmechaniker.

Insoo Kim Berg
Wir Praktikerinnen des psychosozialen Bereichs denken anders als die klinischen Forscher mit ihrer Fixierung auf das, was nicht funktioniert. Uns geht es um Empowerment. Wir konzentrieren uns auf die Stärken der Klientin, damit Probleme kurze Episoden im Leben bleiben.

Gesprächsleiterin
Wir haben hier zwei extreme Positionen …

Stimme aus dem Publikum
Das alles ist doch gar nicht wesentlich. In meiner Arbeit auf der Gasse kommt es auf ganz anderes an. Ob man dir zuhört und dich versteht, ob du dich in deiner Scheiße nicht mehr allein fühlst. Ob der Berater ein Mensch mit Seele ist.

Geist Carl Rogers
Der Kollege aus dem Publikum spricht genau das an, was ich für den Kern meiner klientenzentrierten oder nichtdirektiven Psychotherapie und Beratung halte. Es sind ganz bestimmte Eigenschaften

und Haltungen von Beratern, von denen eine heilende Wirkung ausgeht. Echte Zuwendung, empathisches Mitgehen, behutsames Verbalisieren emotionaler Erlebensinhalte erlauben es der Klientin, an ihre Ressourcen heranzukommen, ihre Probleme selber zu lösen und sich auch menschlich weiterzuentwickeln. Für mich liegt die Professionalität in den Haltungen des Beraters – Echtheit, Selbstkongruenz et cetera – und im Wesen der Begegnung.

John Grinder
Diese Beratung kann an sich sehr konstruktiv sein, dürfte in einer ersten Phase aber lange um traurige, hilflose und andere negative Gefühle kreisen. Mit Pacing und Leading geht es uns auch um echte Zuwendung. Warum aber immer so todernst? Veränderung kann doch auch spielerisch geschehen, mit Lust verbunden sein. Das Neurolinguistische Programmieren schafft hier mit seinen vielen kreativen Strategien Abhilfe. NLP-Master sind Magier mit Worten und Bildern.

Gesprächsleiterin
Die bisherige Diskussion hat gezeigt, dass die Vertreterinnen und Vertreter der verschiedenen Richtungen sehr unterschiedliche Standpunkte verfechten und sich zum Teil auch gegenseitig bekämpfen. Mir scheint, dass hier ganz verschiedene Welten geschaffen werden. Hätten wir weitere Vertreter eingeladen, wären wir jetzt wohl mit noch mehr Positionen konfrontiert.

Herbert und Andreas, ihr seid beide Berater, die lösungsorientiert arbeiten. Eure Position scheint damit klar zu sein. Was bewegt euch denn, der bereits recht umfangreichen Literatur zur lösungsorientierten Beratung und ihrer Anwendung in unterschiedlichen Praxisfeldern eine weitere Publikation hinzuzufügen?

Herbert Eberhart
Tatsächlich hat uns die Lösungsorientierung sehr angesprochen. Das klinische Modell mit seinem Reparaturgedanken, dem unter anderem die Psychoanalyse folgt, befriedigte uns nicht mehr. Und wir waren es überdrüssig, immer noch differenzierter die problematische Seite der Klientinnen zu ergründen, wozu uns später die kognitive Psychologie und die Systemtheorie viele neue Werkzeuge

lieferten. Uns imponiert die lösungsorientierte Beratung wegen ihrer radikal neuen Perspektive und weil sie kurz und wirkungsvoll ist. Sie bringt in Haltung und Methode eine konstruktive Wende für die Beratungsarbeit mit Menschen.

Es ist die Frage nach den Zielen und der Legitimation unserer Publikation gestellt. Wir vertreten in dieser Veröffentlichung wie auch in unserer täglichen Beratungsarbeit eine integrative Haltung. Es geht uns nicht darum, eine Richtung gegen eine andere auszuspielen, sondern darum, neue Konzepte und Haltungen in Bisheriges und Bewährtes einzubauen. Auch wenn uns die Lösungsorientierung nahe steht, fühlen wir uns allen vorher vorgestellten Richtungen verpflichtet. Was aber nicht bedeutet, dass wir bei der Gestaltung unserer Beratungen nicht einem klaren Konzept folgen würden.

In unserem Buch bieten wir dreierlei, einmal grundsätzliche methodische und metamethodische Reflexionen zum Beratungsprozess. Dann theoretische Überlegungen zur Frage, wie sich in einer Beziehung oder Begegnung mit Austausch von Worten Veränderung bewirken lässt. Schließlich bieten wir eine große Sammlung von Praxisbeispielen mit konkreten Anregungen, die Berater zum Handeln und zu Experimenten ermutigen sollen.

Andreas Bürgi
Die vorangegangene Diskussion zeigte, dass unvereinbare Standpunkte entstehen, wenn Beratende sich voll und ganz einer bestimmten Richtung anschließen. Nach meiner Meinung steigt eine Beraterin, die sich diesem Beruf zuwendet, in einen *lebenslangen* Lernprozess ein. Erfahrungsgemäß verläuft dieser in Phasen. Für eine gewisse Zeit wendet sich die Beraterin einem bestimmten methodischen Konzept zu, um es zu erlernen und systematisch zu üben. Darauf folgt eine Phase, in welcher sie das Gelernte in ihren persönlichen Gesprächsstil zu integrieren sucht. Sie vertieft jetzt die Methoden und Techniken, die ihr besonders gut liegen. Und sie folgt dabei vermehrt ihrer Intuition.

Die Entwicklung im Psychologie- und Beratungsgeschäft geht weiter. Neue beraterische Konzepte und Methoden entstanden, entstehen und werden entstehen. Als Beratende sollten wir offen sein, uns diesem Neuen zuzuwenden, um auch dieses wiederum systematisch zu erlernen und zu erproben. Will eine Beraterin einen eigenen Stil entwickeln, muss sie sich der bestehenden Methodenvielfalt aussetzen.

Allerdings benötigt sie dazu einen Kompass oder eine kognitive Landkarte, die sie ihrem Tun zugrunde legt.

Gesprächsleiterin
Was ist die Logik eures Buchs? Wie habt ihr es aufgebaut?

Herbert Eberhart
Der erste Teil steht unter dem Titel »Auf dem Weg zur Professionalität«. Er umfasst diese Einstimmung und ein Kapitel, das wir mit »Basics« überschrieben haben. Hier ist zusammengestellt, was wir auf der Ebene des konkreten Vorgehens als grundlegend erachten. Wir beschäftigen uns in diesem Teil mit Fragen der Beziehungsgestaltung, mit dem ganz konkreten Ablauf eines Beratungsgesprächs, der persönlichen Vorbereitung und der Aufmerksamkeitsfokussierung der Beraterin. Abschließend werden Grundregeln der beraterischen Gesprächsführung zusammengefasst.

Das Kapitel »Basics« ist in sich abgeschlossen und kann für sich allein gelesen werden. Es ist in erster Linie für Leserinnen und Leser gedacht, die am Anfang ihrer beraterischen Tätigkeit stehen. Es kann aber nicht ausgeschlossen werden, dass auch Fortgeschrittene anregende Gedanken darin finden.

Andreas Bürgi
Der zweite Teil des Buchs heißt »Metamethodik der Beratung«. Was bedeutet dieser Begriff, der in Anlehnung an den der Metaphysik gewählt wurde? Beratung ist zielgerichtetes Handeln, soll also methodisch geleitet und professionell gestaltet werden. Metamethodik nun deutet an, dass es in der Beratung Dimensionen gibt, die jenseits des Methodischen liegen. Eine erste Dimension ist Begegnung als existenziell gestaltete Beziehung zwischen Beraterin und Klientin. Konstruktive Gestaltung der Beziehung ist Voraussetzung, dass in Beratungsgesprächen Begegnung möglich ist. Mit Begegnung hat sich der Philosoph Martin Buber intensiv auseinander gesetzt, und ich nehme im Kapitel »Beratung geschieht in der Begegnung« auf ihn Bezug. In Momenten der Begegnung

werden wir gewahr, dass wir Menschen uns unmittelbar etwas angehen. Beratende mit Begegnungsbereitschaft gestalten Beratungen nicht nur professionell, sondern existenziell.

Ein weiteres Thema in diesem Buchteil ist das Faktum, dass alle Beratungen denselben grundlegenden Gesetzmäßigkeiten folgen. Die Handlungstheorie der kognitiven Psychologie formulierte einen allgemeinen Bauplan, der jedem Verhalten zugrunde liegt. Das Beratungsgespräch ist eine spezielle Form von Verhalten. Im Kapitel »Beratungen folgen einer inneren Gesetzmäßigkeit« fächern wir diese kognitive Landkarte auf, die unserem beraterischen Tun zugrunde liegt.

Herbert Eberhart
Der dritte Teil ist überschrieben mit »Grundlegendes zum Beratungsprozess«. Ich gehe in diesem Teil auf zwei Gesichtspunkte ein, die mich in meiner eigenen beraterischen Tätigkeit und meiner Tätigkeit als Ausbildner von Beraterinnen und Beratern immer wieder beschäftigt haben. Was ist es, das einer bestimmten Art der Beziehung und einer spezifischen Form des sprachlichen Diskurses die Kraft gibt, Veränderungen anzuregen, zu unterstützen und ihnen Richtung zu geben? Was ist der Beitrag des Beratungsgesprächs zur Veränderung eines Menschen?

Die Antworten auf diese Fragen führen im Kapitel »Veränderung durch Beratung« zu Überlegungen zum Veränderungspotenzial von Beratung. Die Nutzung dieses Potenzials wird allgemein und in Bezug auf unser eigenes Beratungskonzept diskutiert.

Das Kapitel »Beratung und Sprache« geht näher auf das sprachliche Geschehen ein. Wesentlich ist mir neben der Darstellung von verschiedenen theoretischen Gesichtspunkten das Aufzeigen der jeweiligen praktischen Konsequenzen im Beratungsalltag.

Andreas Bürgi
Der Titel des vierten Teils lautet »Beratung als methodisch geleitetes Tun«. Hier geht es um Pragmatik. Basierend auf dem im zweiten Teil beschriebenen Bauplan für Beratungen befasse ich mich in den Kapiteln »Das Definieren des Problems«, »Ressourcen, Lösungen und Ziele«, »Intervenieren« und »Arbeitstechniken« mit der Frage, *wie* dieser konkret umzusetzen ist. Wie gehe ich vor und

worauf muss ich beim Definieren des Problems achten? Was bedeutet Lösungsorientierung und wie formuliere ich Ziele? Welche Möglichkeiten stehen mir zur Verfügung, um den Prozess vom Problem zur Lösung zu moderieren? Breiten Raum wird also die Behandlung von Interventionsmöglichkeiten und Arbeitstechniken beanspruchen.

Zum Schluss noch eine Bemerkung. Herbert und ich haben die einzelnen Teile des Buchs abwechselnd vorgestellt – Herbert Eberhart diejenigen, die von ihm verfasst wurden, und ich diejenigen, für die ich selber zeichne. Das Buchprojekt ist ein gemeinsames. Wir sind jedoch unterschiedliche Typen und möchten dies auch zum Ausdruck bringen. Jedes Kapitel wurde in gemeinsamen Gesprächen gründlich ausdiskutiert, sodass jeder von uns auch für die Texte des anderen einstehen kann.

Gesprächsleiterin
Noch eine Frage an die Autoren. Gibt es ein Anliegen, welches euch mit dem Buch verbindet und welches euch besonders am Herzen liegt?

Herbert Eberhart
Die mehrjährige Arbeit an diesem Buch gab mir Gelegenheit, nicht nur meine alltägliche Beratungsarbeit genauer zu beobachten und zu reflektieren, sondern auch mein Denken über psychische Strukturen und Prozesse stärker mit meinem Denken über Beraten zu verknüpfen. Das war und ist ein faszinierendes Vorhaben. Verbunden mit der neugierig-wertschätzenden, nichtwissenden Grundhaltung dem Klienten gegenüber wird die einzelne Beratung so immer wieder zu einem kleinen oder größeren Abenteuer, wo Chaos und Ordnung sich treffen. Dass etwas davon auch zur Leserin und zum Leser gelangt, das wünsche ich sowohl diesem Buch als auch denjenigen, die darin lesen.

Andreas Bürgi
Mein großer Wunsch ist, dass das Buch die Leserin und den Leser anregt, sich auf den Lernprozess, von dem ich bereits gesprochen habe, einzulassen. Das Buch soll Mut machen – zur Begegnungsbereitschaft und zur Experimentierfreude. Jede Beraterin und je-

der Berater besitzt jene Ressourcen in sich, die es ihr oder ihm ermöglichen, sich auf den Weg zur beraterischen Professionalität zu begeben.

Gesprächsleiterin
Abschließend möchte ich das Wort nochmals den Vertreterinnen und Vertretern der therapeutischen Schulen erteilen. Möchten Sie etwas beifügen zum Buch, das Sie ja gelesen haben?

Geist Sigmund Freuds
Auch wenn sich die Autoren von der Psychoanalyse abgrenzen, habe ich doch viele Stellen gelesen, die mir Nähe zu meinem Gedankengut anzeigen. So finden affektive Prozesse Beachtung, die ich als Übertragung und Gegenübertragung beschrieben habe. Des Weiteren spielt Deutungsarbeit, die allerdings nicht im psychoanalytischen Sinne betrieben wird, eine wichtige Rolle. Verschiedene Fallbeispiele zeigen, dass die Autoren ihren Klienten zu Bewusstheit verhelfen wollen – ganz in meinem Sinne: Wo Es war, soll Ich werden!

Geist Carl Rogers
Es ist eine ganz andere Beratungswelt, die da beschrieben wird. Die Autoren arbeiten viel provokativer, fordernder, direktiver, als ich es von meiner Arbeit gewohnt bin. Und doch ist ihre Grundhaltung eine nicht direktive. Es freut mich, dass die Autoren den Aspekten der Beziehung und Begegnung so viel Wert beimessen und darin das Fundament ihrer Arbeit sehen.

John Grinder
Bei der Lektüre habe ich festgestellt, dass die Autoren offensichtlich NLP-Strategien anwenden. Das finde ich natürlich gut. Die Autoren entsprechen auch meiner Forderung, dass Beratung nicht nur todernstes, sondern auch spielerisches und kreatives Tun sein soll. Es stecken viele Anregungen im Text, die zum Experimentieren auffordern.

Insoo Kim Berg
Das hier beschriebene beraterische Vorgehen ist keine Kopie unserer klassisch lösungsorientierten Beratungsstrategie. Das ganze Buch atmet aber lösungs- und ressourcenorientiert. Und das ist wahrscheinlich ein ganz zentraler Punkt, wenn Beratung in kurzer Zeit erfolgreich sein soll. Wir waren darauf fokussiert, dass *wir* mit *unseren* Klienten Erfolg hatten, und dann haben wir das Erfolgreiche bei anderen Klienten auch probiert. Das ist alles. Die Europäer machen sich immer noch sehr viele Gedanken zu ihrem Vorgehen. Das scheint nun einmal ihre Art zu sein.

Gesprächsleiterin
Damit sind wir am Schluss unserer Einstimmung angelangt. Meinen Gästen wünsche ich viel Spaß bei der Lektüre. Entnehmen Sie dem Buch, das was Sie brauchen können! Probieren Sie aus, was Ihnen plausibel und nützlich erscheint!

Herbert Eberhart

»Basics« – Grundlagen

Vorerfahrungen

»Beraten kann jede und jeder.« Wir alle haben schon Beratungssituationen erlebt, und zwar in beiden Positionen: als Berater oder Beraterin und als Ratsuchende. Wir haben also Vorerfahrungen, die uns beeinflussen, auch wenn wir bis jetzt nicht beruflich mit Beratung zu tun hatten.

Erfahrungen als Ratsuchende sind rasch präsent. Ich erinnere mich, wo ich mich verstanden fühlte, wo man mich ausreden ließ, wo ich mit neuen Ideen oder neuer Zuversicht wegging, und vielleicht kommen mir auch Situationen in den Sinn, wo das nicht der Fall war. Ich weiß vielleicht auch, bei wem ich am ehesten das Gespräch auf ein für mich heikles Thema lenken kann. Und ich mache in dieser Hinsicht Unterscheidungen, je nach Thema: Mit X würde ich über eigene sexuelle Probleme sprechen. Finanzielle Sorgen hingegen würde ich mit Y besprechen.

Wenn ich mir überlege, welches Verhalten einer Beraterin meine Wahl bestimmt, dann kann ich Faktoren aufzählen, die mir wichtig sind.

- Sie hört mir wirklich zu, und ich muss nicht damit rechnen, dass sie mich mit irgendeiner Alltagsweisheit abspeist.
- Sie verurteilt mich nicht, wenn ich ihr das sage.
- Sie versteht und akzeptiert mich, aber sie »kauft mir nicht alles ab«, was ich sage. Sie wagt es, mich auch mit etwas Unangenehmem zu konfrontieren.

Die Erfahrungen als nichtprofessioneller Berater sind in der Regel weniger reflektiert. Als Berater angefragt zu werden, ehrt einen, kann aber auch einmal mühsam sein. Es zwingt einen jedoch kaum, sich mit sich selbst auseinander zu setzen. Als Beratender verhält sich der Laie so, wie er es gewohnt ist, wie es sich für ihn bewährt hat: Er fragt sorgfältig nach oder weiß rasch einmal, worauf die andere Person hinaus will. Er ist schnell mit einem guten Tipp zur Hand. Er belehrt, klärt auf oder ist im Gegenteil sehr zurückhaltend mit eigenen Meinungsäußerungen. Da kaum je nach den Wirkungen solcher »Beratungen« gefragt wird, bleibt im Nachhinein meistens unklar, was hilfreich war und was nicht.

Es scheint mir wichtig, solche Vorerfahrungen zu nutzen. Niemand, der neu in eine professionelle Beratungstätigkeit einsteigt, beginnt beim Punkt Null. Allerdings: Vorerfahrungen sind verführerisch. Wer als Kind oder Jugendlicher darunter gelitten hat, dass andere ihn nie wirklich ausreden ließen, wird sich vielleicht als Gesprächsleiter krampfhaft bemühen, passiv zu bleiben und zuzuhören. Wer als praktisch veranlagte Person mit ihren spontanen Tipps oft Erfolg hatte, wird dieses Verhalten, ohne viel zu überlegen, weiter pflegen.

Von professionellen Beraterinnen und Beratern dagegen wird erwartet, dass sie sich mit einer gewissen Flexibilität immer wieder neu auf die Eigenart und die spezifischen Bedürfnisse eines Gegenübers einlassen können. Früher erworbene, »bewährte« Verhaltensweisen sind deshalb kritisch zu hinterfragen. Für den Aufbau eines professionellen Könnens sind Vorerfahrungen als Ratsuchende im Allgemeinen nützlicher als solche in der Beraterfunktion.

Im Folgenden gehen wir auf einige zentrale Aspekte ein, auf Wissen und Können, die wir als Grundlage für jede professionelle Beratung betrachten. Das bedeutet keinesfalls, dass die erwähnten Anforderungen leicht und einfach umzusetzen sind. Sie mögen einfach zu verstehen sein. Ihre Verwirklichung im beraterischen Alltag ist jedoch auch für Erfahrene längst nicht immer selbstverständlich.

Im Zentrum steht die Beziehung

Das Wort Kommunikation weist auf das hin, was zwischen Berater und Klient vorgeht. Beide tauschen Botschaften aus. Sie sind verbaler, paraverbaler (z. B. Stimmqualität) und nonverbaler, körpersprachlicher Art.

Durch Kommunikation entsteht Beziehung. Sie ist mehr als ein Austausch von inhaltlichen Botschaften. *Beziehung beruht auf Gegenseitigkeit.* Sie kann nicht einseitig – vom Berater oder vom Klienten her – definiert und verstanden werden. Sie umfasst sowohl die Person des Beraters als auch die des Klienten.

Eine hilfreiche Beziehung, das heißt, eine Beziehung, in der Beratung Früchte trägt, mag zwar einmal spontan entstehen, muss aber in der Regel aufgebaut werden. So wie die Beraterin die Beziehung nicht allein bestimmen kann, muss sie sie auch nicht allein verantworten. Aber sie kann Wesentliches dazu beitragen.

Die Beziehung zwischen Beraterin und Klientin ist als *Arbeitsbeziehung* gekennzeichnet, an die bestimmte Anforderungen von Professionalität gestellt werden. Aus unserer Sicht muss die Beratungsbeziehung über diesen professionellen Rahmen hinausgehen. Sie verlangt von den Beteiligten die Bereitschaft, sich vom anderen »treffen« zu lassen. Ist solche Betroffenheit erreicht, ist der Beziehung eine neue Dimension erschlossen. Sie wird zur Begegnung. Begegnung ist eine besondere Qualität von Beziehung. Die meisten Autoren, die sich über Beratung geäußert haben, sind sich einig, dass die konstruktive Beziehungsgestaltung eine der zentralen Voraussetzungen ist, ohne die Beratung nicht erfolgreich verläuft. Folgende zwei Aspekte sind bei der Gestaltung beruflicher Beratungsbeziehungen besonders wichtig:

Offenheit

Beratung verlangt nach offenen und klaren Beziehungen. »Offen« ist gleichzusetzen mit der Bereitschaft, sich zu zeigen, und der Bereitschaft, den anderen zu verstehen. In einer offenen Beratungsbeziehung ist dem Klienten gewiss, dass die Beraterin in der Lage ist, ihn mit seinen bewussten und halb bewussten Anliegen wirklich zu verstehen. Salopp ausgedrückt: Die Beraterin muss »in sein«.

Wie ist Offenheit zu erreichen? Offenheit hat mit einer Grundhaltung anderen Menschen gegenüber zu tun. Sie entsteht auf der Basis des Bemühens, den anderen so zu nehmen, wie er ist. Das Gegenüber wird als Experte für seine Lebenserfahrungen, für das, was ihm wichtig ist, akzeptiert. Das bedeutet nicht, dass der Berater alle Verhaltensweisen seines Klienten billigt. Ebenso gilt die Wertschätzung, welche mit der beschriebenen Offenheit verbunden ist, dem Menschen selbst und nicht den Ideen, die er über sich und sein Tun entwickelt hat.

Wie bringe ich als Berater Offenheit »hinüber«, sodass sie als solche vom Klienten wahrgenommen wird? Das alltägliche Nicken und »mhm« oder gar ein stereotypes und vorschnelles »ich verstehe« transportieren solche Offenheit in der Regel nur ungenügend. Bewährt haben sich dagegen:

- aufmerksames Zuhören, gepaart mit wörtlicher Wiederholung eines besonders aussagekräftigen Satzteils: »… da waren Sie also völlig perplex?«,
- knappe Zusammenfassungen wichtiger Aussagen, etwa als Frage formuliert: »Habe ich Sie richtig verstanden, wenn ich das, was Sie am stärksten belastet, so zusammenfasse: …«,
- das Verbalisieren des emotionalen Gehalts einer Gesprächspassage, vielleicht verbunden mit einem Fragezeichen: »Und diese Situation mit X macht Sie unwillig und unsicher zugleich?«,
- das Wiederverwenden sprachlicher Ausdrücke, die dem Klienten wichtig oder für ihn typisch sind (Schlüsselwörter), und
- Äußerungen, die mit wertschätzendem Humor gepaart sind.

Klarheit

Die Forderung nach einer klaren Beziehung drückt aus, dass die Gegensätzlichkeiten der beiden Parteien, die in der Beratungssituation aufeinander treffen, nicht verwischt werden dürfen. Es sind nicht zwei gleichgestellte Personen oder gar zwei Freunde, die sich begegnen. Die eine Person bietet als Fachfrau etwas an, die andere braucht und sucht etwas.

Im Rahmen einer klaren Beziehung sind diese Rollenunterschiede für den Klienten ersichtlich. Zudem vertraut er, dass sie helfen will und helfen kann. Wiederum salopp ausgedrückt hieße das: Die Beraterin muss »up sein«.

Dieser Aspekt kann Anfängerinnen in der Beratung viel zu schaffen machen. Es ist zweifellos anspruchsvoll, einem anderen Menschen mit ehrlicher Begegnungsbereitschaft und in Offenheit gegenüberzutreten und gleichzeitig Fachfrau und Expertin zu sein. Am häufig aufkommenden Gefühl des Nichtgenügens ist nicht selten ein Missverständnis beteiligt. Professionelle Beraterinnen sind aus unserer Sicht nicht in erster Linie Expertinnen für inhaltlich gute Lösungen, sondern für hilfreiche Beziehungen und für Beratungsprozesse, in denen Gutes geschieht. Sie sind zudem verantwortlich für einen geschützten, professionellen Gesprächsrahmen.

Deshalb ist es gerade auch für Anfängerinnen viel nützlicher, sich im Hinsehen (Beobachten) und Hinhören (den Klienten auf den Mund schauen) zu üben, als zu versuchen, sich durch kluges Reden selbst zu profilieren. Wer schweigt, sieht und hört mehr.

Es gibt eine ganze Reihe von Möglichkeiten, die dem Klienten helfen, Sie als eine Person wahrzunehmen, welche (voraussichtlich) zu positiven Veränderungen beitragen kann:

- Verhelfen Sie zu einer Klärung, vielleicht zu einem »Aha-Erlebnis«.
- Bringen Sie ein wenig Ordnung in ein Gefühlswirrwarr, indem Sie zum Beispiel die geschilderten Gefühle nochmals benennen und sie einzeln auf Zettel schreiben, sodass sie miteinander in Beziehung gesetzt werden können.
- Geben Sie eine nützliche Information.
- Vielleicht haben Sie Zugang zu bestimmten Personen, zu Finanzen oder anderen Hilfsmitteln, die die Situation des Klienten verbessern.
- Vermitteln Sie Hoffnung und Sicherheit, indem Sie das weitere Vorgehen klären und zu einer angemessenen Form von Arbeitsvertrag kommen. Gerade bei Pflichtklienten ist es wichtig, dass das weitere Vorgehen klar ist und sie sich darauf verlassen können.

Ein Beratungsgespräch hat (fast immer) gleich bleibende Teile

Der Pfeil in der Mitte der Abbildung 1 symbolisiert den Beratungsprozess – fortschreitend von seinem Anfang zum Ende. Oberhalb des Pfeils ist der eigentliche Problemlösungsprozess dargestellt. Wir bezeichnen diese Dimension als *innere Ordnung des Beratungsprozesses.*

Unterhalb des Pfeils finden sich Prozesse, die darauf ausgelegt sind, Rahmenbedingungen so zu schaffen, dass der Problemlösungsprozess konstruktiv verlaufen kann. Es geht dabei vornehmlich um die Pflege der Beziehung zwischen Klient und Berater. Deshalb nennen wir die Dimension *Beziehungsgestaltung.*

Anfängerinnen haben nicht selten Schwierigkeiten, in einem Beratungsgespräch den Überblick zu behalten. Sie verlieren sich zum Beispiel in einem Problemaspekt, der besonders fasziniert. Als besonders schwierig wird erlebt, wenn der Klient selbst in seinen Gedanken entweder sprunghaft oder außerordentlich gesprächig ist. In derartigen Situationen geht es darum, Ordnung in ein Beratungsgespräch zu bringen. Die in diesem Buch verwendete Logik soll dazu eine Hilfestellung sein.

Wir befürworten hier jedoch nicht einen streng linearen Gesprächsablauf. Es geht darum, den Überblick zu behalten. Die Gesprächsleiterin sollte wissen, wo sich das Gespräch innerhalb des gesamten Ablaufs gerade befindet, und sie sollte Werkzeuge zur Verfügung haben, diesen Ablauf zu beeinflussen. Streng genommen gilt dieser »Normablauf« eines Beratungsgesprächs vor allem für das Erstgespräch. Mit kleineren Anpassungen ist er aber auch für Folgegespräche gültig.

Sich vorbereiten

In der Anfängersituation hat die Vorbereitung des Beratungsgesprächs eine nicht zu unterschätzende Bedeutung. Wichtig ist, dass die Vorbereitung überhaupt geschieht und nicht wegen Telefonanrufen oder anderen Dingen unterbleibt.

Dimension »Logik des Beratungsprozesses«

Innere Ordnung des Beratungsprozesses:	Definieren des Problems	Formulieren des Ziels	Intervenieren auf Ziele hin	
Beziehungs-gestaltung:	Vorbereitung Ankommen Anwärmen	(Bei Bedarf:) Klärung von Situation / Beziehung	(Bei Bedarf:) Klärung von Situation / Beziehung	Abschluss: Zusammenfassen Feedback Komplimente Vereinbarungen

Abbildung 1: Prototypischer Ablauf von Beratungsgesprächen

▪ Sich der eigenen Situation bewusst sein

Vor einem Erstgespräch sollte sich der Berater darüber klar werden, was er über die Situation weiß und welche Schlüsse (Hypothesen) daraus gezogen werden können. Anfänger tun gut daran, sich zu fragen, ob sie Fantasien bezüglich des kommenden Gesprächsablaufs haben und ob bestimmte Befürchtungen da sind. Man lernt viel, wenn man Hypothesen, Fantasien und Befürchtungen vor dem Gespräch stichwortartig aufschreibt und am Schluss des Gesprächs überprüft.

Beim Fortsetzungsgespräch muss sich der Berater die bisherigen Gespräche und die Situation beim Abschluss des letzten Gesprächs wieder vergegenwärtigen. Hat er etwas versprochen? Wurde etwas vereinbart? Wenn so etwas wie Hausaufgaben gegeben wurden, muss unbedingt auf das Vereinbarte eingegangen werden.

▪ Die unterschiedlichen Gesprächsvoraussetzungen beachten

Kähler (1991) macht darauf aufmerksam, dass die Situation im Erstgespräch recht unterschiedlich ist, je nachdem, ob es sich um ein vom Klienten erbetenes Gespräch, ein von der Beratungsstelle angebotenes oder um ein (behördlich) angeordnetes Beratungsgespräch handelt.

Während davon ausgegangen werden kann, dass sich Klienten bei erbetenen Gesprächen von der Beratung konkret etwas erhoffen, ist die Situation bei angebotenen Gesprächen nicht so eindeutig. Vielleicht macht die Klientin vom Angebot nur probeweise Gebrauch und will vorerst einmal testen, ob »so etwas« nützlich ist. Noch schwieriger wird die Situation bei einem angeordneten Beratungsgespräch. Erzwungene Kontakte mit so genannten »Pflichtklienten« verlangen eine besonders sorgfältige Vorbereitung, Klarheit und Fingerspitzengefühl.

▪ Umgang mit Vorinformationen

Der Berater muss sich bei der Vorbereitung darüber klar werden, wie er mit Vorinformationen umgehen will. Vorinformationen bei erbetenen oder angebotenen Gesprächen sind oft wenig problematisch. Meist ist es sinnvoll, kurz darauf Bezug zu nehmen.

Anders ist die Situation bei angeordneten Gesprächen. Hier gibt es häufig viele formelle (Akten, Berichte, Gutachten) und meist auch eine ganze Reihe informeller Vorinformationen. Bei Letzteren dürfte es sich genau betrachtet zum großen Teil um subjektive Schilderungen handeln. Schilderung von Fakten und Einschätzungen dieser Fakten sind zu unterscheiden. Insbesondere muss sich der Berater bemühen, sich durch die vorliegenden Informationen nicht vereinnahmen zu lassen und so das Ergebnis des nachfolgenden Gesprächs vorwegzunehmen.

Der Berater hat in solchen Fällen sein Vorwissen offen zu legen und seine Informationen zusammengefasst und verständlich wiederzugeben. Wie er das macht, muss vor dem Gespräch vorbereitet werden. Vom Ausweg, die Akten erst nach dem Erstgespräch richtig zur Kenntnis zu nehmen, halte ich wenig. Gibt sich der Berater dem Klienten gegenüber unvoreingenommen, ist dies eine Verwischung der Tatsachen.

Die persönliche Vorbereitung des Beraters

Zur Vorbereitung gehört auch, sich Gedanken über die Anliegen zu machen, die ich als Berater ans Gespräch habe. Anfängern sei empfohlen, sich »Mindestanliegen«, das heißt das aufzuschreiben, was sie unter allen Umständen im Gespräch verwirklichen möchten.

Schließlich muss der Raum und der Arbeitsplatz für das bevorstehende Gespräch bereitgemacht werden. Wertvoll ist es, sich selbst ebenfalls bereitzumachen. Von anderen Kulturen wird berichtet, dass sich Helfer vor der Begegnung mit einem neuen Klienten in ritueller Art reinigen. Auf unsere Verhältnisse übertragen, könnte das heißen, sich »leer« zu machen. Das bedeutet, ablegen, was vorher passiert ist, sich auf sich selbst besinnen, ans offene Fenster treten und einige Male tief durchatmen, einen Tee trinken.

Ankommen, Anwärmen

Klientinnen und Klienten kommen nicht erst mit dem Schritt ins Besprechungszimmer bei uns an. Vorher sind schon viele Eindrücke entstanden – etwa durch den Ruf, der uns vorauseilt, durch das Anmeldeprozedere, durch die Ausrüstung unserer Räume. Schlüpfen sie doch selbst einmal in die Rolle einer neuen Klientin und machen sie sich auf den Weg zum Klientinnenstuhl!

Es ist in unserer Kultur üblich, nicht mit der Tür ins Haus zu fallen. Ich gebe der Klientin Zeit anzukommen und mich in einer kurzen »gesellschaftlichen Phase« kennen zu lernen. Bei Fortsetzungsgesprächen frage ich nach, wie es ihr geht und was im Moment gerade im Vordergrund steht. Die Beachtung einer gesellschaftlichen Phase ist besonders wichtig, wenn mehrere Personen dem Berater gegenübersitzen. Es könnte sonst leicht geschehen, stillere oder weniger wichtig erscheinende Personen zu übersehen. Hilfreich ist es, nonverbale Zeichen des Unbehagens oder des Angewärmtseins zu beachten.

In diesen ersten Gesprächsabschnitt gehören auch Erklärungen vonseiten des Beraters. Diese sind meiner Meinung nach ein Muss bei angeordneten Gesprächen mit so genannten Pflichtklientinnen. Wo zum Beispiel durch gesetzliche Bestimmungen oder auf Anordnung des Arbeitgebers oder der Eltern (bei Unmündigen) eine Beratung erzwungen wird, da ist es wichtig, dass der Berater in der ersten Gesprächsphase die möglicherweise schwierige Ausgangslage thematisiert, seinen Auftrag mit seinen *verhandelbaren* und *nichtverhandelbaren Aspekten* benennt und der Klientin Gelegenheit gibt, sich zu ihrer Situation zu äußern.

> Zum Beispiel ist es vielleicht bei einem bestimmten Klienten nicht verhandelbar, dass sich der Klient während einiger Zeit regelmäßig auf der Beratungsstelle einzufinden hat, wenn er nicht in Kauf nehmen will, dass er sonst in eine stationäre Einrichtung eingewiesen wird. Verhandelbar aber sind unter Umständen die zeitlichen Abstände zwischen den Beratungsgesprächen, deren Dauer und die Tageszeit.

Auch in anderen Situationen sind Klärungen bei Gesprächsbeginn nützlich, zum Beispiel indem die Beraterin auf bestimmte inhaltliche Aussagen anlässlich der Anmeldung zurückkommt. De Shazer (1989a) erfragt routinemäßig allfällige Veränderungen der Problemsituation seit dem Zeitpunkt der Anmeldung. Oft wird von positiven Veränderungen berichtet. Dies kann Hinweis auf eine Erfolg versprechende Lösung sein.

Zum Gesprächsbeginn gehören in der Regel auch klare Angaben über Rahmenbedingungen (zur Verfügung stehende Zeit, allfällige Pausen, Notizen, Geheimhaltung, Kosten) und das Offenlegen des weiteren Vorgehens (Beizug von anderen Personen, Einholen von Auskünften, Erwähnung dessen, was für die Beraterin besonders wichtig ist, Möglichkeiten der Einleitung von gesetzlichen Maßnahmen, gegenseitige Verpflichtungen, Konsequenzen bei Nichteinhaltung). Besonders bei angeordneten Beratungen ist es wichtig, den konkreten Beratungsablauf (des jeweiligen Gesprächs oder der gesamten Beratung) zu skizzieren und das Einverständnis des Klienten dazu einzuholen.

Erklärungen, Klärungen oder auch nur ein einfaches »Was führt Sie zu mir?« leiten über zu den Hauptphasen des Gesprächs.

Das Problem definieren

Gemäß unserer Logik ist das Definieren des Problems die erste Phase des eigentlichen Beratungsprozesses. Diese wird in den Kapiteln »Beratungen folgen einer inneren Gesetzmäßigkeit« (S. 76) und »Das Definieren des Problems« (S. 149) eingehend beschrieben. Hier geben wir einige Hinweise, die für Berufsbeginner wichtig sind.

Die Problemdefinition ist ein *gemeinsamer Suchprozess,* der zu einer möglichst konkreten Problembeschreibung führen soll. Maßstab für die Richtigkeit dieser Beschreibung ist die Art und Weise, wie die Klientin das für sie Problematische erlebt. Ein Argumentieren oder gar Korrigieren ist in dieser Phase fehl am Platz. Hilfreich sind eine interessierte *Haltung des Nichtwissens* und die sich daraus ergebenden konkretisierenden Fragen und Bemerkungen, welche in einer offenen, erkundenden Art formuliert werden sollten. Beispiele dafür sind:

- Wiederholung eines Satzteils der Klientin: »Erzählen Sie mir mehr davon!«
- »Wie ging es weiter?«
- »Was haben Sie in dieser Situation getan?«
- »Wie muss ich mir das vorstellen?«

Eine Problemdefinition ist kaum je in einem einzigen Satz zu bewerkstelligen. Anfänger geben sich oft zu früh zufrieden. Entweder übernehmen sie zu rasch und unbesehen die Darstellung der Klientin oder versuchen, umgekehrt, diese von der eigenen, abweichenden Sichtweise zu überzeugen. Gut ist ein wertschätzendes, erkundendes, beharrliches Nachfragen, bis die Problemgeschichte wie ein Bild vor einem steht. Zudem ist es sinnvoll, das Wesentliche der Problematik in einer Art von Bilanz zusammenzufassen.

Ziele formulieren

Bei vielen Gesprächen, nicht nur von Anfängerinnen und Anfängern, kann man beobachten, dass die Formulierung von expliziten Zielen für die Beratungssitzung vergessen wird (»weil es doch selbstverständlich ist, was die Klientin in dieser Situation braucht«). Wird dennoch nach Zielen gefragt, geben sich Beratende oft mit ganz vagen und allgemeinen Formulierungen zufrieden.

Das Kapitel »Ressourcen, Lösungen und Ziele« (S. 176) befasst sich ausführlich mit der Vorbereitung von Lösungen und der Formulierung und Bedeutung von Zielen. In der Anfängersituation scheint uns dabei das Folgende wichtig:

Die explizite Formulierung von Zielen gibt der Beratung einen Lösungsdrall. Ziele zeigen die Richtung an, in der zu arbeiten ist, und sie sind Maßstab für die Einschätzung des Erfolgs. Aus dieser Perspektive ist es wichtiger, genügend Zeit für die Zielformulierung zu verwenden, als die Problembeschreibung bis in alle Einzelheiten zu verfolgen. Damit Ziele im Beratungsablauf ihre positive Kraft entfalten können, müssen sie gewisse Bedingungen erfüllen:

- Ziele sollen eher klein als groß sein. Bei großen Zielen müssen erste Schritte formuliert werden, deren Erreichen ein klares Zeichen für die Klientin ist, dass sie sich auf dem Weg zum Ziel befindet.
- Ziele müssen konkret und positiv formuliert sein, damit man ihre Erreichung eindeutig feststellen kann.
- Bei der Zielformulierung geht es nicht um die Formulierung des Wegs zum Ziel, sondern einzig und allein um die Formulierung von Zielvisionen. Gefragt ist eine möglichst konkrete Beschreibung einer zukünftigen Situation, in der die Problematik nicht mehr existent oder zumindest erträglich ist.

Die Formulierung von positiven, konkreten Beratungszielen ist nicht einfach und bedeutet immer wieder harte Arbeit. Diese Arbeit wird für den Berater erleichtert, wenn er zusammen mit dem Klienten regelmäßig auch Ziele für die einzelne Beratungssitzung formuliert. Die folgende routinemäßig gestellte Frage hat sich in meiner Praxis sehr bewährt: »Was wäre für Sie ein gutes Ergebnis dieser Sitzung?«

Situations- und/oder Beziehungsklärung

Die gesprächsweise Klärung der Situation und/oder Beziehung ist etwas, das nicht regelmäßig vorkommt. Wird innerhalb der Beratung über die Gesprächssituation oder über die sich konstituierende Beziehung gesprochen, findet im eigentlichen Sinn ein Gespräch über das Gespräch statt, *Metakommunikation* genannt. Sie ist in folgenden Situationen am Platz:
- starke emotionale Reaktionen der Klientin und
- starke emotionale Reaktionen der Beraterin.

Es gibt immer wieder starke Emotionen, die im Grunde genommen gar nicht dem Gegenüber gelten, sondern einem ganz anderen, abwesenden Menschen. Die psychoanalytische Theorie verwendet dafür den Ausdruck *Übertragung*. Es handelt sich um eine verzerrte Wahrnehmung der Realität, die man in der Alltagssprache als Ähnlichkeitsillusion bezeichnen kann. Der Verdacht, dass es sich um eine Übertragung handelt, stellt sich ein, wenn die Reaktion des Klienten im Vergleich zu seinem üblichen Verhalten übertrieben wirkt. Analoge Reaktionen sind auch bei der beratenden Person in Bezug auf den Klienten möglich. Auffällige Sympathien oder Antipathien, ein Verhalten, das nachträglich selbst überrascht – zum Beispiel ein überscharfer Ton in der Stimme – zeigen dies an.

Solchen Reaktionen der Klienten kann man stillschweigend Verständnis entgegenbringen. Der Berater signalisiert damit, dass er mit solchen Gefühlen umgehen kann. Spricht man die Situation im Sinne der Metakommunikation an, empfiehlt sich die Verwendung der Frageform:

- »Was spielt sich jetzt zwischen uns ab?«
- »Wie erleben Sie die Beratungssituation jetzt gerade?«
- »Irgendwie liegt jetzt etwas Schweres in der Atmosphäre: Was empfinden Sie?«

▒ Verwirrung, Unklarheiten im Gesprächsablauf, mit der Beratung nicht vereinbare Ansprüche des Klienten

Hier hilft die Metakommunikation, Ordnung zu schaffen. Für kurze Zeit wendet der Berater seine Aufmerksamkeit dem Gespräch selbst zu. Es geht um eine Standortbestimmung zur Klärung der aktuellen Situation, der besprochenen und noch zu besprechenden Themen. Erfüllbare und voraussichtlich nicht erfüllbare Ansprüche des Klienten können getrennt werden.

Situations- und Beziehungsklärungen verlangen vom Berater eine ruhige, offene, unbefangene Haltung. Er lehnt sich gewissermaßen zurück und versucht das, was im Gesprächsverlauf vor sich geht, von außen zu betrachten. Dies bringt meistens eine Beruhigung und mehr Ordnung und Klarheit in das Geschehen.

Metakommunikation ist eine der hilfreichsten Interventionen in schwierigen Situationen. Zu beachten ist, dass sie an Klienten relativ hohe Ansprüche stellt. Kinder oder Menschen, die nicht gewohnt sind, aus Distanz über sich selbst und das, was gerade geschieht, zu sprechen, können von der Metakommunikation überfordert sein. Eine mögliche Frage in einfachster Sprache wäre beispielsweise:

»Es klemmt. Könnte das etwas mit Ihrer Situation oder mit mir oder mit der Art, wie wir miteinander reden, zu tun haben?«

Intervenieren – oder: »Auf dem Weg zum Ziel«

Die Interventionsphase schließt an die Phasen der Problemerfassung und der Zielformulierung an. Thema dieser Phase sind alle Schritte und Vorkehrungen, die zur Lösung oder zum Ziel führen.

Anfängerinnen und Anfänger setzen sich unnötig unter Druck, wenn sie vor ihren ersten Gesprächen zittern, weil sie ihrer Meinung nach zu wenig Informationen zum Sachgebiet besitzen und zu wenig Erfahrung haben, um unterschiedliche inhaltliche Lösungen anbieten zu können. Die Aufgabe, den Klienten zu befähigen, selbst Schritte zur Problemlösung zu machen, ist wichtiger. Fehlen dazu Informationen, können sie nachträglich immer noch eingeholt werden.

In sehr vielen Situationen ist es sinnvoll, dass für den Ratsuchenden Alternativen und Perspektiven sichtbar werden. Etwas überspitzt könnte man formulieren: Berater sind Menschen, die *in Alternativen denken* und mit Klienten Alternativen erarbeiten.

In der konkreten Beratungssituation gibt es meist mehrere sinnvolle Hilfestellungen »auf dem Weg zum Ziel«. Die Kapitel »Intervenieren« (S. 203) und »Arbeitstechniken« (S. 237) beschreiben viele mögliche Vorgehensweisen.

Das Gespräch abschließen

Es versteht sich von selbst, dass ein Beratungsgespräch nicht einfach abrupt abgebrochen werden kann. Bei Erstgesprächen und bei allen längeren Gesprächen ist es wichtig, sich für die Abschlussphase bewusst Zeit einzuräumen (zum Beispiel 10 bis 15 Minuten). Dies gibt Raum, um eine kurze Zusammenfassung der wichtigsten Punkte und/oder ein gezieltes Feedback zu geben.

In den wenigen Spezialfällen, wo die Beratung schon nach einer Sitzung abgeschlossen werden kann, ist es sinnvoll, etwa nach der Hälfte der vorgesehenen Zeit einen Zwischenhalt einzuschalten. Es geht dann um Fragen wie: »Wo stehen wir? – Was hat das Gespräch bis jetzt gebracht? – Was ist noch offen?«

Rückmeldungen brauchen eine gewisse Vorbereitungs- und Überlegungszeit. Einer der Verfasser macht vor der Schlussphase regelmäßig eine Pause und verlässt den Raum. Die Pause wird nicht selten auch von den Klienten gut genutzt. Manchmal kann man sie sogar dazu ermuntern, sich zu einem bestimmten Punkt selber Überlegungen zu machen. Nachher ist es aber auch nötig, ihnen Zeit zu geben, damit sie sich dazu äußern können.

Gesprächszusammenfassungen sollten nicht als Behauptungen formuliert werden, sondern als Eindruck oder Frage.

Eine zeitlich gut bemessene Abschlussphase gibt auch Gelegenheit, nochmals zurückzulehnen und sich zu fragen, ob etwas Wichtiges bis jetzt nicht auf den Tisch gekommen ist. Die Zeit reicht in der Regel zwar nicht mehr, auf solche Dinge einzugehen. Für den guten Fortgang der Beratung ist es aber wichtig, dass die Beraterin davon Kenntnis nimmt und in den weiteren Sitzungen Zeit dafür einräumt.

Die Zeit zwischen den Gesprächen

Ratsuchende sind nur kurze Zeit mit der Beraterin zusammen. Die Zeit zwischen den Beratungsgesprächen ist nicht nur um ein Mehrfaches länger; sie ist für die Klienten grundsätzlich die wichtigere Zeit. Hier passiert das Wesentliche für sie, das über Erfolg oder Misserfolg entscheidet.

So gesehen ist es sinnvoll, darüber nachzudenken, wie die Zeit außerhalb des Beratungszimmers zum Erreichen der Beratungsziele genutzt werden kann. In der Beratungspraxis beider Verfasser haben sich Hausaufgaben bewährt, die allerdings oft besser als »kleines Experiment« oder ähnlich bezeichnet werden sollten.

Neugier und die Bereitschaft zu Überraschungen

Hinsehen und hinhören sind zentrale Merkmale des Beraterverhaltens. Basis dafür scheint die Neugier zu sein: Ich verlasse mich nicht einfach auf meine Erfahrungen, sondern bin gespannt, die Einzigartigkeit meines Gegenübers zu entdecken. Es ist hier nicht die Rede von der skandalfreudigen, entlarvenden und sensationslüsternen Neugier einer Boulevardblatt-Reportage. Es geht um eine wertschätzende, einfühlende, zum Verstehen bereite Neugier.

Für diese Form von Neugier ist ein gewisses Maß an Unvoreingenommenheit anderen Menschen gegenüber notwendig. Es muss attraktiv für mich sein, dass andere Menschen andere Überlegungen machen und in einer bestimmten Situation anders fühlen als ich, dass sie andere Werte haben und etwas anderes als sinnvoll erachten.

Das bedeutet nicht, dass ich alles, was der andere mir berichtet, verstehen oder gar billigen müsste. Auch erfahrene Berater können nicht alles verstehen, selbst wenn sie sich darum bemühen. Ein mehr oder weniger großer Teil von Nicht-Verstehen bleibt zurück. Dies kann beraterisch positiv genutzt werden. Ein Nicht-Verstehen, das nicht verurteilend übermittelt wird, regt Klienten oft an, sich selbst auf die Spur zu kommen.

> »Jetzt bin ich etwas verwirrt: Sie sagen, dass ... und vorhin haben Sie mir erzählt, dass ... Das passt für mich nicht recht zusammen. Können Sie mir darüber noch etwas mehr erzählen?«

Es gehört zur Gestaltung einer offenen und klaren Beziehung, dass ich mich in gewissen Situationen absetze und eine Gegenposition einnehme. Aber es ist nicht hilfreich, wenn ich dies aus einer Haltung der Überlegenheit und des Besserwissens heraus mache. Unvoreingenommenheit bedeutet auch nicht, einem Klienten ohne eigene Hypothesen gegenüberzutreten. Wir können gar nicht anders, als uns vor, während und nach einem Gespräch Gedanken zu unserem Gegenüber zu machen. Unvoreingenommenheit bedeutet, seine Gedanken als Hypothesen zu kennzeichnen und sie dadurch der Kritik zugänglich zu machen. Es ist hilfreich, während und nach einem Gespräch eigene Vermutungen oder Eindrücke aufzuschreiben. Dies gilt auch für abwegig erscheinende Hypothesen. Mit dem Aufschreiben werden sie explizit gemacht und sind so leichter überprüfbar.

Wer noch wenig Erfahrungen in Beratungsgesprächen hat, dem fehlen manchmal die Formulierungen, um seiner Neugier angemessen Ausdruck zu verleihen. Das Folgende mag als Anregung dienen:

- Ein Klient weist auf ein Erlebnis hin oder stellt eine Behauptung auf. – »Erzählen Sie mir mehr davon!« Oder: »Können Sie mir noch zwei, drei Sätze mehr dazu sagen? – Haben Sie schon einmal etwas erlebt, das Sie in dieser Ansicht bestärkt? Wie war das?«
- »Was hat Sie auf die Idee gebracht, dass es besser ist, zu ...?«
- Klient: »Ich habe mich einfach durchgeschlagen.« – »Wie haben Sie das konkret gemacht?«

- »Wann haben Sie das letzte Mal eine Situation erlebt, wo Sie ...? Wie war das?«

Allgemein gedeiht die Haltung einer wertschätzenden Neugier gut in einer spielerisch geprägten Atmosphäre. Diese kann durch die Benützung des Konjunktivs innerhalb der Beraterfragen unterstützt werden:

- »Können Sie sich vorstellen, auch einmal heftig zu reagieren? Was wäre das Schlimmste, das dann passieren könnte?«
- »Was müsste passieren, dass Sie sich in dieser Situation richtig wohl fühlen würden?«
- »Sie haben von Ihrer Befangenheit gesprochen und wir haben festgestellt, dass diese in unseren Gesprächen nicht sichtbar wird. Wie müsste ich mich verhalten, damit Sie auch hier befangen reagieren würden?«

Die aufmerksame Leserin, der aufmerksame Leser hat vielleicht bemerkt, dass in diesen Beispielen die Fragewörter Wie und Was, Wann und Wo häufig vorkommen, kaum jedoch ein: Warum?

»Go slow!«

Die *Haltung der wertschätzenden Neugier* kann den Gesprächsfluss verlangsamen. Die Klientin muss Zeit haben, nachzudenken und nachzufühlen. Innere Bilder müssen aufsteigen können. Das bedeutet, dass der Berater lernt, »produktive« Gesprächspausen auszuhalten. In der Anfängersituation ist dies oft schwierig. Allzu leicht ängstigen den Berater Fantasien: »Diese Pause geht ja fürchterlich lang.« – »Das muss unendlich peinlich sein für meine Klientin.« – »Was könnte ich jetzt Gescheites sagen?« Bei sorgfältiger Beobachtung des Gegenübers wird es dem Berater jedoch bald einmal gelingen, produktive Pausen (die Klientin denkt weiter, fühlt nach, kommt nach der Pause mit einem neuen Aspekt, einer anderen Facette) von blockierenden Pausen zu unterscheiden. Zusätzlich bleibt die Möglichkeit, selbst über den Gesprächsablauf zu reden und dabei herauszufinden, was für die Klientin hilfreich ist.

Sympathie und Antipathie

Berater müssen nicht alle ihre Klientinnen und Klienten sympathisch und interessant finden. Wollten sie das erreichen, würden sie sich unter einen Stress setzen, der sich mit großer Wahrscheinlichkeit kontraproduktiv auswirken würde. Erfahrungen zeigen allerdings, dass die beschriebene Haltung der Neugier die Klienten oft für mich interessant macht. Als neugieriger Berater entdecke ich Aspekte und Zusammenhänge, die mich aufmerken lassen und mein Interesse wecken.

Trotzdem werde ich ihnen auch begegnen: den wenig interessanten Klientinnen und den wenig sympathischen Klienten. Die von mir als Berater erwartete offene und klare Beziehung wird auch diese Begegnungen bestimmen. Wer sich zudem die Antipathie still eingesteht, ist meist in der Lage, sich nachher wieder unvoreingenommen der Person zuzuwenden.

Den Überblick wahren

Beim beschriebenen Normablauf des Beratungsgesprächs geht es nicht um etwas streng Lineares. Wichtig ist jedoch, dass Gesprächsleiterinnen die Übersicht behalten, sich um eine angemessene Ordnung innerhalb des Gesprächsablaufs bemühen.

Ein geordneter Gesprächsablauf bietet nicht nur der Anfängerin Sicherheit, sondern auch dem Klienten. Hilfreich sind offen formulierte Äußerungen, die die Ordnung thematisieren. Unterstützend wirkt auch das Setzen von Prioritäten, wobei den Klienten ein Mitspracherecht eingeräumt werden sollte.

Beim Thema bleiben

– »Sie haben anklingen lassen, was Sie bedrückt, und ausführlich über den Zusammenstoß mit ihrer Mutter gesprochen. Jetzt kommen Sie auf Fragen zu sprechen, die unser weiteres Vorgehen betreffen. Können wir dies noch ein wenig zurückstellen? Ich möchte zuerst noch gern ein wenig mehr von dem hören, was sie jetzt, in diesen Tagen belastet.«

- »Können wir noch ein wenig bei diesem Punkt bleiben?« – »Ich möchte gerne noch ein wenig bei diesem Punkt bleiben.«
- Eine Klientin kommt immer wieder auf einen Umstand in ihrer Kindheit zurück. – »Ich sehe, dass dies … für sie sehr wichtig ist. Können wir trotzdem noch etwas beim Thema bleiben, das wir jetzt angeschnitten haben? Wir werden mit Sicherheit am Schluss auf … zurückkommen.«

Abschließen und überleiten

- »Gibt es noch weitere Dinge, die Sie belasten? Wenn nicht, dann möchte ich jetzt gern auf etwas ganz anderes / auf Zukunftsvisionen zu sprechen kommen.«
- »Sind Sie einverstanden, wenn wir hier einmal einen Punkt machen? Mir ist wichtig, dass wir nun noch auf das weitere Vorgehen zu sprechen kommen.«

Ordnen

- »Von allen diesen Dingen, die für dich schwierig sind: Was ist im Moment das Bedrängendste?«
- »Habe ich richtig verstanden: Die zurückgebliebenen Schmerzen nach dem Unfall sind für Sie zwar schwierig, auch die dadurch bedingte Einschränkung in der beruflichen Tätigkeit ist nicht einfach zu ertragen, am schwierigsten ist für Sie aber momentan die veränderte Beziehung zu ihrer Freundin?«

Zusammenfassen

- »Darf ich einmal zusammenfassen, was ich bis jetzt verstanden habe: Vor zwei Jahren sind Sie erstmals …«
- »Könnte man dein Anliegen so zusammenfassen: Du möchtest Anregungen erhalten, wie du die nächste Begegnung gestalten könntest, gleichzeitig möchtest du dir aber auch sozusagen selber auf die Spur kommen und verstehen, was vorgefallen ist, dass du dich das letzte Mal so blockiert gefühlt hast?«

Die Bereitstellung eines geschützten Rahmens

Es kommt nicht von ungefähr, dass Gespräche mit Geistlichen, Anwälten und Ärzten der Geheimhaltungspflicht unterstehen. Die Gesellschaft stellt so für das Beratungsgespräch mit bestimmten Personen eine Art von geschütztem Raum zur Verfügung, der rechtlich gesichert ist. Analoges gilt unserer Meinung nach für alle Beratungen, bei denen persönliche Gegebenheiten zur Sprache kommen.

Beratung will zu einer positiven Veränderung beim Klienten beitragen. Die Systemtheorie betont, dass ein lebendes System einer direkten, inhaltlich festgelegten Einwirkung von außen nicht zugänglich ist. »Instruktive Interaktion« ist nicht möglich. Deshalb ist der geschützte Rahmen der Beratung, das heißt ein beziehungsmäßig gesicherter Kontext, doppelt wichtig. Fühlt sich das Gegenüber in einer Beziehung getragen, ist es eher bereit, aufgrund von Anregung oder Verwirrung etwas Neues, Ungewohntes zu versuchen. Ist das Gegenteil der Fall, wird es sich wahrscheinlich eher noch stärker auf den bisherigen, altgewohnten Umgang mit der Problematik versteifen.

Klientinnen und Klienten sollen sich in der Beratungssituation sicher und verstanden fühlen. Es muss alles daran gesetzt werden, dass sie sich von der Furcht vor Bestrafung oder Beschämung befreien können. Das bedeutet, dass von Beratenden eine nicht wertende, nicht verurteilende Gesprächsführung erwartet wird.

Es sind mehr als nur zwei anwesend

Wenn sich Berater und Klient gegenübersitzen, geht es nicht nur um diese beiden Personen. Es sind virtuell sehr viel mehr Personen anwesend. Der Klient bringt in seinem Kopf oder in seinem Herzen eine Reihe anderer Menschen mit, die an ihm und an seinem Anliegen interessiert oder von der Problematik, von zukünftigen Veränderungen mitbetroffen sind. Das bedeutet, dass wir es mit weiteren Menschen zu tun haben, die

- zum nahen Bezugssystem des Klienten gehören,
- von der Problematik mitbetroffen sind,
- am Klienten in spezieller Weise interessiert sind und/oder
- von einer beabsichtigten Lösung betroffen sind.

Ich spreche manchmal von Geistern, die sich im Raum befinden. Das sind längst nicht immer böse Geister mit Mahnfingern, destruktiven Einschärfungen (»Du musst überall lieb und nett sein, sonst wird dich niemand mehr gern haben«) oder negativen Glaubenssätzen (»Das kannst du nicht. Du bist dumm und ungeschickt in solchen Sachen«). Es gibt auch viele gute Geister, manchmal Schutzengel genannt, welche Klienten unterstützen, sie trösten und ihnen Mut machen.

In den meisten Fällen sind auch eine ganze Reihe von Beraterinnen und Beratern virtuell vorhanden, und zwar professionelle und nichtprofessionelle. Es ist manchmal erstaunlich, wie viele Menschen sich um die Notlage des Klienten, der vor einem sitzt, bereits bemüht haben oder noch bemühen.

Hinzu kommt, dass es nicht nur Menschen sind, die der Klient in diesem Sinne ins Beratungszimmer mitbringt. Er sitzt da mit allen wichtigen Erfahrungen, die er bis jetzt gemacht, und den Schlüssen, die er für sich daraus gezogen hat. Er sitzt da mit seinen kognitiven Konzepten, seiner Art, emotional zu reagieren, den Werten, an denen er nicht rütteln möchte, und der Art und Weise, wie er dies alles unter einen Hut zu bringen versucht. Dabei ist er nicht nur Individuum, sondern auch Vertreter einer Kultur, die dem Berater in vielem vertraut ist, in manchem aber auch fremd sein mag.

Der Vollständigkeit halber sei erwähnt, dass auch der Berater nicht einfach allein ist. Neben privaten Sorgen und eigenen kindlichen Axiomen (Glaubenssätzen) sitzt da vielleicht noch die Sorge um die Bewährung in der eben begonnenen Beraterausbildung oder der Konkurrenzdruck, der dazu zwingt, sich bei dem vor ihm sitzenden Klienten eine gute Referenz zu erwerben.

Was bedeutet dies alles für die Gesprächsführung? Mir scheinen folgende Hinweise wichtig:

- Richten Sie innerhalb eines Gesprächs immer wieder einmal ei-

nen Gedanken auf die Kontexte, die sichtbar werden. Zu denken ist an den Kontext, in dem die Beratung stattfindet, und an Kontexte, in denen der Klient steht (Arbeit, Familie). Zu denken ist auch an den zeitlichen Lebenskontext des Klienten. Warum kommt er gerade jetzt in die Beratung?
- Es ist sinnvoll, zu gegebener Zeit einen oder mehrere dieser Kontexte anzusprechen, was durch erkundende Fragen oder durch konfrontierende Hypothesen geschehen kann.
- Als hilfreich erweist es sich, unsichtbar Anwesendes sichtbar zu machen. Dies ist auf vielerlei Art möglich, durch Stühle, die man hinzustellt, durch Blätter eines Schreibblocks, auf die man Namen schreibt oder Zeichen malt, oder durch Marmeln. Günstig ist es, wenn man mit diesen Symbolen agieren kann, das heißt sie im Raum verschieben, draufsitzen oder draufstehen, sie größer und kleiner machen kann.

Wesentlich scheint mir, dass der Berater die verschiedenen Kontexte und ihre Bedeutung nicht aus den Augen verliert. Anfänger haben vielleicht Mühe, während des Gesprächs daran zu denken. Dann findet sich nach dem Gespräch oder bei der Vorbereitung des nächsten Gesprächs bestimmt Zeit, sich Gedanken zu machen. Ich empfehle, sich diese Gedanken aufzuschreiben und zum Beispiel Skizzen anzufertigen.

Ein kompliziertes Beziehungsgeflecht lässt sich in einer Art Ahnentafel (Genogramm) visualisieren. Zeitliche Abläufe lassen sich auf einer Linie anordnen. Bedeutungsvollen, zentralen Werten kann man auf einem Blatt Papier verschieden große Räume zuweisen. Grafische Darstellungen und Skizzen bleiben einem in der Regel viel besser im Gedächtnis haften. Sie können auch im Gespräch mit dem Klienten direkt verwendet werden.

Hilfreiche Merksätze

Im Folgenden haben wir einige Merksätze kommentiert, die sich in unserem Beratungsalltag als hilfreich erweisen und uns auch in der Anfängersituation als eine Art Richtlinie geeignet erscheinen.

Dort anfangen, wo die Klientin steht!
Ausgangspunkt für das einzelne Gespräch und jede neue Thematik ist mit Vorteil eine Beschreibung der Situation, so wie sie sich für die Klientin momentan darstellt. Selbst bei Pflichtklientinnen, bei denen es der Berater ist, der im Erstgespräch zuerst die Situation erklärt, ist es wichtig, dass im Anschluss daran auch die Klientin ihre Sicht der Dinge darstellen kann. Das gibt eine gewisse Gewähr dafür, dass angehört und aufgenommen wird, was sie bedrückt. Geht der Berater von ihrer Sicht aus, wird die Gefahr kleiner, dass sie vom gewählten Vorgehen überfordert ist.

In die Landkarte der Klientin einsteigen!
Es geht darum, die Realität mit den Augen der Klientin sehen zu lernen. Verstehen heißt dann, sich in der Landkarte der Klientin bewegen zu können. Die Vertrautheit mit der Landkarte und eine verlässliche Beziehung bilden die Basis, auf der beraterische Interventionen positive Wirkungen entfalten. Im Kapitel »Beratung und Sprache« (S. 124) machen wir uns Gedanken über die »Landkartenqualität« des Psychischen.

Zu einer reichhaltigen Beschreibung verhelfen
Wenn ein Mensch über seine Erfahrungen berichtet, erzählt er in der Regel eine Geschichte. Michael White (mündliche Mitteilung, 2000) berichtet davon, dass die Art, wie die meisten Klienten über sich selbst berichten, sehr »mager« und eingeschränkt ist. Sie beschreiben sich, indem sie Diagnosen von Ärzten und Sozialarbeitern oder Etikettierungen aus ihrer Umgebung übernehmen, und sprechen oft nur aus der Perspektive ihres Problems oder Leidens über ihr Leben. Eine Beratung, die Ressourcen nutzen und Handlungsspielräume erweitern will, ist auf reichhaltige Beschreibungen angewiesen. Durch konkretisierende Fragen können Beratende ihren Klientinnen und Klienten helfen, reichhaltigere Beschreibungen zu machen.

Auf das Vordringlichste eingehen – oder:
Gefühlsäußerungen haben Vorrang
Oft stehen in einer Beratung verschiedene Themen gleichzeitig an – oder eine bestimmte Problematik hat sehr verschiedene Teilas-

pekte. Für die Reihenfolge der Bearbeitung ist es nützlich, das am meisten belastende Thema zuerst zu besprechen. Dies gilt vor allem für die Phase der Problembeschreibung.

Etwas bearbeiten, das raschen Erfolg verspricht
Bei der *Bearbeitung* einer Problematik kann ein anderer Ordnungsgesichtspunkt vorrangig werden. Bei vielen Beratungen ist es für den späteren Beratungserfolg ausschlaggebend, dass möglichst rasch eine konkrete positive Veränderung erzielt wird. Dann muss oft der am meisten belastende Aspekt zurückgestellt werden. Es ist empfehlenswert, das Einverständnis der Klientin für diese vorläufige Rückstellung einzuholen.

Störungen haben Vorrang
Diese viel zitierte Aufforderung der Themenzentrierten Interaktion nach Ruth Cohn (TZI, z. B. Löhmer u. Standhardt 1992) gilt auch in der Beratungssituation. Ein plötzlich auftretendes Gefühl oder eine aufkommende Erinnerung nimmt die Aufmerksamkeit des Klienten gefangen. Geht die Beraterin nicht darauf ein, kann sich darum herum eine Widerstandshaltung aufbauen, die den Beratungsverlauf nachhaltig negativ beeinflusst. Geht sie aber darauf ein, werden die Gefühle durchlebt und die Erinnerungen ausgesprochen und wertschätzend angehört, so verändert sich das Gespräch fast immer auf positive Art. Die Aufmerksamkeit wird erhöht, die Aussagen werden persönlicher und nicht selten ergibt sich sogar eine wichtige inhaltliche Wende.

Es gibt (fast) immer Ausnahmen
Menschen neigen dazu, ihre Erfahrungen und gedanklichen Schlüsse zu pauschalisieren. Diese Tendenz lässt sich in Problemsituationen noch verstärkt beobachten. Stoßen Beratende auf Ausnahmen, wird die Situation zwar weniger einheitlich und oft komplizierter, gleichzeitig aber auch flexibler. De Shazer (1989a) hat uns darauf aufmerksam gemacht, dass Ausnahmen bei der Problembeschreibung eine nicht zu unterschätzende Quelle von Ressourcen und einen Ideentopf für Lösungen darstellen. Dies gilt es, im Beratungsgespräch zu nutzen.

Prüfen statt unterstellen
Diese Kurzformel stammt von Kähler (1991, S. 127ff.). Beratung verlangt nach einem erkundenden Vorgehen. Sie ist kein Beweis- oder Ermittlungsverfahren, um Klienten in der Art von Sherlock Holmes zu überführen.

Und nicht zuletzt: Die Leichtigkeit nicht vergessen!
Beraten ist eine ernsthafte Angelegenheit. Daran ist nicht zu zweifeln. Auch was wir bisher in Form von Merksätzen formuliert haben, zeugt davon. Alles wirkt sehr ernst, vielleicht allzu ernst.

Dabei wissen wir es: Jede Suchstrategie – zum Beispiel das Brainstorming – lebt davon, dass man Raum gibt, sich selbst zurücknimmt, nicht mehr muss, sondern geschehen lässt, offen ist, nicht kritisiert. Die meisten von uns erleben dies, wenn sie den Namen eines Bekannten oder einen Fachausdruck vergessen haben. Das krampfhafte Suchen führt selten zum Ziel.

Das Gleiche gilt für die Beratung. Gute Beratungsergebnisse lassen sich nicht erzwingen. Es ist ähnlich wie mit einer kreativen Tätigkeit. Es gibt zwar wohl kaum eine Kreation ohne Einsatz, Mühe und Arbeit. Es gibt aber auch kaum einen kreativen Prozess mit positivem Ergebnis ohne dieses Geschehen-Lassen, Raum-Geben, Sich-Öffnen.

Je älter ich werde, desto offensichtlicher ist es für mich: Eine gute Beratung ist ein kreativer Prozess. Dieser Prozess lebt vom ernsthaften Bemühen, von der Wertschätzung und der Echtheit des Beraters. Die ergiebigsten Phasen jedoch sind gekennzeichnet durch etwas Spielerisches oder durch eine versöhnliche Gelassenheit.

TEIL II · Metamethodik der Beratung

Andreas Bürgi

Beratung geschieht in der Begegnung

Klientinnen und Klienten bezeichneten in Evaluationsstudien von Psychotherapien nicht methodisch richtiges Vorgehen, sondern Aspekte der Mitmenschlichkeit und der Begegnung als hilfreich. Tragender Grund in Psychotherapien und Beratungen sind in den Augen der Klienten weder psychologische Theorien noch methodische Konzepte, sondern die Beziehung zwischen Berater und Klient als konstruktives, existenzielles Miteinander. »Beratung geschieht in der Begegnung!« So lautet deshalb die zentrale These dieses Kapitels.

Der Begriff »tragender Grund« wurde bewusst gewählt. Es geht uns keineswegs darum, die methodischen Aspekte herabzuwürdigen. Es braucht beides: eine Beziehung, die zur Begegnung wird, und methodisch geleitetes Handeln. In der Begegnung allein werden keine Ziele erreicht, während reine Konzentration auf das Methodische die Beratung zur »Seelenmechanik« verkommen lässt. Weshalb Begegnung als essenzielles Gegenstück zur beraterischen Pragmatik postuliert wird, soll in diesem Kapitel aufgefächert werden.

Grundsätzliches zu Begegnung in der Beratung

Die Sicht Martin Bubers

Wenn Beratung in der Begegnung geschehen soll, muss erklärt werden, was wir unter Begegnung verstehen. Grundlegendes zu diesem Thema wurde vom Existenzialphilosophen Martin Buber in der Schrift »Ich und Du« 1923 publiziert. Wir wollen deshalb seine Sicht an den Anfang unserer Überlegungen stellen. Buber unterscheidet zwei Grundeinstellungen des Menschen zur Welt:

- Die *Erfahrung*, die er als Beziehung »Ich – Es« bezeichnet. Mit »Es« sind Dinge, Menschen, Geschehnisse, also Objekte in der Außenwelt gemeint. Das wahrnehmende Subjekt erfährt sie und repräsentiert sie in seinem Organismus. »Die Erfahrung ist ›in ihm‹ und nicht zwischen ihm und der Welt. Die Welt hat keinen Anteil an der Erfahrung« (S. 9). Zwei Erfahrende können zueinander in einem solch zweckgerichteten Kontakt stehen – der eine sucht Hilfe für sein Problem, der andere verhält sich ihm gegenüber professionell. Die Aussage, dass der Erfahrende keinen Anteil an der Welt habe und die Erfahrung in ihm sei, stimmt mit der Position des Konstruktivismus überein, die Erfahrung als Leistung des menschlichen Geistes betrachtet.
- Die *Begegnung* wird von Buber mit dem Wortpaar »Ich – Du« charakterisiert. Begegnung ist Beziehung im eigentlichen Wortsinn. »Ich und Du« gehen sich etwas an. Es besteht Gegenseitigkeit. Ich bin vom Du angerufen. Begegnung ist eine andere Seinsdimension als das Erfahren des anderen im zwischenmenschlichen Kontakt. Begegnung ist nicht zweckgerichtet, denn: »Nur wo alles Mittel zerfallen ist, geschieht die Begegnung« (S. 16). Für Buber zieht Begegnung keine Grenze zwischen »Ich und Du«.

Buber macht deutlich, dass es im Leben beide Kontaktformen braucht. Das »Ich – Es«, um zu überleben, wirken, handeln. Das »Ich – Du«, um zu leben und beschenkt zu werden. Der Mensch pendelt gewissermaßen zwischen den zwei Welten.

Das Beratungsgespräch als Begegnung

Welches sind die Voraussetzungen, dass Beratungsgespräche zur Begegnung werden, und welche Wirkung geht von der Begegnung im Problemlösungsprozess aus? Als ich über das Thema nachdachte, wurde mir bald klar, dass Begegnung eine schwer sagbare Selbstverständlichkeit darstellt. Der Name Buber und der Begriff

Begegnung sind rasch erwähnt und ebenso rasch tauchen dann Begriffe wie Mitmenschlichkeit und Verstehen auf, die am Phänomen vorbeizielen.

Mitten in der Schwierigkeit, Begegnung im Kontext Beratung zu erklären und dabei die buberschen Gedankengänge nicht fehlzuinterpretieren, hatte ich ein Erlebnis, das mir im doppelten Sinne zum Geschenk wurde. Auf einem Spaziergang kam mir eine Gruppe Frauen entgegen, die mit ihren Hunden spazierten. Einer davon, der mich kannte, weil wir schon miteinander gespielt hatten, rannte freudig auf mich zu und setzte bereits an, um an mir hochzuspringen. Als er mir nahe war, hielt er plötzlich inne, drückte sich zärtlich an mich und blickte lange zu mir auf.

Erst beim Weitergehen wurde ich gewahr, dass ich ein wenig traurig und zärtlichkeitsbedürftig war. Der Hund hatte dies offensichtlich erkannt und zeigte mir auf seine Weise, dass er mich »verstanden« hatte. Auch merkte ich erst jetzt, dass ich eben einen Moment der Begegnung erleben durfte, aus dem ich viel über das Wesen der Begegnung lernte. Begegnung zeigte sich nicht im Akt der Gefühlswahrnehmung durch den Hund, nicht in seinem Ausdruck der Zärtlichkeit und auch nicht in meinem Erleben der dadurch ausgelösten Gefühle. Begegnung geschah dadurch, dass für einen kurzen Moment eine Brücke zwischen zwei Erdenwesen geschaffen war. Wir standen in unmittelbarer Berührung, und diese Beziehung wirkte – so eigenartig es klingt – therapeutisch. Dass der Hund mich besser als ich mich selbst erkannt hatte, führte mich an jenem Tag zu mir selbst hin und löste einen konstruktiven Prozess aus.

Im Beratungskontext bedeutet Begegnung, dass die Beraterin mit der Klientin in Beziehung steht. Dabei muss es sich aber um eine Beziehung mit besonderer Qualität handeln. Begegnung wird charakterisiert durch Offenheit und Gegenseitigkeit. In solchen Momenten wird keine Macht ausgeübt, nichts vorgeschrieben und niemand übervorteilt. Eine solche Beziehung, die Raum schafft, ermöglicht Wachstum, Entwicklung, Veränderung. Begegnung bedeutet auch Unmittelbarkeit. In Momenten der Begegnung wird der Klientin deutlich, dass sie auf der Ebene des Seins angesprochen ist und es, in der Gegenwart des Du, um die Verwirklichung des Ich geht. In dieser Gegenwärtigkeit entsteht eine Präsenz, die mit Trance vergleichbar ist. Diese Unmittelbarkeit lässt sich allerdings nicht machen wie die Trance, sie entsteht einfach.

Aus der Position des radikalen Konstruktivismus heraus würde eine solche Aussage keinen Sinn machen. Auf der anderen Seite weist aber gerade systemische Betrachtung der Welt auf die Vernetzung alles Seienden hin. Alles ist aufeinander bezogen und geht sich etwas an. Sehr schön lässt sich dies an der Koevolution der Blütenpflanzen und der Bestäuber-Insekten erläutern. Friedrich Barth, der diese Koevolution untersuchte, nannte seine Veröffentlichung »Biologie einer Begegnung«. Barth (1982) zeigte in seiner Studie den ungeheuren Reichtum an Formen gegenseitiger Abstimmung von Pflanzen und Bestäubern auf.

In Beratungen, in Momenten der Begegnung Verbindung zum Seinsgrund zu finden, ermöglicht es der Klientin – und dies durfte ich als Berater des Öfteren erleben – Lösungen zu finden, die neue »Wirklichkeiten« aufschlossen.

Beratung als Methode und Begegnung

Das Leitmotiv »Beratung geschieht in der Begegnung« könnte zur Annahme verleiten, methodisch geleitetes Handeln habe in der Beratung keinen Platz. Wenn zwei Menschen zusammen sind, stehen sie meistens in einem Verhältnis des »Ich – Es«. Ist das beraterische Gespräch hauptsächlich von methodischen Überlegungen geleitet, handelt der Berater aus der Absicht heraus, etwas zu bewirken. In solchen Gesprächen oder Gesprächsabschnitten nutzt der Berater in professioneller und verantwortungsbewusster Weise seine Mittel und Methoden.

In Momenten der Begegnung tritt das Gespräch aus dem Rahmen methodischer Folgerichtigkeit heraus und nimmt oft eine überraschende Wendung. Beraterin und Klientin spüren, dass es um Wesentliches geht, entwickeln gemeinsam kreative Ideen oder stoßen in neue Seinsdimensionen vor. Beide empfinden eine tiefe Verwandtschaft auf existenzieller Ebene.

In der Regel wird das Beratungsgespräch zwischen den beiden Zuständen »Ich – Es« und »Ich – Du« oszillieren. Wir vertreten die Auffassung, dass es beides braucht: auf der einen Seite das methodische Tun und auf der anderen Seite Begegnung. Fachliches Handeln allein vermag nur zu *bewirken, berührt* den Menschen aber nicht. Bliebe anderseits Begegnung das einzige Agens, müssten Beratungen sehr lange dauern.

Aus diesen Überlegungen lässt sich folgender Schluss ziehen: Seriöse Berater sind gut ausgebildet, nutzen Erfahrung und handeln in methodisch begründeter Weise. Ihre Arbeit aber verrichten sie nicht so, wie man am Fließband arbeitet. Von jeder Klientin und jedem Klienten fühlen sie sich aufgerufen und sie »zelebrieren« Beratungen so, dass diese zur Begegnung werden können.

Die Bedeutung von Begegnung in der Beratung

Fragt man Beraterinnen nach dem Garanten für den Beratungserfolg, wird wohl auf die Bedeutung einer vertrauensvollen Beziehung zwischen Beraterin und Klientin hingewiesen, doch werden in der Hauptsache Aspekte der Professionalität genannt. In Publikationen über Psychotherapie und Beratung wird viel über methodische Aspekte und wesentlich weniger über das Sein – Haltung und Persönlichkeit – von Therapeuten geschrieben.

Werden hingegen Klientinnen und Klienten gefragt, wie ihnen die Therapie geholfen hat, ergibt sich ein anderes Bild. Lange (1994), der sich mit Wirkfaktoren der Psychotherapie auseinander setzte und eine große Zahl von Evaluationsstudien analysierte, kommt zu folgenden – von uns knapp zusammengefassten – Aussagen:

- Allgemeine Elemente, wie »die Gelegenheit, sich zu äußern«, »Beruhigung« und »Sich-akzeptiert-Fühlen«, werden von Klienten als viel wichtiger erlebt, als die spezifischen Behandlungsaspekte einer bestimmten Schule.
- Erfahrene Therapeuten schneiden bei der Beurteilung nichtspezifischer Faktoren durch Klienten schlechter ab, als Therapeuten, die mit ihrer Tätigkeit frisch begonnen haben. Die Aufmerksamkeit auf methodische Aspekte geht offenbar auf Kosten der allgemeinen Faktoren Klima und Beziehung.

Diese Resultate machen deutlich, dass von Ratsuchenden nicht in erster Linie das, was Beraterinnen tun, als hilfreich erlebt wird, sondern die Art und Weise, wie sie sich ihnen zuwenden und wie sie mit ihnen umgehen. Nicht professionelles Machen, sondern schlichtes »für den Klienten da sein«, also Begegnung, bildet den Boden für Veränderung.

Wie Begegnung möglich wird

Begegnung lässt sich nicht machen und schon gar nicht erzwingen. Begegnung ist ein spontanes Phänomen. Trotzdem gibt es Verhaltensweisen, Einstellungen und Kontaktformen, die Begegnung möglich machen, und solche, die Begegnung erschweren. Ich will auf einige Aspekte eingehen, die ich zu den wesentlichen Voraussetzungen für das Zustandekommen von Begegnung zähle.

Die Bereitschaft zur Begegnung

Begegnung entsteht spontan aus der Bereitschaft dazu heraus. Wer vorurteilslos und offen auf einen anderen Menschen zugeht und sich auf ihn mit seinen Eigenheiten und Ansprüchen einlässt, ist bereit, sich in Begegnung treffen zu lassen.

Offenheit lässt sich mit unterschiedlichen Worten umschreiben: Die Beraterin »holt den Klienten dort ab, wo er steht«, »schlüpft in seine Haut«, sucht ihn als Nichtwissende zu verstehen. Die Beraterin hält sich nicht an ein starres Ablaufschema, geht nicht von vorgefassten Meinungen aus, spielt sich nicht als Expertin auf. So kann das Gespräch eine eigene Dynamik entwickeln, die oft zu überraschenden Wendungen, auch zu Verwirrung und Betroffenheit führt. Solche Momente werden als Begegnung erlebt, die nachwirkt, auch wenn ich wieder im Alltag bin.

Als Moderatorin von Veränderungsprozessen spielt die Beraterin den eher aktiven Part. Ihre Bereitschaft, auf das Gegenüber einzugehen, sich auf Unbekanntes einzulassen, sich treffen und infrage stellen zu lassen, sollte daher in besonderem Maß gegeben sein. Lässt die Bereitschaft nach, möge die Beraterin sich fragen, wieso sie sich schützen muss und an sich arbeiten, um ihre Offenheit zurückzugewinnen.

Bereitschaft zur Begegnung bedeutet auch, dass die Beraterin – mit ihrer Person und ihren Verhaltensweisen – sich dem Klienten zumutet. Aus der Verpflichtung der Beratungssituation heraus überschreiten Beratende mit ihren Fragen oder ihrem Beharren auf einem bestimmten Punkte Grenzen, die in anderen Gesprächen tabu sind. Aus persönlicher Neugier heraus soll sie diese Grenzen nie überschreiten, dies hat in verpflichteter Liebe und im Dienst des Beratungsziels zu geschehen. Beide Autoren haben in Supervisionen die Erfahrung gemacht, dass recht viele Beratende sich aus persönlichem Schamgefühl heraus eher scheuen, in intime Bereiche vorzudringen, und auf Fragen verzichten, die von Klientinnen und Klienten eigentlich erwartet worden wären. Begegnung kann verfehlt werden, nicht nur, wenn der Berater seine Verantwortung nicht wahrnimmt und aus persönlichen Motiven heraus die Intimgrenze der Klientin überschreitet oder sie gar sexuell ausbeutet, sondern auch, wenn intime und heikle Fragen ausgeklammert werden.

Atmosphäre

Beratende sind verantwortlich für die Gestaltung der Atmosphäre während der Gespräche. Die Klientin kommt nur in einer entspannten Atmosphäre an ihre Ressourcen heran, und der Klient lässt sich nur in einer Atmosphäre des Vertrauens auf Neues ein.

Die Forderung nach positiver Atmosphäre bedeutet nicht, dass anderen als positiven Stimmungen kein Raum gegeben werden dürfte. Gefühle der Trauer, Niedergeschlagenheit, Wut, Verzweiflung und Hoffnungslosigkeit kommen in Beratungen sehr oft auf. Wenn eine konstruktive Atmosphäre entstehen soll, ist es sogar unverzichtbar, solche Stimmungen, Gefühle und Affekte zuzulassen und die Klientin zu ermuntern, diese nicht zu unterdrücken.

Die Vertreter des lösungsorientierten Ansatzes weisen darauf hin, dass lösungsorientiertes Handeln und Klima zu unterscheiden seien. Ein Berater, der nicht daran glaubt, dass Lösungen möglich sind, dass Ressourcen in den Klienten liegen und dass das »Prinzip Hoffnung« Gültigkeit hat, kann lange die Wunderfrage stellen und nach Ausnahmen suchen, er wirkt nicht glaubwürdig. Tragender Grund lösungsorientierter Beratung sind nicht die raffinierten Techniken, um zu Lösungen hinzufinden, sondern jene emotionale Ausrichtung auf Lösungen, die De Shazer (1989a) als »Ja-Haltung« bezeichnete. Die Ja-Haltung ist für Beratende keine Selbstverständlichkeit. Es bedarf bewusster Ausrichtung auf diesen Zustand. Sie können in die Ja-Haltung hineinfinden, wenn sie sich in den Zustand des natürlichen Kindes versetzen, das neugierig ist, staunt und sich begeistern kann.

Wenn Sie den Eindruck haben, dieser Zustand sei Ihnen verschlossen, so probieren Sie doch Folgendes:
- Besorgen Sie sich Fotografien Ihrer Kindheit. Vielleicht gibt es solche, die Sie spielend, freudig erregt oder auf Entdeckungsreise befindlich darstellen. Betrachten Sie die Fotos und steigen Sie in ihr natürliches Kindheits-Ich ein.
- Erinnern Sie sich, welches Ihr Lieblingsspielzeug war? Vielleicht ist dieses noch aufzufinden oder Sie können sich Ersatz beschaffen. Nehmen Sie das Spielzeug und spielen Sie damit!
- Nochmals Fotos: Vielleicht machten Sie in Ihrer Jugend Reisen oder Ausflüge an Orte, die zu entdecken Ihnen Spaß bereitete. Betrachten Sie die Fotos und werden Sie wieder das kleine Kind, das einst auf Entdeckungsreisen ging …
- Vergegenwärtigen Sie sich das letzte Erlebnis oder Ereignis, wo Sie als Erwachsene so richtig ins Staunen gerieten, sich sehr freuten oder am liebsten einen Luftsprung vollführt hätten.

Sollten Ihnen diese Aufforderungen Mühe bereiten, verzweifeln Sie nicht. Geben Sie sich etwas Zeit, um weiter nachzuforschen. Menschen, die nie kreativ und erfinderisch waren, kenne ich keine!

Balance

Homans, ein amerikanischer Soziologe, definierte Interaktion als »Austausch von greifbarer oder nicht greifbarer, lohnender oder kostspieliger Aktivität zwischen zwei Personen« (1961). Stehen

Menschen miteinander in Beziehung, kommt es zu gegenseitigem Geben und Nehmen. Ausgetauscht können unterschiedlichste immaterielle oder materielle Werte werden. Homans Konzept des Austauschs kann insofern als ökonomische Theorie zwischenmenschlicher Beziehung bezeichnet werden, als zwischen den Partnern »die Rechnung aufgehen« muss.

Schwartz (1997, S. 40) vertritt die Auffassung, dass Menschen einen natürlichen Sinn für Gleichgewicht und Harmonie in Systemen – Einzelpersonen, Familien, Gruppen – besitzen. Dies besagt, dass Systeme am besten funktionieren, wenn sie ausgeglichen sind und jedes Subsystem die Rolle übernehmen kann, die ihm entspricht.

Fassen wir zusammen: Ökonomische Prinzipien gelten offenbar nicht nur im eigentlichen Geschäftsleben, sondern in zwischenmenschlichen Beziehungen ganz allgemein. Extrem formuliert kann man sämtliche menschlichen Beziehungen als eine Art Geschäftsbeziehung bezeichnen.

Das Wort Geschäft hat oft einen negativen Beigeschmack, doch kann man Geschäfte auch in fairer Weise tätigen, und genau dies ist offenbar ein ungeschriebenes Gesetz menschlicher Kommunikation und Beziehungsgestaltung. Keiner darf sich übervorteilt fühlen, jeder muss – seinen persönlichen Bedürfnissen entsprechend – »auf seine Rechnung kommen«.

Was sollen solche ökonomischen Überlegungen? Beratung ist doch kein Geschäft, sondern ein Dienst am Mitmenschen, geleistet aus reiner Menschenliebe. Lütz (1997, S. 115) ist da anderer Meinung: »Psychotherapie ist, auch wenn das hart klingt, eine künstliche Beziehung für Geld.«

Unsere Klienten sind unsere Auftraggeber, die uns einer Dienstleistung wegen aufsuchen. Sie bezahlen unsere Arbeit direkt oder indirekt und sie bringen uns ihr Vertrauen oder mindestens ihre Akzeptanz als Fachpersonen entgegen. An uns ist es, unser Teil zu leisten, unsere Kompetenz einzubringen und eine Haltung einzunehmen, die man als fair umschreiben könnte.

Wie können Beraterinnen und Berater dafür sorgen, dass ihre Arbeit mit Klientinnen und Klienten ein faires gegenseitiges Geben und Nehmen bleibt?

– Die Beraterin geht sensibel auf den Klienten ein, nimmt sich

Zeit für sein Anliegen, zwingt ihm nichts auf, indoktriniert ihn nicht.
- Sie konzentriert sich auf die Lösung des vom Klienten vorgetragenen Problems und unterstützt ihn darin, die von ihm bestimmten, erwünschten Ziele anzustreben.
- Die Beraterin hilft ihm insbesondere, machbare Schritte zu tun.
- Der Beratungsprozess ist dem Klienten transparent. Zudem schaltet die Beraterin periodisch Phasen gegenseitigen Feedbacks ein, sodass zum Ausdruck kommt, wenn er ungute Gefühle im Hinblick auf den Beratungsprozess entwickelt.

Gefühle

Konstruktiver, dem Gegenüber sowie der aktuellen Situation angemessener Umgang mit Gefühlsregungen ist wohl die wichtigste Voraussetzung, dass ein Kontakt von Berater und Klient zur Begegnung werden kann. Findet Begegnung dann auch statt, löst diese bei beiden Partnern wiederum Gefühle aus – Gefühle der Betroffenheit, der Ergriffenheit, tiefer Sympathie und der Gemeinsamkeit.

Gefühle als Stellungnahme auf Erlebensebene

In Beratungsgesprächen werden nicht nur verbale, sondern auch emotionale Botschaften ausgetauscht. Kognitionen lösen Emotionen aus, beide sind neuesten Auffassungen zufolge (z. B. Ciompi 1997) miteinander untrennbar verknüpft. Zu Situationen, Themen und Gesprächspartnern nimmt der Mensch spontan und unweigerlich mit Gefühlen Stellung.

Gefühle sind wertvolle *Indikatoren* für die Beratenden:
- Emotionen können Störungen anzeigen. Sie weisen darauf hin, dass in der Beziehung Berater-Klientin etwas nicht »rund läuft«. Vielleicht sprechen sie aber auch für ein Bedenken, das die Klientin nicht zu äußern wagt.
- Emotionen sagen etwas aus über die Bedeutsamkeit der Äuße-

rungen. Emotionslos vorgetragene Botschaften zeigen oft Vermeidung an. Die Klientin will sich vor intensivem Erleben schützen. Über die Bedeutung der Aussage bleibt der Berater im Ungewissen und das Gespräch bewegt sich an der Oberfläche. Von Emotionen begleitete Botschaften sind lebendig und offenbaren die Bedeutung der Aussage unmittelbar.
- Gefühle weisen auf innerpsychische Vorgänge hin, die der Klientin nicht bewusst sein müssen. Durch einfühlsames Fragen kann der Berater ihre Situation umfassender verstehen.
- Manchmal sind Gefühle Anhaltspunkte für sich anbahnende Veränderungen. Klientin: »Seit der letzten Sitzung hat sich äußerlich bei mir nichts verändert, seit ein paar Tagen bin ich aber plötzlich viel zuversichtlicher.« Die Situation ist dieselbe, doch nimmt die Klientin auf emotionaler Ebene anders Stellung dazu.

Beratende müssen fähig sein, Emotionen sehr sensibel wahrzunehmen. In der Anfangsphase erleben Klientinnen ihre Situation als problematisch und damit als gefühlsgeladen. Auf diese Emotionen nicht einzugehen, hieße die Klientin nicht ernst zu nehmen und zu verstehen. Damit ein lösungsorientiertes Klima entstehen kann, muss Vertrauen aufgebaut werden, und wieder geht es dabei um Gefühle. In lebendiger persönlicher Beziehung sind beide Partner engagiert, und dieses Gefühl des Verpflichtetseins, des Betroffenseins ist Voraussetzung, dass Beziehung zur Begegnung werden kann. Beratende reagieren auf Emotionen ihres Gegenübers adäquat und verstehen es, sie im Dienst des Beratungsprozesses zu nutzen.

Es wäre fatal, Emotionen zu unterdrücken, die in der Beratung spontan geäußert werden. Beratende sollen Gefühlsäußerungen von Klientinnen und Klienten Aufmerksamkeit schenken und sie hinnehmen. Keinesfalls sinnvoll ist jedoch, sie dazu anzustacheln, sich in massive Emotionen hineinzusteigern. Dies war im Rahmen humanistischer Psychotherapien während einiger Zeit Usance. Nehmen bestimmte – vor allem negative – Gefühle eine Person völlig gefangen, gerät sie in eine »Problem-Trance«, aus der sie nur schwer wieder herauskommt.

Gefühle sind spontane Stellungnahmen des Unbewussten und

damit Signale an die Person. Sie sollen Denken und Handeln auslösen. Ein Beispiel. Wut bedeutet: »So nicht mir mir!« Also muss die in Wut geratene Person überlegen, wie sie sich in bestimmten Situationen wehren kann. In solcher Handlungsplanung sollten Beratende Unterstützung geben, damit Gefühle sinnvoll genutzt werden können.

Gefühle im Bereich der Person des Klienten

Gefühle, die im Zusammenhang mit der aktuellen Lebenssituation stehen

Der Klient sucht die Beraterin nicht auf, um mit ihr Smalltalk zu machen, sondern weil er ein Problem hat, das er lösen will. Aus der aktuellen Lebens- und Problemsituation dürften Emotionen negativer Färbung resultieren. Er fühlt sich in seiner Situation überfordert, verängstigt, enttäuscht, verzweifelt oder traurig. Nicht selten fühlen sich Klienten entwertet, weil sie von solchen Gefühlen bedrängt werden, und »Gefühle über Gefühle« erweisen sich als besonders unangenehm. Der Klient wird seine Situation verbal erläutern. Geht die Beraterin nicht auf die diesen Bericht begleitenden Emotionen ein, hat sie die Situation nicht in jeder Hinsicht erfasst und er fühlt sich nicht verstanden.

Gefühle, die die eigene Person betreffen

Probleme sind Aufgaben, die der Mensch zu lösen hat, und er weiß genau, dass er daran ist, zu versagen, wenn er eine Schwierigkeit nicht selbst meistern kann. Der Problemkontext löst mithin verschiedene Gefühle aus, die sich auf die eigene Person, vor allem auf den Selbstwert, beziehen. Die Beraterin muss diese Gefühle erkennen und dem Klienten helfen, sich davon zu befreien. Kann er die Gefühle annehmen, verlieren diese ihre Bedeutung.

Gefühle, die aus der persönlichen Lebensgeschichte des Klienten resultieren

Der aktuelle Problemkontext kann alte Gefühle reaktivieren, die früheren Lebenssituationen entstammen oder von anderen Menschen im Lauf der Lebensgeschichte übernommen worden sind.

So wurde ein Klient von übertriebener Existenzangst geplagt. Das Gespräch zeigte, dass diese Ängste ihm von seinem Vater, der in der Kriegszeit mit Mühe ein eigenes Geschäft aufbaute, »übertragen« worden sind. Schwartz (1997) schreibt solche Gefühle Teilpersönlichkeiten zu, die er »Verbannte« nennt. Im Beispiel wäre der Verbannte ein von den Sorgen des Vaters überwältigter fünfjähriger Knabe, der völlig verzweifelt und blockiert ist. Entsteht in Beratungsbeziehungen Vertrauen, nimmt der verbannte Teil die Gelegenheit wahr, um solche unerledigten Erlebnisse thematisieren und wenn möglich verarbeiten zu können. Meist sind es überdimensionierte Gefühle, die in der aktuellen Situation aufkommen, aber auf frühere, nicht bewältigte Lebenssituationen zurückgehen. Das aufgebaute Vertrauen geht zunichte, wenn der Berater – meist aus eigenen Ängsten heraus – solche Gefühle nicht in adäquater Weise angeht, sondern sie selbst zu verdrängen sucht, indem er beispielsweise auf sachliche Themen ausweicht. Wie solche schwierige Situationen zu meistern sind, erläutert Schwartz (1997) in eindrücklicher Weise.

Gefühle im Bereich der Person des Beraters

Dieselben Kategorien von Emotionen sind auch bei Beratenden auszumachen. Auch sie stehen zurzeit des Beratungsgesprächs in durch ihren eigenen aktuellen Lebenskontext konstituierten Gefühlslagen, bewerten ihre eigene Persönlichkeit und kennen »archaische« Gefühle.

Gefühle im Bereich Begegnung

Treten Menschen in eine Beziehung ein, entstehen aus dieser emotionale Reaktionen, die als Stellungnahme dazu zu werten sind.

Gefühle, die sich auf die Beratung als solche beziehen oder aus der aktuellen Beratungssituation entstehen

Beraterin wie Klientin stellen sich auf die Beratung ein und bereiten sich auf sie in impliziter oder expliziter Weise vor. Beide gehen mit bestimmten, bewussten Erwartungen, aber auch mit unbewussten Erwartungshaltungen (Bürgi u. Rutishauser 1977) ins Gespräch.

Beispiele:

- Eine Klientin wünscht sich Klärung ihrer Situation, weil sie allein nicht zu einer Entscheidung kommt.
- Ein Berater hat vor, seinen Klienten, der in der vorangegangenen Sitzung stets auf sein Problem zurückkam, aus seiner Problemfixierung zu lösen.
- Eine Klientin hegt übertriebene Erwartungen an die Fähigkeiten des Beraters, denn sie ist sehr verzweifelt.
- Eine Beraterin steht in Scheidung und fürchtet sich ein wenig vor einem Gespräch mit einem zerstrittenen Ehepaar.

Solche Erwartungen, Erwartungshaltungen und die daraus resultierenden Gefühle der Ratsuchenden zu erfassen, zählt zu den wichtigsten Selbstverständlichkeiten der Eingangsphase der Beratung.

Soll die Beraterin auch Gefühle ansprechen, die ihren eigenen Erwartungen und Erwartungshaltungen entsprungen sind? Ein Rezept lässt sich hier nicht geben. Meist genügt es, wenn die Beraterin sich solche Regungen bewusst macht und sie dann beiseite legt. In den meisten Fällen würden sich Klientinnen überfahren und überfordert fühlen, wenn die Beraterin in dieser Weise auf sie zukäme. Es sind Ausnahmesituationen, wo es geraten ist, der Klientin in einer frühen Phase der Beratung eigene Gefühle mitzuteilen.

In jedem Moment der Beratung können aus dem Dialog Emotionen aufkommen – Betroffenheit, Mitleid, Verwirrung, Ärger über sich selbst, aber auch über das Gegenüber. Beratende müssen solche Reaktionen mit feinen Antennen wahrnehmen und auch ansprechen, nicht aber deuten! Werden solche Gefühle unterdrückt, kann dies die weitere Kommunikation beeinträchtigen.

Gefühle als Reaktion auf Person und Verhaltensstil des Gegenübers

Nicht nur der Beratungskontext und die je aktuelle Situation im Beratungsgespräch lösen Gefühle aus, auch persönliche Besonderheiten eines Gesprächspartners können beim Gegenüber zu emotionalen Reaktionen führen.

Beispiele:

- Die Klientin empfindet die Beraterin ihrer Ausstrahlung wegen als sympathische oder unsympathische Person.
- Der Berater ärgert sich ob des »aggressiv-quengelnden Tons« seines Klienten.
- Die Klientin fühlt sich blockiert, weil die Beraterin eine »fordernde Art« hat, die sie an eine Lehrerin erinnert.

Gefühle, die aus der Geschichte der beraterischen Beziehung resultieren; Reaktionen auf alles, was sich in der Beratung abgespielt hat

Kontexte, Gesprächssituationen, Personen erzeugen Gefühle und diese Gefühle erzeugen neue Gefühle, oft auch »Gefühle über Gefühle«.

Beispiele:

- Eine Klientin trägt unerfüllbare Erwartungen an den Berater heran, der sich abgrenzt und nicht darauf eingeht. Dies löst bei ihr ein Gefühl der Enttäuschung aus und provoziert zusätzlich ein Gefühl der Einsamkeit.
- Ein Klient sucht in einer schwierigen Lebenssituation Hilfe. Seine Beraterin geht auf dieses Anliegen ein, was bei ihm zu einer trotzigen Reaktion führt, da die helfende Haltung sein starkes Bedürfnis nach Autonomie tangiert.

Solche emotionalen Reaktionen verlangen Klärung durch *Metakommunikation*, durch das Gespräch über das Gespräch. Erkennen und klären Beratende solche Konstellationen, führt dies zu Gelöstheit und zu konstruktiver Beziehungsgestaltung.

Wahrnehmung von Gefühlen

Wie können Beratende erkennen, dass die Klientin ihnen jetzt eine emotionale Botschaft übermittelt und wie sollen sie auf diese reagieren? Sie müssen sich nicht nur auf die methodisch richtige Gestaltung des Gesprächsablaufs konzentrieren, sondern ihre Aufmerksamkeit auch allen nichtverbalen Signalen schenken, die die verbalen Botschaften gewissermaßen umranken.

Graumann (1972, S. 1109–1162) unterscheidet verbale, paraverbale und nonverbale Kommunikation. Über Gefühlsregungen kann man auch verbal kommunizieren, es handelt sich dabei aber nicht um unmittelbares Erleben, sondern um Berichte darüber, also um Metakommunikation. Spontane, gefühlsgesteuerte Reaktionen werden auf den paraverbalen und nonverbalen Kanälen übermittelt. Zu den paraverbalen Signalen zählen die für jeden Menschen charakteristische Sprechstimme, die rhetorischem Willen zugängliche Sprechweise, Sprachstörungen und Schweigen. Die Palette der nonverbalen Signale ist reich und umfasst Mimik, Gestik, Blickkontakt, »Muskelsprache« wie Verkrampfungen, Lachen, Weinen, Erröten, Herzklopfen, Organerkrankungen, Kleidung und Distanzverhalten.

Auf all diesen Wegen kommuniziert der Mensch spontane, unbewusste emotionale Regungen, die für das Gegenüber, aber auch für ihn selbst zu Botschaften werden. Es ist Aufgabe der Beratenden, all diese para- und nonverbalen Botschaften mit frei schwebender Aufmerksamkeit aufzunehmen und sie zu verstehen. Viele dieser Botschaften sind sichtbar und hörbar, manchmal direkt »von Unbewusst zu Unbewusst« spürbar. Geschärftes personales Wahrnehmungsvermögen ist eine wichtige Grundfähigkeit jeder psychologischen Beraterin.

Wir lassen einige Anregungen zur Förderung dieser Basiskompetenz folgen:

- Halten Sie stets ihre Augen offen! Betrachten Sie ihre Klientin und blicken Sie, auch wenn Sie selbst sprechen, nicht an die Decke. So entgehen Ihnen die feinen nonverbalen Botschaften nicht, die die Klientin aussendet.
- Spitzen Sie Ihre Ohren! Hören Sie die Melodie der Stimme Ihres Gegenübers! So nehmen Sie die subtilen paraverbalen Signale wahr, die in der Sprechmodulation, in der Diktion und in Schwankungen des Sprechflusses enthalten sind oder durch Versprecher, Seufzer und andere Sprechstörungen ausgedrückt werden.
- Im Kommunikationsprozess reagieren auch Sie emotional und senden para- und nonverbale Signale aus. Jeder Mensch hat am Körper sensible Stellen, die als Kommunikationskanal bevorzugt werden. Der eine beginnt flach zu atmen und dem anderen

zieht sich der Magen zusammen. Lernen Sie, darauf zu achten, welche Gefühle Sie in welcher Weise ausdrücken!

- »Slow down!« Wenn Sie zu sehr vom Thema gefangen genommen sind und Sie sich nicht mehr in der Lage fühlen, alle wichtigen Botschaften auf allen Ebenen aufzunehmen, verlangsamen Sie das Tempo. Lehnen Sie sich bequem zurück und entspannen Sie sich!

Para- und nonverbale Botschaften müssen nicht nur wahrgenommen, sondern auch »entschlüsselt« werden. Die Beraterin will verstehen, was der Klient ihr neben den verbalen Aussagen mitteilen will. Wir sprechen von *Verstehen* und nicht von Interpretieren oder Deuten. Es bleibt immer die Frage offen, was er mit seinem Ausdruck »meint«. Die Beraterin muss seine paraverbalen und nonverbalen Botschaften nicht *deuten*, wenn sie diese verstehen will. Sie *fragt* den Klienten, was in ihm vorgeht und was die Botschaft, die sie wahrnimmt, für ihn bedeutet.

- Die Beraterin spürt, dass verbaler Inhalt und nonverbaler Ausdruck nicht kongruent sind, und stellt die Frage: »Wie fühlen Sie sich dabei, wenn Sie das so sagen? – Sind Sie sicher, dass Sie auch so empfinden, wie Sie es sagen?«
- Die Beraterin nimmt ein Zaudern in Stimme und Gestik wahr: »Ich spüre ein Zaudern. Könnte es sein, dass Sie gegen … ein Bedenken haben?«
- Zur Klientin, die nach 25 Jahren Betriebszugehörigkeit entlassen wurde: »Sie erzählen mir ihre Situation auf so sachliche und ruhige Art. Andere Leute wären darüber traurig oder wütend … Wie sieht es in ihnen drin denn wirklich aus?« (Wutausbruch folgte!)
- »Ihre Tränen sagen, dass sie jetzt etwas sehr stark berühren muss …«

Wenn die Fragen in rücksichtsvoller und vorsichtiger Art gestellt werden, hat diese Art der Metakommunikation Vorteile:

- Klientinnen und Klienten fühlen sich durch sensibles Fragen oft in vermehrtem Maß verstanden und akzeptiert.
- Meistens nimmt das Gespräch eine konstruktive Wendung – weg von der Oberfläche hin zu Wesentlichem.

– Trägt die Beraterin nicht Interpretationen vor, fühlt sich der Klient weniger in die Zange genommen. Er hat eher die Möglichkeit, ihre Vermutungen zurückzuweisen.

Umgang mit Gefühlen

Bei der Wahrnehmung von para- und nonverbalen Signalen und beim Aufnehmen eigener emotionaler Regungen geht es nicht allein darum, sich treffen zu lassen oder in Schwingung zu geraten, sondern auch darum, solche Wahrnehmungen auf bewusster Ebene zu verarbeiten.

Der Musiksoziologe Adorno (1949) unterschied emotionales und strukturelles Hören. Der emotionale Hörer lässt sich durch Musik in Schwingung versetzen, nimmt diese aber nicht in differenzierter Weise wahr. Der strukturelle Hörer versteht es, stimmliches und klangliches Geflecht differenziert zu unterscheiden, einzuordnen und zu beurteilen. Musiker müssen lernen, nicht nur emotional, sondern auch strukturell zu hören. Dies befähigt sie, ein Musikstück seinem Komponisten zuzuordnen, etwas auszusagen über dessen Aufbau und Form und damit das Stück in seinem Wesen zu verstehen.

Auch Beratende müssen, mutatis mutandis, zu strukturellem Hören fähig sein. Auf para- und nonverbale Botschaften müssen sie nicht nur emotional und mit Betroffenheit reagieren, sondern auch lernen, diese strukturell wahrzunehmen, bewusst zu erkennen und klar zu diskriminieren. Nach längerer Zeit der Auseinandersetzung mit para- und nonverbalen Phänomenen entsteht eine geschärfte Wahrnehmung für Stimmliches und Nonverbales. Die Beraterin kann sich in ihre Klientin hineinversetzen, ist aber auch in der Lage, das Wahrgenommene in ihre »Beraterlogik« einzuordnen.

Es stellt sich die Frage, wie Beratende zu dieser Versiertheit kommen. Als lehrreich erweist sich häufiges Anhören von Gesprächsaufzeichnungen in Intervisionsgruppen. Der Inhalt der Gespräche soll dabei nicht das Thema sein, sondern die paraverbalen und nonverbalen Phänomene. Die Teilnehmenden haben die Möglichkeit, ihre eigenen Gefühlsreaktionen, aber auch ihre Deutungen miteinander zu vergleichen und zu diskutieren.

Hilfreicher Umgang mit Gefühlen erfordert eine integrierte Persönlichkeit und vor allem Übereinstimmung zwischen Verhalten und Grundhaltungen. Diese persönliche Stimmigkeit wird von der Rogers-Schule (Rogers 1962; Barrent-Lennard 1962; Truax 1962) als *Echtheit-Selbstkongruenz* bezeichnet. Truax erarbeitete eine Skala zur Einschätzung dieses Merkmals. Seine Formulierung dessen positivster Ausprägung eignet sich gut, um darzustellen, was mit Echtheit-Selbstkongruenz gemeint ist: »... der Psychotherapeut ist in jedem Augenblick das, was seine Äußerungen angeben ... Daß alle Aspekte seiner Person, die zutage treten, reale Aspekte von ihm sind und nicht Äußerungen, die der Verteidigung dienen oder die professionellen Haltungen entsprechen, die gelernt wurden und wiederholt werden, aber nicht wirklich gemeint werden.«

Mit dieser Kongruenz zwischen Verhalten und Grundhaltungen wirken Beratende als Vorbild und lösen erwiesenermaßen positive Veränderungsprozesse bei Klienten und Klientinnen aus (Tausch 1970, S. 126ff.).

Eine Gesprächssequenz mit einem jungschen Analytiker wurde zur Begegnung und blieb mir in lebendiger Erinnerung. Krankheitsbedingter Arbeitsausfall und beginnende Rezession hatten mich bezüglich materieller Situation und Zukunftsaussichten verunsichert und ich klagte darüber. Seine Antwort: »Es gibt wichtigere Dinge als Geldverdienen!« Hundert Leute hätten diese Aussage machen können und ich hätte sie als banal empfunden. Der Analytiker war ein in hohem Maße verinnerlichter Mensch, befand sich materiell in ähnlicher Situation und lebte zudem sehr bescheiden. Diese Stimmigkeit von Aussage und Sein führte bei mir zu einer nachhaltigen Änderung meiner Einstellung.

Entfaltungsräume

Zu Beginn des Kapitels haben wir versucht, das Phänomen »Begegnung« zu beschreiben und verstehen. Begegnung geschieht spontan. Man kann sie nicht suchen, sondern nur finden. Im zweiten Teil des Kapitels sprachen wir von Voraussetzungen, die Begegnung ermöglichen, wenn Beratende sie mit sich bringen.

Vielleicht sind Sie als Leserin oder Leser jetzt verwirrt. Auf der einen Seite wird erklärt, dass Begegnung sich nicht machen lässt und auf der anderen Seite wird erläutert, wie man sich zu verhalten hat, damit Begegnung möglich wird. Eine klassische »Sei-spontan-Paradoxie«. Begegnung als Geschenk, das uns spontan zuteil wird, Begegnung aber auch als Imperativ. Bei genauerem Hinsehen zeigt sich, dass die von Beratenden geforderten Haltungen und Verhaltensweisen etwas Gemeinsames haben:

- »Gib dem Klienten, achte gleichzeitig darauf, dass du auch bekommst!«
- »Lasse zu, lasse los!«
- »Sei offen und nimm an!«
- »Erlaube dir eine spielerische Haltung!«
- »Sei du selbst!«

Dieses »Sei du selbst!« hat etwas Attraktives. Wenn ich der bin, der ich bin, geschieht Begegnung. Wenn ich in den Fluss meines Lebens steige, gebe ich mir als Berater selbst Raum – um meine Ressourcen zu nutzen, um Kreativität zu entfalten, Raum, der auch dem Gegenüber Platz bietet und damit Begegnung möglich macht.

Sich als Beraterin oder Berater Raum zu geben, bedeutet mehrerlei: den Raum, in dem man arbeitet, so zu gestalten, dass man sich darin wohl fühlen kann. Zeitlich die Beratungen so auszulegen, dass es möglich wird, sich auf das Gespräch einzustimmen, es vorzubereiten und es nachher zu verarbeiten und ausklingen zu lassen. Sich während der Beratungsgespräche von einengenden Rollenvorstellungen zu befreien. Denn solche Leitbilder führen zu unterschwelligen Selbstgesprächen, die die Wirkung eines einengenden Korsetts haben, das die freie Verfügbarkeit von Handlungsalternativen einschränkt:

- »Wenn ich ein guter Psychologe wäre, dann würde ich jetzt das ...-Modell anwenden!«
- »Ich bin doch Berufsberaterin, stehe unter Druck und darf mit der Klientin nicht so lange über ihre Minderwertigkeitsgefühle sprechen!«
- »Was würden meine Fachkollegen sagen, wenn sie mich dieses Gespräch führen hörten?!«

Es folgen einige Anregungen, wie Beratende sich von solchen negativen Selbstbewertungen befreien können:

- Schicken Sie den inneren Kontrolleur freundlich, aber bestimmt in ein anderes Zimmer. Versprechen Sie ihm, dass Sie ihn nachher anhören werden. Lösen Sie das Versprechen ein, indem Sie sich fragen: »Was könnte ich künftig anders machen, um solche Situationen besser zu meistern?«
- Sie können auch kurz ins Nebenzimmer gehen, um sich zu entspannen, die Situation zu reflektieren und den Kontrolleur dort zurücklassen.
- Verändern Sie die nicht wohlmeinende innere Stimme, indem Sie sie verzerren, leiser machen, abschalten.
- Wenden Sie Dissoziationstechniken an.

Mit der Entfaltung verhält es sich wie mit der Liebe. Wer sich selbst liebt, kann dem anderen Liebe geben. Wer sich selbst entfaltet, kann dem anderen zur Entfaltung verhelfen.

Andreas Bürgi

Beratungen folgen einer inneren Gesetzmäßigkeit

Vorbemerkungen

Beratung vollzieht sich im Dialog und lässt sich als Kooperationsprozess verstehen – der Klient sucht die Beraterin auf, um gemeinsam auf ein Ziel hin zu arbeiten. Auf mehreren Ebenen werden Botschaften ausgetauscht – der Klient gibt beispielsweise Informationen über seine Situation und tut verbal seine Erwartungen kund, kommuniziert aber auch auf unbewusster Ebene.

Ebenso komplexer Natur sind die innerpsychischen Verarbeitungsprozesse der beiden Gesprächspartner. Die Klientin erzählt etwas über ihre Situation und der Berater denkt nach, stellt dann vielleicht eine klärende Frage. Ihre Mimik zeigt an, dass die Frage eine Wirkung hat – möglicherweise ist eine Emotion die Antwort.

Die Überlegungen, die angestellt werden, und die Fülle von Informationen, die ausgetauscht werden, wirken auf unvertraute Betrachter verwirrend. Bei längerem Zuhören und Zuschauen würde allerdings offensichtlich, dass Beratungsgespräche doch Gesetzmäßigkeiten aufweisen.

Machen wir ein Gedankenexperiment! Stellen wir uns vor, dass gut geschulte Beobachterinnen Gespräche erfahrener Berater systematisch analysieren. Folgende Resultate wären zu erwarten:

- Bestimmte Charakteristika des Gesprächsverhaltens sind für jeden einzelnen Berater typisch, prägen den individuellen Beratungsstil. Ein neugieriges und doch nicht penetrantes Fragen. Eine temperamentvolle Art, Klienten »in Fahrt zu bringen«. Bedachtsames Vorwärtsschreiten, gepaart mit präzisen Fragen.
- Bestimmte Vorgehensstrategien und Gestaltungsmerkmale der Gespräche sind typisch für eine Gruppe von Beratenden, wäh-

rend eine zweite und eine dritte Gruppe je andere Methoden nutzen. Solche Gestaltungsmerkmale entsprechen den Konzepten bestimmter psychologischer, respektive psychotherapeutischer Richtungen.

- Schließlich wird erkennbar, dass alle Beratenden ihre Gespräche in gewissen Grundzügen analog gestalten. Sie benutzen offenbar ähnliche »kognitive Landkarten«. Einzelne Gesprächssequenzen mögen chaotisch erscheinen, doch spannt der Dialog einen weiten Bogen, dem ein klarer Plan zugrunde liegt.

Wir interessieren uns hier für die *allgemeinen Gestaltungsregeln* von Beratungen. Beratende müssen den Beratungsprozess lebendig gestalten und doch ihre Gespräche klar strukturieren, mit einer »zweckmäßigen geistigen Landkarte im Hinterkopf« arbeiten.

Anfänger pendeln oft zwischen Chaos und starrer Ordnung hin und her. Manchmal reagieren sie rein situativ und fragen oder reden ziellos. So ist denn ihr Wunsch nach einem Gesprächsschema, das sich unreflektiert anwenden lässt, nur zu verständlich. Präzise Interviewleitfäden finden Anwendung in klinischen Anamneseerhebungen (z. B. Margraf et al. 1994). Würden Beratende Gespräche mit ihren Klientinnen und Klienten in solch strukturierter oder gar schematischer Weise führen, dürften sich diese kaum verstanden fühlen. Es gelänge nicht, ihr Problem adäquat zu erfassen und eine Umorientierung zu bewirken.

Erfahrene geben ihrer Arbeit bei größter Offenheit und Flexibilität doch eine klare Struktur. Bürgi und Rutishauser (1977) untersuchten Gesprächsaufzeichnungen erfahrener Berufsberaterinnen und Berufsberater im Hinblick auf die Konzeption von Beratungsstrategien. Es zeigte sich, dass alle bei der Planung und Gestaltung der Gespräche sehr ähnlichen Gesetzmäßigkeiten folgten. Ihre intuitiven Planungspraktiken wurden von den Autoren zu einem Modell verdichtet, welches große Ähnlichkeit mit einem aus theoretischen Überlegungen entwickelten Konzept der Beratungsplanung (Kaminski 1970) aufwies.

Jenseits aller Methoden und Schulen und abgesehen von persönlichen Stilelementen liegt Beratungen eine Struktur zugrunde, die Beratenden eine klare Orientierung erlaubt und – auf bewusster Ebene genutzt – ein *dynamisches Beratungsplanungskonzept* ergibt.

Wir erheben hier den Anspruch, ein allgemein gültiges Konzept für die Beratungsplanung zu formulieren. Bevor wir dies tun und unser Modell im Detail erläutern, müssen wir dessen Universalität belegen. Wir werden zeigen, dass sich ein grundlegendes Beratungskonzept auf ein allgemeines Verhaltensmodell zurückführen lässt, dass also »Beraten« einen Spezialfall von »Verhalten« darstellt.

Es gibt kein ungezieltes Verhalten

Die Psychologie stellt sich die Aufgabe, Verhalten zu beschreiben und zu erklären. Wenn sie einem positivistischen Paradigma folgt, reduziert sie Verhalten auf nicht mehr teilbare Einheiten, um es analysieren und verstehen zu können. Das »Reiz-Reaktions-Schema« des Behaviorismus zum Beispiel war ein in der ersten Hälfte des letzten Jahrhunderts gängiges »Verhaltens-Atom«. 1960 entwickelten drei amerikanische Psychologieprofessoren – Miller, Galanter und Pribram – ein neues »Verhaltens-Element«, welches geeignet war, das alte Reiz-Reaktions-Prinzip abzulösen. Ihr neues psychologisches »Atom« nannten sie »TOTE-Modell« (vgl. auch Abb. 2):

T = Test (prüfen, erfassen, vergleichen, planen)
O = Operate (ausführen, machen, handeln)
T = Test (überprüfen, vergleichen)
E = Exit (Ende)

Gemäß diesem Konzept kann menschliches Handeln nicht einfach als Reaktion auf einen äußeren oder inneren Reiz verstanden werden. Verhalten ist grundsätzlich gezielt und es geht immer darum, Ist-Zustände zu erfassen und sie in gewünschte Soll-Zustände zu überführen. Da diese Auffassung von der »kopflosen« Reiz-Reaktions-Theorie grundverschieden ist und auch das kleinste Verhaltenselement geistige Aktivität (prüfen, vergleichen, planen) beinhaltet, bezeichnet man das neue Konzept als kognitionspsychologische Theorie.

Damit ein Mensch planen und vergleichen kann, muss er Wissen besitzen, das dieses Vorbereiten von Handlungen überhaupt erlaubt. Die gespeicherte Information, welche Handlungsplanung möglich macht, nennen Miller et al. »Das Bild«. Komplexe Handlungen folgen einem Ablaufprogramm, das aus einer großen Zahl von TOTEs hierarchisch aufgebaut und als Gesamteinheit gespeichert ist.

Die wesentlichen Grundannahmen der kognitiven Verhaltens- oder Handlungstheorie sollen hier kurz zusammengefasst werden:

- Wer menschliches Handeln als blindes Reagieren auf einen Reiz versteht, greift zu kurz.
- Jedes Verhalten beinhaltet die Verarbeitung von Informationen. Ist-Zustände werden mit Soll-Zuständen verglichen, was nur möglich ist, wenn ein Handlungsplan (Vergleichswissen, Bild, kognitive Landkarte) zur Verfügung steht.
- Verhaltensplanung erfolgt nicht linear, sondern als rückgekoppelter Prozess. Das TOTE-Modell impliziert eine Feedback-Schleife. Es zählt deshalb zu den kybernetischen Regulationsmodellen.
- Die einzelnen Verhaltenseinheiten (TOTEs) werden hierarchisch zu komplexen Handlungseinheiten zusammengefügt, die ein sinnhaftes Ganzes darstellen.
- Jedes Verhalten oder Handeln ist auf angestrebte Ziele ausgerichtet.

Sehr erstaunlich ist die Aussage, dass es mit wenigen Ausnahmen (z. B. Reflexe) kein ungeplantes Verhalten geben soll.

»Man kann nicht nicht planen!«

Eines der Kommunikationsaxiome, die Watzlawick (Watzlawick et al. 1969) formulierte, lautete: »Man kann nicht nicht kommunizieren!« Dieses Axiom lässt sich abwandeln: »Man kann nicht nicht planen!«; denn es gibt keine Gespräche, die nicht in irgendeiner Weise zielbezogen und geplant wären. Der Sachinhalt ist nur eine Facette der gesamten Botschaft. Durch Wortwahl, Stimme, Diktion, Mimik und Gestik werden weitere »Informationen« übermittelt.

Ein Gespräch kann auf unbewusster Ebene klaren Leitlinien folgen, auch wenn im inhaltlichen Bereich keine Ziele angestrebt werden. Für den Appell liegt dies auf der Hand, fordert dieser doch die Angesprochenen auf, etwas Bestimmtes zu tun. Auch die Selbstdarstellung ist oft demonstrativer Art, geht es doch darum, dem Gegenüber klar zu machen, wie souverän, großartig, liebenswert und so weiter man sei. Das Definieren der Beziehung geschieht in der Absicht, den Stil, wie miteinander umgegangen werden soll, festzulegen.

Kein Dialog verläuft also zwecklos. Oft werden gleichzeitig, auf mehreren Ebenen mehrere Ziele verfolgt, oft sind Intentionen nicht klar erkennbar, oft stehen verschiedene Ziele im Widerstreit, doch immer geht es darum, etwas zu erreichen. Jedem Gespräch sind komplexe Planungsprozesse immanent.

Kaminskis Modell der Beratungsplanung

Kaminski nahm 1970 in seinem umfassenden Werk »Verhalten und Verhaltensmodifikation« die Ideen von Miller et al. auf und entwickelte daraus eine sehr ausgefeilte Theorie menschlichen Verhaltens. Die allgemeine Theorie exemplifizierte er allerdings an einem speziellen Fall. Als klinischer Psychologe interessierte er sich für das Verhalten von Psychologen, denen die Aufgabe gestellt ist, beim Klienten Verhaltensveränderungen zu bewirken. Damit hatte er zwei Fliegen mit einer Klappe geschlagen: Einerseits ein allgemeines Erklärungsmodell für menschliches Verhalten formuliert und anderseits ein erstes formales Planungsmodell für Psychotherapie und Beratung detailliert beschrieben. Im Folgenden soll Kaminskis Konzept in den wesentlichen Linien nachgezeichnet werden.

In Kaminskis Modell führt die erste, diagnostische Phase zu Hypothesen über das Problem. Sind diese Hypothesen ausreichend, folgt eine praktische Phase, das heißt, die Therapeutin oder Beraterin führt eine konkrete Operation durch. Entspricht das Resultat der Operation den gewünschten Wirkungen, ist das Ziel erreicht. Trifft dies nicht ein, erfolgt ein erneuter Einstieg in die diagnostische Phase (s. Abb. 3).

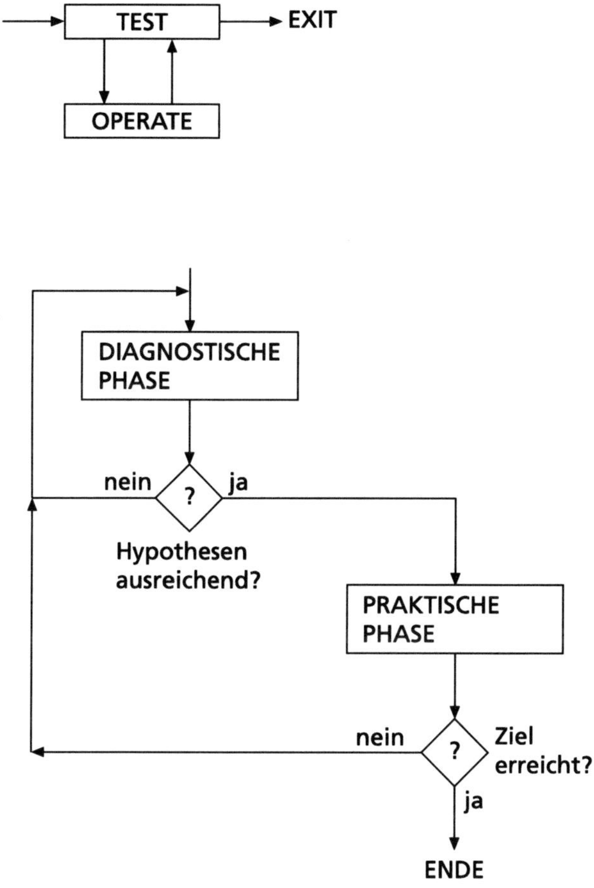

Abbildung 2: Das »TOTE-Modell« (oben) und Kaminskis Konzept (unten, stark vereinfacht) im Vergleich

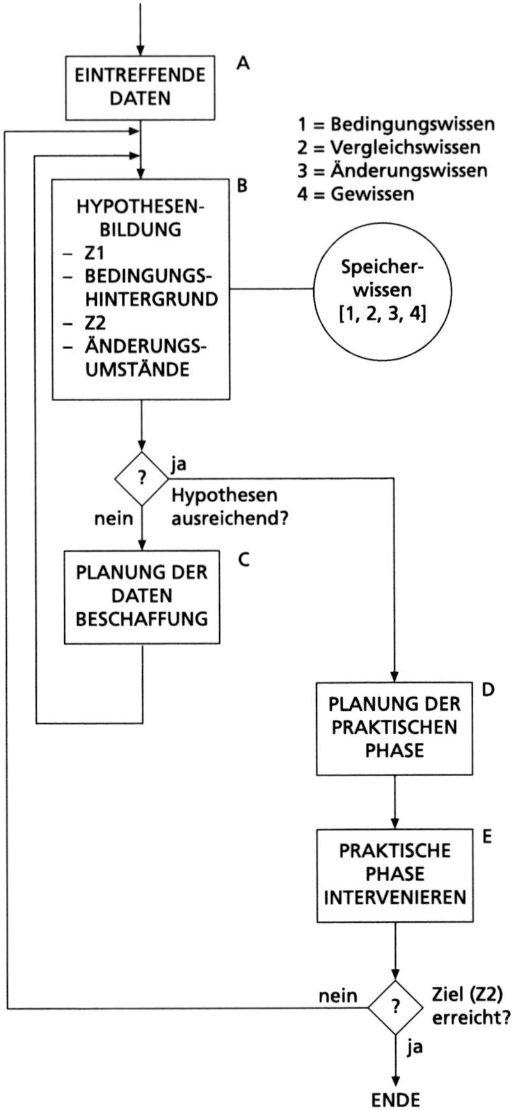

Abbildung 3: Kaminskis Konzept der Beratungsplanung

A) Der erste Kasten »eintreffende Daten« besagt, dass vom Klienten Informationen kommen, die der Berater aufnimmt.

B) Diese Informationen lösen diagnostische Aktivitäten aus, die Kaminski als »Hypothesenbildung« bezeichnet. Er unterscheidet verschiedene Kategorien von Hypothesen:

- *Z1-Hypothesen*
  Erste Aufgabe des Beraters ist es, Hypothesen zum Zustand 1 (Z1, Problemzustand) zu bilden. Dieser Vorgang wird von uns »Definieren des Problems« genannt.
- *Hypothesen zum Bedingungshintergrund*
  Damit der Berater das Problem verstehen kann, muss er den »Bedingungshintergrund« des Problems erfassen, das heißt, sich Gedanken machen, wie es zum Problem kommen konnte.
- *Z2-Hypothesen*
  Als Z2-Hypothesen (Hypothesen zum Zustand 2) bezeichnet Kaminski Überlegungen zu den Zielen der Beratung und Gedanken über mögliche Lösungen.
- *Hypothesen zu Änderungsumständen*
  Diese Hypothesen betreffen die Frage, was vorgekehrt werden könnte, um mit dem Klienten vom Problem zur Lösung zu gelangen.

Damit Beraterinnen und Berater überhaupt in der Lage sind, solche Hypothesen zu bilden, müssen sie Zugriff haben auf gespeichertes Wissen unterschiedlicher Art. Kaminski nennt es »Speicherwissen« und das Abrufen des Wissens »Speicherkonsultation«.

Hat der Berater diesen Hypothesenbildungsprozess zu einem vorläufigen Ende gebracht, muss er sich fragen, ob die Hypothesen ausreichen, um die Situation des Klienten zu verstehen.

C) Trifft dies nicht zu, muss der Berater zur »Planung der Datenbeschaffung« übergehen. Dies bedeutet, dass auf gezielte Weise weitere Informationen zu beschaffen sind, die es erlauben, den Hypothesensatz zu ergänzen und komplettieren.

D) Sind die Hypothesen ausreichend, kann der Berater mit der »Planung der praktischen Phase« beginnen. Anhand der Hypothesen über Änderungsumstände werden konkrete Schritte vorbereitet, die zum Z2 führen sollen.

E) Hat sich der Berater für eine *Intervention* entschieden, wird diese durchgeführt. Anschließend stellt sich die Frage, ob das Ziel erreicht wurde. Ist dem nicht so, muss er zurückgehen und erneut Hypothesen bilden.

Kaminskis Modell weist folgende Schwerpunkte auf: Das Bilden von Z1-Hypothesen impliziert eine Konzentration auf das aktuelle Problem des Klienten. Z1 ist der Ausgangspunkt der Beratung. Kaminski verlangt, dass der Berater Z2-Hypothesen, also Ziele formuliert. Dies macht sein Modell zu einem Konzept lösungsorientierter Beratung. Alle Berateraktivitäten sind darauf ausgelegt, vom Z1 zum Z2 zu gelangen. Die Berücksichtigung der »Änderungsumstände« verdeutlicht zusätzlich, dass Kaminski die Voraussetzungen schaffen will, die eine Veränderung der Situation des Klienten auf den Z2 hin ermöglichen.

Ein Modell lösungsorientierter Beratungsplanung

Aufgrund unseres etwas abweichenden Verständnisses beraterischer Praxis und Theorie haben wir Kaminskis Konzept umgestaltet und erweitert. Zunächst soll unser formales, dynamisches Beratungsstrukturmodell in groben Zügen aufgezeigt werden.

Zu Beginn der Beratung wird die Klientin ihr Problem (auch »Istzustand« genannt) exponieren, das heißt, der Beraterin erklären, weshalb sie sie aufsucht.

Diese Erzählung hat zur Folge, dass sich die Beraterin Gedanken zum Problem der Klientin macht. Sie weiß nicht auf einen Schlag, wo der Schuh drückt, sondern muss Hypothesen aufstellen und sich durch Fragen auf das Problem hin orientieren, um es zu erfassen und verstehen.

Diese Aktivitäten nennen wir »das Definieren des Problems«. Mit der Wahl dieses Begriffs signalisieren wir, dass es sich bei Problemdefinitionen stets um Konstrukte handelt. Die Beraterin und die Klientin legen fest, was sie Problem nennen wollen, wo der Ausgangspunkt des Veränderungsprozesses liegen soll.

Ist das Problem der Klientin eingegrenzt, können beide daran

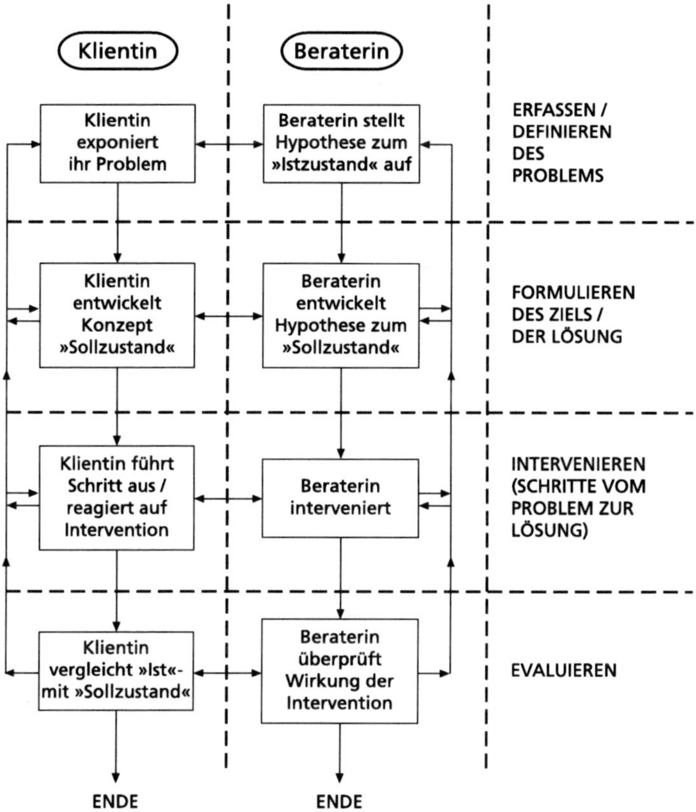

Abbildung 4: Modell lösungsorientierter Beratungsplanung

gehen, Zielvorstellungen zu entwickeln. Die Beraterin wird auch jetzt nicht mit fixen Ideen aufwarten, sondern eher Fragen stellen, die die Klientin animieren, sich in einen Zielzustand hineinzuversetzen. Wir bezeichnen dies »Formulieren des Ziels/der Lösung«.

Ist ein Ziel anvisiert oder auch lediglich ein lösungsorientiertes Klima geschaffen, wird die Beraterin darangehen, bei der Klientin Schritte auf dem Weg zum Ziel zu initiieren. Solche Aktivitäten bezeichnen wir mit dem Begriff »Intervenieren«.

Abschließend werden beide überprüfen, wie die Intervention gewirkt hat, ob der neu erreichte »Istzustand« dem definierten »Sollzustand« entspricht. Diese Aktivität nennen wir »Evaluieren«.

In den folgenden Punkten unterscheidet sich unser Modell von Kaminskis Darstellung:

- Die Beratenden planen und gestalten ihre Beratungen nicht allein, sondern in einem Interaktionsprozess mit ihren Ratsuchenden. Auch Kaminski weist auf diesen Umstand hin, berücksichtigt ihn aber nicht in seinem Konzept. In unserem Modell wird Beratung als auf Ziele ausgelegter Interaktions- und Kooperationsprozess beschrieben, sodass von einem *Dialogmodell* gesprochen werden kann.
- Kaminskis Darstellung ist stark an das klassische Konzept »Diagnose – Therapie« angelehnt. Durch eine abweichende Darstellungsform suchen wir Beratung noch deutlicher als zielorientierten Problemlösungsprozess zu charakterisieren.

In den folgenden Aspekten besteht Übereinstimmung mit Kaminskis Modell:

- In beiden Konzepten deuten die eingezeichneten Pfeile Rückkoppelungsschleifen an. Dies kennzeichnet sie als dynamische Planungsmodelle. Phasen werden nicht in starrer Abfolge nur einmal, sondern bei Bedarf wieder und wieder durchlaufen.
- Beide Modelle sind formale Planungskonzepte, stellen den Beratungen zugrunde liegende allgemeine Baupläne dar. Über Inhaltliches sagen die Diagramme nichts aus. Der Nutzen eines formalen Planungsmodells liegt darin, dass Beratende individuell auf klientenspezifische Probleme eingehen und den Gesprächen trotzdem eine immanente Struktur geben können.

Wir lassen jetzt unser ausdifferenziertes Modell der Beratungsplanung folgen:

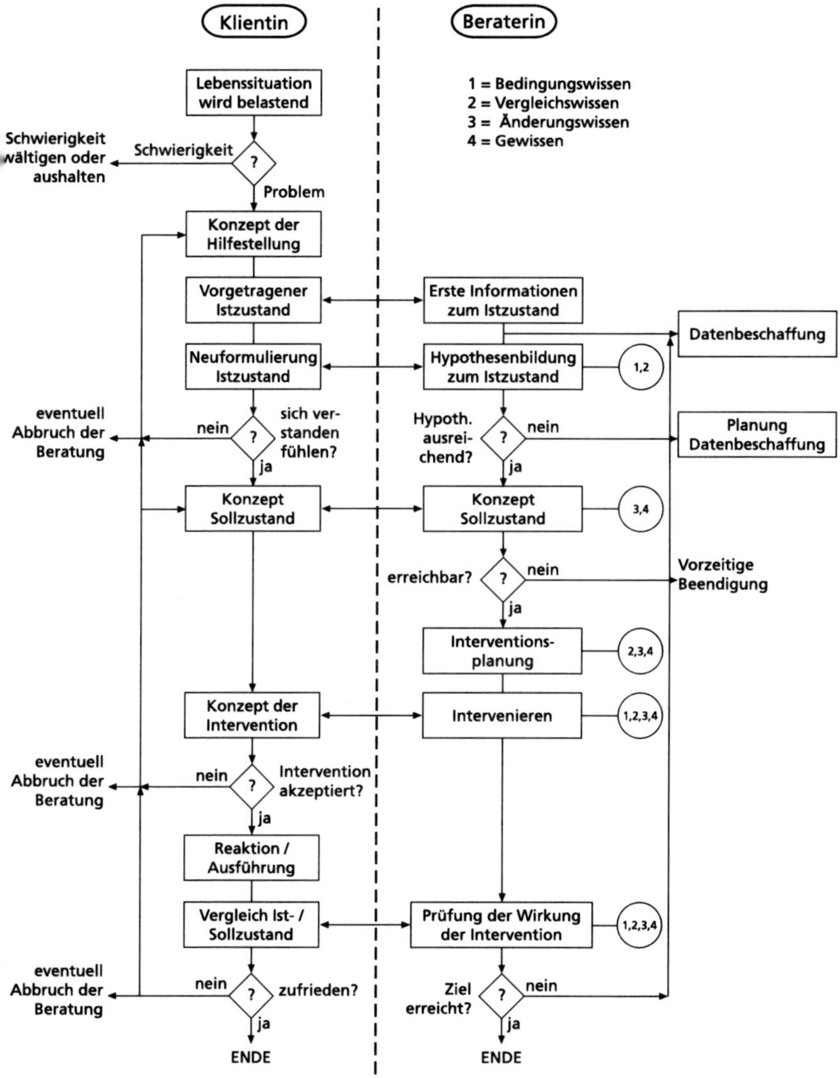

Abbildung 5: Flussdiagramm, das die kognitiven Landkarten der Ratsuchenden und der Beratenden sowie die Interaktionen zwischen beiden darstellt

Definieren des Problems

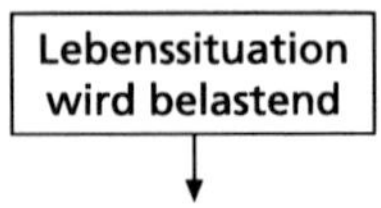

Im normalen Leben denkt der Mensch nicht an Beratung. Tauchen *Schwierigkeiten* auf, sucht er sie mithilfe eigener Ressourcen oder im Rahmen natürlicher Kommunikationsprozesse zu bewältigen. Es gibt auch Schwierigkeiten, die nicht verändert werden können (z. B. Invalidität). In diesem Fall kann die Lösung darin bestehen, dass die Betroffenen die Schwierigkeit akzeptieren und mit ihr zu leben lernen.

Andere Lebenssituationen, können zu einer Konstellation führen, in der der Mensch nicht weiter weiß. Es baut sich eine Situation auf, die sich als *Problem* bezeichnen lässt. Die Betroffenen sehen sich außerstande, das Problem ohne Hilfe von außen zu lösen. Diese Unterscheidung von »Schwierigkeit« und »Problem« wurde von Watzlawick et al. (1974) eingeführt.

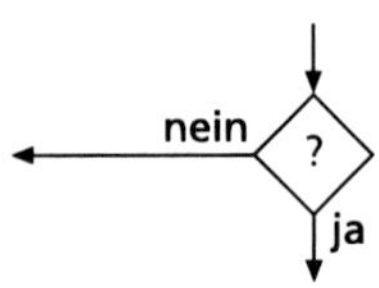

Das nebenstehende Symbol signalisiert eine Entscheidungssituation. Es wird eine Frage gestellt, die mit Ja oder Nein beantwortet werden muss. So fragt sich die Klientin beispielsweise: »Kann ich die Schwierigkeit selber meistern oder brauche ich Hilfe?« oder die Beraterin fragt sich: »Sind meine Hypothesen jetzt ausreichend?«

In bestimmten Momenten der Beratung wird deshalb die je aktuelle Situation überprüft und es werden Entscheidungen getroffen, die den weiteren Verlauf des Gesprächs beeinflussen. Dadurch wird die Planung der Beratung sehr flexibel und konzentriert sich auf die wirklich relevanten Themen.

Fühlt sich eine Person einer Schwierigkeit nicht gewachsen und erlebt sie diese als Problem, beginnt sie sich zu überlegen, wer Hilfe bringen könnte und wie dies geschehen sollte. Solche Gedanken werden als »Konzept der Hilfestellung« bezeichnet. Unter den Begriff »Konzept« subsumiert Kaminski alle Überlegungen, die sich eine Person zu einem bestimmten Thema macht. Die potenziellen Ratsuchenden aktualisieren zum Thema Hilfestellung alles Wissen über Berater und Beratung. Sie entwickeln aufgrund dessen, was sie zum Thema wissen und erlebt haben, eine Vorstellung, wie diese aussehen sollte. Beratende dürfen nicht glauben, dass die Klientinnen und Klienten unvoreingenommen in die Beratung einsteigen. Beratende müssen also klären, welche Erwartungen bezüglich der Art der Hilfestellung bestehen.

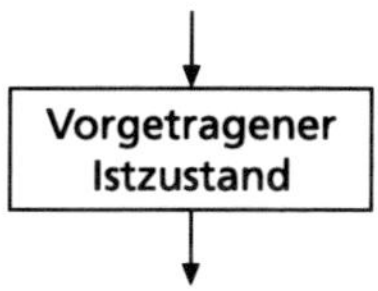

Jede Beratung beginnt damit, dass Ratsuchende in irgendeiner Weise kundtun, was der Grund ihres Kommens ist. Im Diagramm werden diese Klientenaussagen unter den Titel »vorgetragener Istzustand« gestellt. Für die Beratenden sind dies erste Informationen, die sie entgegennehmen.

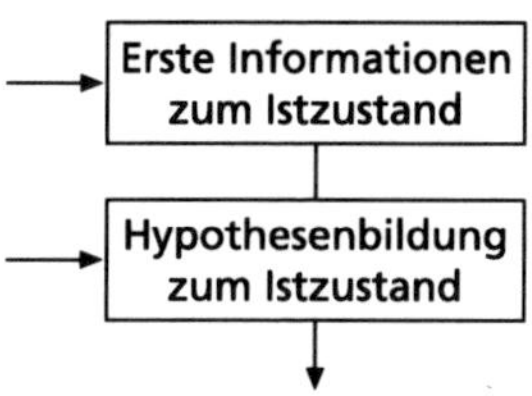

Beratende beginnen, die ersten Informationen zu sichten und ein Konzept des Klienten-Istzustands zu entwickeln. Vielleicht schließen sie sich der Problemdefinition der Klientin an und gehen dazu über, nach Ausnahmen zu fragen oder mögliche Lösungen zu entwickeln. Vielleicht ergibt sich kein klares Bild und die Beratenden suchen die vielen Informationen, die sie erhalten, in eine plausible Ordnung zu bringen. Vielleicht aber misstrauen sie der Problemdarstellung der Klientin und beginnen diese zu hinterfragen, um das Problem neu zu definieren.

① = Bedingungswissen

Beratende können Probleme nur dann erfassen und definieren, wenn sie wissen, wie Probleme »konstruiert« sind. Kaminski spricht von *Speicherkonsultationen*, wenn es darum geht, solches Wissen zu aktualisieren.

Um Hypothesen über den Istzustand aufzustellen, müssen die Beratenden in erster Linie so genanntes *Bedingungswissen* aktualisieren können. Es ist immer eine ganz bestimmte Konstellation verschiedener Bedingungen, die zu einer Situation führen, welche Klienten als problematisch erleben.

In Ausbildung und Berufstätigkeit gewinnen Beratende einen Erfahrungsschatz an unterschiedlichstem Bedingungswissen, z. B.:

- verhaltensbestimmende Persönlichkeitsaspekte (persönlichkeitspsychologische Konzepte, Entwicklungsstufen, Alltagspsychopathologie),
- Funktionalität oder Dysfunktionalität sozialer Systeme (z. B. Familien, Arbeitsteams),
- Konstruktion von Sprachspielen, die den Charakter einengender Landkarten haben (z. B. Beliefs, Familienmythen),
- Lernprozesse und Lebenserfahrungen, die Probleme konstituieren können,
- soziologische, kulturelle, ökonomische und spirituelle Rahmenbedingungen.

De Shazer und ihm nahe stehende Psychotherapeuten halten es nicht für notwendig, das Problem zu definieren. Auch wir sind der Meinung, dass es nicht erforderlich ist, Erklärungen für problematische Lebenssituationen zu suchen und im Sinne der Psychoanalyse oder Systemtheorie differenzierte Analysen vorzunehmen. Aus folgenden Gründen ist Bedingungswissen unseres Erachtens trotzdem unentbehrlich:

- als Leitlinie für die Befragung zum Istzustand, ohne die Beratende »blind im Nebel« tappen,
- als Modell für die Beschreibung der problematischen Lebenssituation durch die Beratenden,
- um nicht die«Umwege»machen zu müssen, die für Beginner typisch sind.

②= Vergleichswissen

Damit Beratende den Istzustand definieren können, benötigen sie neben dem Bedingungswissen oft auch so genanntes *Vergleichswissen.*

Wenn beispielsweise Eltern ein Kind in die Beratung schleppen, weil es zu wenig Hausaufgaben mache und deshalb die Lernziele der Schule nicht erreiche, kann die Beraterin nur Stellung nehmen, wenn sie Informationen über das für die gefragte Schulstufe übliche tägliche und wöchentliche Aufgabenpensum besitzt.

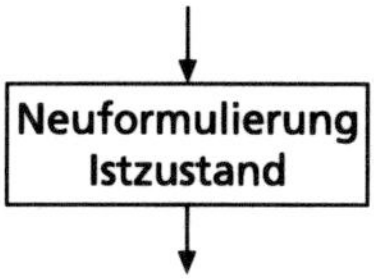

Beratende definieren das Problem nicht im stillen Kämmerlein, sondern im Dialog mit der Klientin. Das Problem wird eingegrenzt oder durch Fragen nach Ausnahmen »ausgegrenzt«, was bei ihr dazu führt, dass sie es in einem anderen Licht sieht. Die Neuformulierung des Problems erlaubt dessen Externalisierung (White u. Epston 1990). Unter Umständen kann die »Neuformulierung des Istzustands« durch die Klientin zur Annahme des Problems führen. Sie sieht jetzt das Problem wieder als Schwierigkeit, mit der sich leben lässt. Auf eine weitere Beratung kann verzichtet werden.

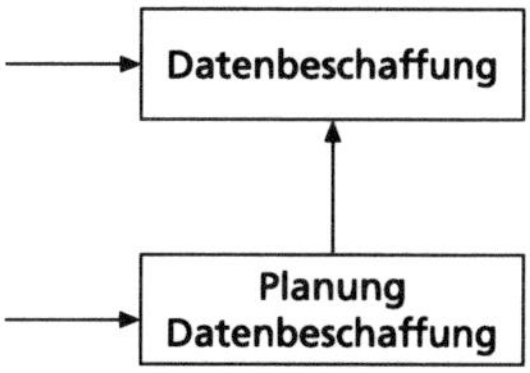

Im Diagramm findet sich nach dem Kästchen »Hypothesenbildung Istzustand« eine zusätzliche Schleife mit den Kästchen »Planung Datenbeschaffung« und »Datenbeschaffung«. Beratende haben bisweilen die Aufgabe, durch geeignetes Fragen die Hypothesen weiter zu ergründen. Das Bilden der Hypothesen zum Istzustand erfordert manchmal problemspezifische Informationsbeschaffung. Auch diese Datenbeschaffung wird zunächst geplant, indem die Beratenden sich überlegen müssen, wie sie zu den Informationen kommen. Gelegentlich sind eigentliche diagnostische Abklärungen notwendig.

So führt der landwirtschaftliche Berater eine betriebswirtschaftliche Erhebung durch, damit er die Situation des Klienten abschätzen kann. Die Berufsberaterin stellt Fragen und ergänzt diese durch eine Testabklärung, um die Berufswahlreife ihrer Klientin zu ermitteln. Die Sozialarbeiterin klärt die finanzielle Situation und den Mittelbedarf ihrer Klientin ab, um einen Hilfsplan aufstellen zu können.

Es geht hier um das Diagnostizieren, das notwendig ist, um sich Klarheit über den Istzustand des Klienten zu verschaffen.

Das Formulieren des Ziels oder der Lösung

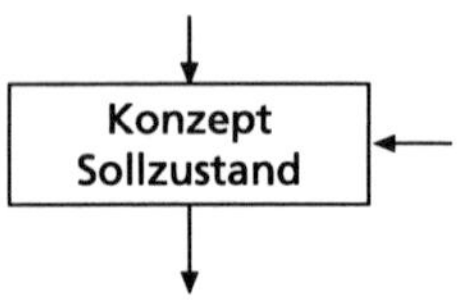

Reichen die Hypothesen aus, um das Problem zu definieren, können die Beratenden dazu übergehen, mögliche Ziele zu formulieren oder Hypothesen zum Sollzustand zu bilden. Angeregt durch die Beraterin beginnt auch der Klient, sich Gedanken zu den Zielen zu machen. In der Terminologie Kaminskis aktualisiert er das »Konzept Sollzustand«. Die Entwicklung von Zielvorstellungen geschieht im Dialog. Es muss ein Konsens entstehen, worauf Klient und Beraterin hinarbeiten wollen. An dieser Stelle sei darauf hingewiesen, dass es nur selten möglich ist, das gewünschte Ziel in einem Schritt zu erlangen. Es muss über verschiedene *Teilziele* angestrebt werden.

③= Änderungswissen
④= Gewissen

Damit die Beratenden Hypothesen über den Sollzustand entwickeln können, müssen sie erneut Wissen aktualisieren. Setzt ein Berater Ziele, muss er stets auch abschätzen, wie solche zu erreichen sind. Kaminski nennt das dazu erforderliche Wissen *Änderungswissen.* Gemeint sind jene Maßnahmen, die sich als Instrument zur Verhaltensveränderung der Klientin einsetzen lassen.

Einen weiteren Wissensspeicher nennt Kaminski *Gewissen.* Als Gewissen wird jene Instanz in den Beratenden bezeichnet, die ihnen hilft zu entscheiden, was sie tun und lassen sollen. Beim Formulieren von Zielen ist recht oft die Frage der Kompetenz zu klären. Fühlen Beratende sich selbst nicht kompetent, mit einem Klienten zusammen das Ziel zu erreichen, können Beendigung der Beratung und Weiterweisung die Konsequenz sein.

Intervenieren

Stehen Ziele oder Teilziele fest, gilt es etwas zu unternehmen, um vom Problem weg zum Ziel zu kommen. Kaminski bezeichnet diese Bewegung als »praktische Phase«. Diesen wenig aussagekräftigen Begriff ersetzen wir durch die Begriffe *Intervenieren* oder *Intervention.* Diese Bezeichnungen werden vor allem von den Vertretern der strategischen Kurzzeittherapie verwendet (Watzlawick et al. 1974). Intervenire bedeutet dazukommen. Die Beraterin oder der Berater sorgen auf irgendeine Art und Weise dafür, dass sich die Ratsuchenden nicht mehr im Kreis drehen, sondern Schritte auf dem Weg zur Lösung machen können.

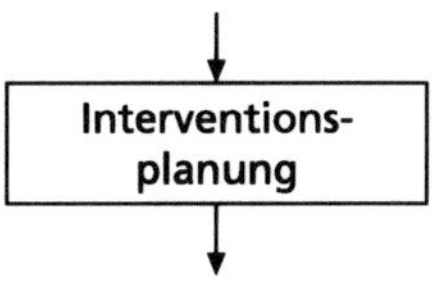

Vor der Durchführung von Interventionen müssen die Beratenden diese planen. Es gilt ein Konzept zu entwickeln, das auf die Situation der Klientin abgestimmt ist. Dabei ist wiederum Bedingungswissen wesentlich. Kann die Klientin die Maßnahme verkraften? Ist der Zeitpunkt für den Schritt richtig? Wie soll die Botschaft formuliert werden, damit die Klientin sie versteht? Ist die Beziehung zwischen Beraterin und Klientin so gut, dass sie ihrem Vorschlag folgen wird?

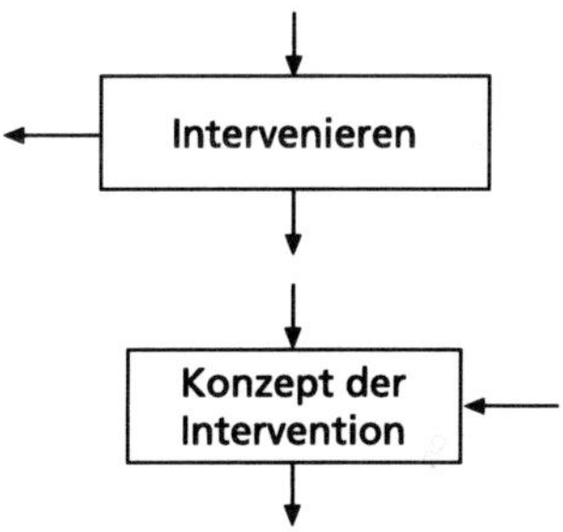

Nach diesen Vorüberlegungen wird der Berater intervenieren, einen Vorschlag formulieren, eine Aufgabe geben oder eine Deutung in den Raum stellen. Der Phase »Intervention« auf Beraterseite steht das »Konzept der Intervention« auf Klientenseite entgegen. Dieses ist identisch mit dem weiter oben angeführten Kästchen »Konzept der Hilfestellung«. Der Klient hat Erwartungen an die Art der Hilfestellung durch den Berater. Entspricht die Intervention dem Konzept der Hilfestellung des Klienten, wird er diese akzeptieren. Eine durch den Berater vermittelte neue Sicht wird er sich zu Eigen machen und eine ihm aufgetragene Hausaufgabe wird er ausführen. Der Klient kann den Vorschlag, die Aufgabe oder die Interpretation des Beraters aber auch ablehnen. Unmöglich ist es ihm, auf die Intervention nicht zu reagieren.

Evaluieren

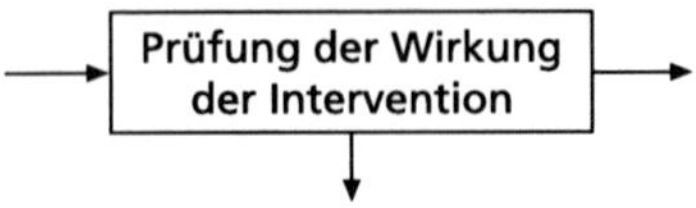

In irgendeiner Weise wird jede Intervention eine Wirkung zeitigen. Beide werden die Wirkung der Intervention überprüfen. Dies geschieht durch Vergleich des nun erreichten Istzustands mit dem erwünschten Soll- oder Zielzustand. Im positiven Fall kann die Beratung abgeschlossen werden. Auch über die Wirkung von Interventionen findet ein Dialog zwischen Beratenden und Ratsuchenden statt.

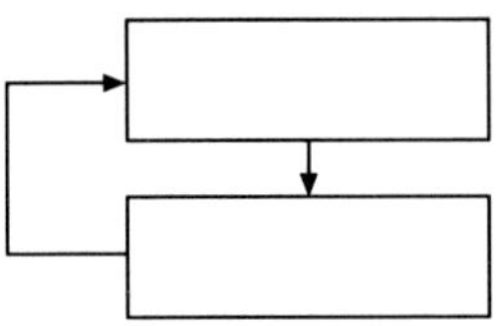

Unser Konzept der Beratungsplanung umfasst vier »Stationen«, – Problemdefinition, Zielformulierung, Intervention und Evaluation. Ein weiteres Charakteristikum des Modells sind die darin enthaltenen Rückkoppelungsschleifen. Diese deuten an, dass keine starre Abfolge der »Beratungsphasen« vorgeschrieben ist und dass es, um im Beratungsprozess vorwärts zu kommen, erforderlich sein kann Schritte zurück zu machen.

Fallbeispiel

Vorgetragener Istzustand
Eine Klientin hatte eine hochinteressante Berufslaufbahn abgebrochen, um sich voll der Mutterrolle zu widmen. Mit ihren zwei Kleinkindern fühlte sie sich nun unausgefüllt und eingesperrt. Sie hatte versucht, eine Teilzeitstelle im ursprünglichen Beruf zu finden, leider ohne Erfolg, was sie in eine depressive Stimmung versetzte.

Konzept der Hilfestellung
Vom Berater erwartete sie tatkräftige Unterstützung in der Stellensuche. Adressen und Empfehlungsschreiben wären ihrer Meinung nach die nützlichsten Hilfen gewesen.

Hypothesenbildung zum Istzustand (Berater)
Für den Berater lag es nahe, die Problemdefinition der Klientin zu übernehmen, wählen doch viele Ratsuchende ungünstige Strategien, um an geeignete Stellen heranzukommen (Bedingungswissen). Trotzdem befriedigte diese Hypothese den Berater nicht.

Planung Datenbeschaffung / Datenbeschaffung (Berater)
Um die Hypothese weiter zu überprüfen, befragte der Berater die Klientin eingehend darüber, was sie bislang unternommen hatte und wie sie bei der Stellensuche vorgegangen war. Dies führte zur Verwerfung der bisherigen »Hypothese zum Istzustand« und zu einer neuen Problemdefinition. Offensichtlich kostete es die Klientin große Überwindung, überhaupt etwas zu unternehmen. Außerdem vermochte sie in Bewerbungsgesprächen ihrer depressiven Verfassung wegen nicht zu überzeugen.

Weitere Hypothesen zum Istzustand (Berater)
Die Entmutigung durch die Misserfolgserlebnisse führten die Klientin in soziale Isolation. So verbrachte sie noch mehr Zeit mit ihren Kindern, die auf ihre Depression entsprechend reagierten.

Hypothesen zum Sollzustand / Konzept Sollzustand
Aufgrund der ersten Problemdefinition wäre es nahe liegend gewesen, Erfolg bei der Stellensuche als Ziel der Beratung festzulegen. Die weiteren Hypothesen zum Istzustand rückten diese in weite Ferne. Der Berater schlug ihr als Nahziel vor, sich wöchentlich einen Freitag zu organisieren, den sie allein für sich beanspruchen dürfe. Dieser Zielformulierung konnte sich die Klientin nicht anschließen. Sie könne sich erst freie Tage gönnen, wenn sie eine Stelle gefunden habe. Auch ihr Ehemann wolle sich erst vermehrt den Kindern widmen, wenn sie wieder berufstätig sei.

Interventionsplanung und Intervention (Berater)
Der Berater beschloss, an seiner Zielvorstellung festzuhalten und formulierte eine *Umdeutung*: »Wir sind da verschiedener Meinung. Für Sie gilt: Wenn ich eine Stelle habe, hört meine Depression auf und ich werde auch in anderen Bereichen wieder die unternehmungslustige Frau, die ich einmal war. Meiner Meinung nach

sehen Sie die Sache völlig verkehrt. Zuerst sollten Sie sich etwas gönnen, das Sie dringend brauchen, dann wird Ihre Depression verschwinden und Sie können die Sozialkontakte aufbauen, die nötig sind, wenn Sie wieder eine Ihnen entsprechende Tätigkeit aufnehmen wollen.«

Reaktion / Ausführung und Vergleich Ist-Sollzustand (Klientin)
Die Konfrontation schien die Klientin zu überraschen. Nach einigem Stutzen erklärte sie sich mit der Sicht des Beraters einverstanden.

Prüfung der Wirkung der Intervention (Berater)
Die Klientin hatte zwar seine Sicht übernommen. Aus seiner Erfahrung (Änderungswissen!) war ihm aber vertraut, dass es nicht genügt, lediglich über die einzuschlagende Richtung zu sprechen: Die Klientin muss auch instruiert werden, *wie* das Ziel zu erreichen ist.

Intervenieren
Als ergänzende Intervention erarbeitete er deshalb zusammen mit der Klientin ein sehr konkretes Programm zur Gestaltung der gewonnenen Freizeit. Erst jetzt konnte die Sitzung beendet werden.

Prüfung der Wirkung der Intervention (Berater)
Die Nachfrage zu Beginn der zweiten Sitzung ergab Folgendes: Die Klientin hatte sich an die Abmachung gehalten und sich freie Tage eingeräumt. Sie hatte aus der depressiven Verfassung herausgefunden und begonnen, für die Gestaltung ihrer Zukunft sinnvolle Kontakte zu knüpfen. Mit der Stellensuche wollte sie sich nicht mehr unter Druck setzen, sondern sich dafür Zeit nehmen.

Als kybernetisches Modell stellt unser Diagramm keine methodische Handlungsanweisung dar. Wie gesagt, besteht keine Vorschrift, die »Phasen« der Reihe nach zu durchlaufen. So kann die Beraterin mit »Zielformulierung« beginnen, zu vorangehenden Stationen zurückkehren, Phasen überspringen, zwei Phasen simultan bearbeiten und die gesamten Regelkreise mehrmals durchlaufen. Eine Phase muss auch nicht in sich abgeschlossen werden. Es ist deshalb durchaus möglich, eine Problemdefinition als vorläufig stehen zu lassen und zu einer anderen Aktivität überzugehen.

Als allgemeines Strukturmodell zeigt unser Beratungsplanungskonzept die allen Beratungen immanente Bewegung von einem problematischen Ausgangspunkt zu einem erwünschten Ziel. Es dient der Beraterin als Leitlinie, dass sie immer weiß, wo sie im Gespräch steht. Auf der Ebene konkreter Handlungsplanung verlangen die verschiedenen psychotherapeutischen und beraterischen Richtungen unterschiedliche Vorgehensweisen und vertreten verschiedenartige Auffassungen, ob und wie Probleme definiert und ergründet werden sollen, ob und inwieweit Ziele zu formulieren sind und ob das Intervenieren in impliziter oder expliziter, speziell geplanter Weise geschehen soll. Trotzdem lässt sich das allgemeine Strukturmodell bei allen erkennen, es ist für alle gültig.

Dies ist nicht weiter erstaunlich, denn beraten heißt, sich in einer bestimmten Weise zu verhalten. Das Strukturmodell von Beratung stellt nur einen Spezialfall der allgemeinen Verhaltenstheorie dar. Es besteht gewissermaßen eine allgemeine Übereinkunft, dass dieser Istzustand im Beratungskonzept als Problem und der Sollzustand als (Problem-)Lösung oder als Ziel bezeichnet wird.

Für erfahrene Berater ist ihr persönliches Modell der Beratungsplanung eine Orgel mit vielen Registern. Sie verstehen es, darauf zu spielen und je nach ihrer Intention neue Klangfarben hervorzurufen. Sie sind in der Lage, situationsadäquat und flexibel zu agieren, wissen aber stets, wo sie stehen und was ihre Absicht ist. Beratende in der Lernphase mit wenig Erfahrung laufen Gefahr, bei solch intuitiver Vorgehensweise den Faden zu verlieren und ins Chaos zu geraten. Das Modell wie Fortgeschrittene zu nutzen, verlangt ein hohes Maß am Bewusstheit und Zielsicherheit. Beginnenden empfehlen wir deshalb Folgendes:

- Halten Sie sich solange, bis Sie sich sicher fühlen, ans Modell; prägen Sie sich den »Vierschritt« (Problemdefinition – Zielformulierung – Intervenieren – Evaluieren) gut ein; nutzen Sie zunächst das vereinfachte Modell.
- Auferlegen Sie sich Selbstdisziplin und gehen Sie systematisch vor; interpretieren Sie die »Phasen« als eigentliche Phasen, die strikt aufeinander folgen. Schließen Sie jede Phase für sich ab.
- Geben Sie sich immer wieder Rechenschaft, wo Sie stehen; »markieren« Sie für sich und Ihr Gegenüber, woran Sie gerade sind; setzen Sie mit Zusammenfassungen Akzente: »Ich möchte

zusammenfassen, wie ich jetzt Ihr Problem sehe!«; »Lassen Sie mich zusammenfassen, welches unser erstes Ziel sein soll!« Lassen Sie sich die Angemessenheit Ihrer Aussagen vom Gegenüber bestätigen!

TEIL III · Grundlegendes zum Beratungsprozess

Herbert Eberhart

Veränderung durch Beratung

Verändern oder gleich bleiben?

Beraten zielt auf Veränderung. Zum einen kommen Menschen in die Beratung, weil sie unzufrieden sind oder nicht mehr zurechtkommen. Irgendetwas soll anders werden. Nicht selten betrifft dieses Etwas die Beziehung zu einem nahe stehenden Menschen oder einen bestimmten Lebensumstand. Manchmal geht es auch um Aspekte der eigenen Persönlichkeit oder des eigenen Verhaltens, die als fremd, lästig oder hinderlich empfunden werden. Zum anderen bezieht sich das Beratungsanliegen auf etwas Zukünftiges. Diese Menschen stehen vor einer Herausforderung, denen sie sich allein nicht gewachsen fühlen, oder es geht um eine drohende Gefahr, die abgewendet werden soll.

Menschen, die Rat suchen, sind oft nicht in der Lage zu benennen, in welche Richtung sie sich verändern wollen. Das Zukünftige ängstigt sie oder liegt im Dunkeln. Die Lösung ist verdeckt. Nicht selten sind es auch Leid, Sorgen und Schmerzen, die im Vordergrund stehen und den Blick auf eine erwünschte Zukunft verstellen. Die Tatsache allerdings, dass ein Mensch vor der Beraterin oder dem Berater sitzt, bezeugt handfest, dass irgendwo Hoffnung besteht, dass »es« sich ändern kann und ändern wird.

In unseren theoretischen Überlegungen nimmt die Systemtheorie einen zentralen Platz ein. Aus dieser Perspektive gesehen ist klar, dass sich das »System Individuum« und Mehrpersonensysteme ständig verändern. Wenn sich jemand in der Beratung darüber beklagt, dass sich bezüglich seines Problems seit langem überhaupt nichts verändert habe, dann kann das zwei Ursachen haben:

– Die sich beklagende Person hat nicht sorgfältig genug beobach-

tet. Sie hat die Veränderungen übersehen, die vielleicht nur gering waren.
- Sie hat aktiv dafür gesorgt, dass es so bleibt, wie es ist.

Der erste Punkt ist weiter nicht auffällig, geschehen doch viele Veränderungen spontan und ohne bewusste Aufmerksamkeit. Der zweite Punkt ist hervorzuheben: Vom systemischen Standpunkt aus ist bei lebenden Systemen nicht die Veränderung erklärungsbedürftig, sondern die Beständigkeit und der Mangel an Veränderung. Zur Aufrechterhaltung einer Struktur müssen wir aktiv etwas tun. Die entsprechende Aktivität ist allerdings längst nicht immer beabsichtigt. Oft geschieht sie unbemerkt oder so, dass wir sie rasch wieder vergessen.

Die Stabilität von Strukturen dürfte weiter durch das »psychosoziale Trägheitsprinzip« gestützt werden, auf das Ciompi (1982, 1988) in seinen Werken immer wieder hinweist. Aufgrund seiner Beobachtungen und Überlegungen sind es starke emotionale Kräfte, die den Veränderungen von eingeschliffenen Gefühls-, Denk- und Verhaltenssystemen entgegen stehen. Kriz (1997b), der die menschliche Situation von einer grundsätzlicheren Position aus beschreibt, hebt die absolute Lebensnotwendigkeit von Stabilität und Ordnung, aber auch das Leidvolle einer starren Stabilität hervor.

Wenn der Berater speziell darauf achtet, tritt ihm das Anliegen, dass etwas gleich bleiben sollte, bald einmal entgegen: Diese oder jene Verhaltensweise betrachtet ein Klient als zu sich gehörig. Daran möchte oder »kann« er nichts ändern, auch wenn sich das offensichtlich in der beklagten Situation negativ auswirkt.

Beispiel: Loyalitätsbindungen
Seinen Wohnsitz im Haus der Mutter oder seine Bindung an die religiöse Gemeinschaft möchte ein junger Mann nicht ändern, auch wenn er sich wegen seinen Schwierigkeiten in den Beziehungen zu jungen Frauen und wegen seiner mangelnden Durchsetzungsfähigkeit in der beruflichen Karriere große Sorgen macht.

Beispiel: Überzeugungen
Frau A. ist überzeugt, dass sie als Person uninteressant ist. Deshalb muss sie im Zusammensein mit anderen Menschen überall

und immer »ihren Senf dazu geben«, das heißt etwas bieten, um interessant zu sein. Schon ab und zu hat sie allerdings bemerkt, dass sie mit ihrem Verhalten anderen lästig fällt und dadurch eine tiefere Beziehung verhindert. Trotzdem hält sie an ihrer Überzeugung fest und verändert demzufolge auch ihr Verhalten nicht.

In diesen Beispielen erscheint das Gleichbleibende angesichts der sich ständig verändernden Umwelt als Einengung und Einschränkung. Gleichbleibendes ist jedoch nicht nur negativ zu bewerten: so zum Beispiel, wenn ein Mann auf bestimmte Karriere-Überlegungen nicht eingehen will, weil er seinen Wohnsitz wegen der Ausbildung der Kinder und der Verwurzelung seiner Frau in den nächsten 15 Jahren nicht verändern möchte. Es geht im konkreten Beratungszusammenhang nicht einfach um Entweder-oder, um Verändern oder Gleichbleiben. Es geht um Veränderungen in einer bestimmten, positiv bewerteten Richtung, und es geht um Stabilität und Ordnung dort, wo diese Werte Lebensabläufe erleichtern und Kräfte freisetzen können.

Die gute Veränderung

Gute Veränderungen zeichnen sich dadurch aus, dass sie die *Handlungs-, Denk- und Gefühlsspielräume der Beteiligten erweitern.* Sie erlauben die Befriedigung wichtiger Bedürfnisse und stimmen mit den Grundwerten der Beteiligten überein.

Gleichbleibendes spart Kräfte, gibt Ordnung und damit Sicherheit. Erst Ordnung, das heißt etwas, das über eine bestimmte Zeit hinweg gleich bleibt, ermöglicht Leben. Eine zu starre Ordnung dagegen erstickt Spontaneität sowie Kreativität und mindert dadurch Lebensqualität. Gleichbleibendes steht dann in Gefahr zu erstarren.

Positive Formen des Gleichbleibens werden von vielen Autoren beschrieben als »Fließgleichgewicht« (z. B. Bateson 1981), das heißt als dynamischer Zustand, der mit gewissen Schwankungen um eine Mittellage pendelt. In dieser Auffassung ist Gleiches nie wirklich gleich. Beratung muss die Sicherstellung und Erweiterung der Handlungs-, Denk- und Gefühlsspielräume im Auge behalten und die Flexibilität innerhalb von Gleichbleibendem gewährleisten.

Daneben soll nicht verschwiegen werden, dass manche Gegebenheit im menschlichen Leben etwas Unabänderliches an sich hat. Eine tiefe Verletzung lässt sich auch bei guter »Vernarbung« nicht ungeschehen machen. Ein schwerer Verlust kann zwar in gewisser Weise zu einem Gewinn werden, wird aber trotzdem oft jahrelang oder lebenslang als Verlust angesehen. In solchen Situationen ist Beratung zunächst Begleitung und Stütze und trägt erst mit der Versöhnungsarbeit zur Erweiterung von Denk- und Gefühlsspielräumen bei.

Unser Veränderungskonzept

Die Situation »persönliche Beratung« ist außergewöhnlich im Leben eines Menschen. Menschen, die sich ihr aussetzen, sind in der Regel bereit, sich stärker zu öffnen, als sie dies üblicherweise tun. Sie sind explizit oder implizit darauf gefasst, dass sich etwas Neues, Überraschendes zeigen könnte, und sie erwarten, dass dies ihre Probleme löst oder zumindest lindert. Sie sind bereit, sich auf das »Abenteuer« persönlicher Beratung einzulassen – im Vertrauen darauf, dass sie während des Beratungsprozesses auch den notwendigen Schutz erhalten, Schutz vor sich selbst und vor der Umwelt.

Das Veränderungspotenzial von Beratung

Nach unserer Erfahrung liegt das Veränderungspotenzial in allen Teilen der Beratungssituation:

- Die neugierige und hartnäckige Suche nach Ausnahmen vom Problemzustand und nach Ressourcen sowie das Formulieren positiver Zielsetzungen ergeben ein »Ja-Klima« (De Shazer 1989a), das es möglich macht, positive Veränderungen zu erwarten und dieses Gefühl stärkt.
- Die Unterstützung und Ermunterung eröffnet vorerst ein ge-

dankliches und gefühlsmäßiges Experimentierfeld und führt dann zu Probelösungen und neuen Horizonten.

- Konkretisierende Fragen in allen Phasen der Beratung geben Klarheit und zeigen neue Zusammenhänge auf. Das ist eine Basis für Veränderung oder fürs Festhalten an Bewährtem.
- Die Rückmeldungen aus der Außenposition der Beratenden konfrontieren und lassen Dinge in einem anderen Licht erscheinen. Dies kann neue Zukunftsperspektiven eröffnen und zum Ausgangspunkt für konkrete Veränderungen werden.
- Die konkreten Anregungen in der Interventionsphase sind Hilfe und Information für bestimmte Veränderungsschritte.
- Der geschützte Rahmen in der Phase der Problemdefinition gibt die Möglichkeit, sich gewissen Aspekten des eigenen Lebens zu nähern, denen man sich nur ungern aussetzt. Damit werden Trauer- und Versöhnungsprozesse möglich, die frei machen für Neues. Dies wiederum führt zu neuen Sinn- und Bedeutungsgebungen, die Veränderungen oft unterstützen.
- Die gesamte Situation, geprägt durch Schutz und Offenheit, Anteilnahme und Wertschätzung, Neugier und Experimentierfreudigkeit, ist ein Nährboden für Überraschendes aller Art, das nicht nur neue Sichtweisen eröffnet, sondern auch Mut gibt für Veränderungen.

Veränderung beginnt im Kopf

Anfang der neunziger Jahre konnte man in den Deutschschweizer Bahnhöfen auf großen Plakaten den Slogan lesen »Der Aufschwung beginnt im Kopf!«. Neues, Ungewohntes beginnt zweifellos sehr häufig im Kopf. Über ersehnte Veränderungen machen wir uns oft lange im Voraus Gedanken und Vorstellungen. Auch bei anderen Veränderungen denken wir über die möglichen Auswirkungen nach, über die Verträglichkeit mit dem, was uns lieb ist, über den Aufwand, der zu leisten ist.

Begreife ich den Menschen als System, so müssen Veränderungen in einem bestimmten Subsystem (zum Beispiel in einem der heuristisch, als Arbeitshypothese postulierten Subsysteme der Motorik, des Fühlens und des Denkens) Auswirkungen auf die anderen Subsysteme haben. Eine nachhaltige Veränderung an einem Ort, die »einen Unterschied macht«, das heißt eine gewisse Schwellengröße erreicht, muss deshalb Auswirkungen auf das ganze System haben.

Piaget (z. B. in Ginsburg u. Opper 1998) macht darauf aufmerksam, dass sich zentrale Veränderungen in der menschlichen Entwicklung aufgrund von handelndem Tun ergeben. Ein zufällig geglückter Bewegungsablauf wird vom Säugling und Kleinkind immer und immer wiederholt und variiert. Aufgrund solcher Erfahrungen im Verhalten bilden sich entsprechende kognitive Muster, die ihrerseits die weitere Entwicklung beeinflussen.

Für die Beratungspraxis folgt aus dem bisher Gesagten, dass ich grundsätzlich irgendwo beginnen kann, beim (motorischen) Verhalten, bei den Gefühlen oder beim Denken. Was sich in Gedanken und Fantasien abspielt, scheint dabei am leichtesten manipulierbar zu sein. Die Nachhaltigkeit solcher kognitiver Änderungen allerdings ist oft ungenügend. Sie wird verstärkt, wenn es gelingt, sie mit konkreten Änderungen in der Motorik, also mit andersartigem Verhalten zu koppeln oder sie mit gefühlsmäßigen Veränderungen zu verbinden. Die Letzteren lokalisiert der Alltagsmensch gern »im Herzen« oder »im Bauch«.

Auf einen weiteren Zusammenhang machen Anderson und Goolishian aufmerksam (1990, S. 214): »Veränderung ist die Entwicklung von neuen Bedeutungen und neuem Sinn im Dialog.« Sie weisen also darauf hin, dass das Zuordnen neuer Bedeutungen oft ein verändertes Verhalten nach sich zieht. Gleichzeitig wird hervorgehoben, dass solche Bedeutungsgebung in der Regel im zwischenmenschlichen, gesellschaftlichen Austausch geschieht. Dabei spielt die Sprache eine herausragende Rolle.

Das Beratungsgespräch gewinnt dadurch eine seiner zentralen Positionen. Im Gespräch haben wir die Möglichkeit, neue Bedeutungs- und Sinngebungen auszuhandeln. Wir lernen, etwas in einem neuen Licht zu sehen und haben die Chance, neue Wege zur Lösung unseres Problems zu entdecken.

Schließlich hat Veränderung viel mit *Imagination* zu tun, mit dem innerlichen Vergegenwärtigen zukünftiger Situationen und Zustände. In der Alltagssprache würden wir von »Fantasie« sprechen. Wir fantasieren Zukünftiges und spielen es in Gedanken immer wieder durch. Das gilt sowohl für Ersehntes wie für Befürchtetes und kann in der Beratungssituation ausgenützt werden.

Das meiste von dem, was hier beschrieben wurde, geschieht im Kopf. *Nur* im Kopf, mögen einige Leserinnen und Leser bedauern und sich schmerzlich daran erinnern, wie oft sie schon eine fix und fertige Lösung im Kopf hatten und sie dann doch nicht realisierten. Darum gehören weitere Schritte dazu, Schritte »vom Kopf in die Beine«. Die Ausführungen im Kapitel »Intervenieren« (S. 203) zeigen, wie Beraterinnen und Berater solche Schritte unterstützen können. Hier sei lediglich darauf hingewiesen, dass Botschaften vom Kopf an die Beine – wenn wir in der Metapher bleiben wollen – beim Herzen und beim Bauch vorbei führen müssen. Das heißt, es geht auch darum, in der Beratung gedankliche Schritte mit Gefühlen zu verbinden.

Das Schaffen eines Veränderungsklimas durch Kooperation

Eine grundlegende Voraussetzung für positive Veränderungen durch Beratung ist das Schaffen eines Klimas, in dem Veränderung gedeihen kann. Wir bezeichnen es in Anlehnung an De Shazer (1989a) als »lösungsorientiertes Klima«. De Shazer fordert Beratende auf, bei ihren Klienten eine »Ja-Haltung« aufzubauen. Diese Haltung ist dadurch gekennzeichnet, dass Klienten offen erwarten, dass die Dinge sich (positiv) verändern werden. Es geht um den Aufbau einer »realistischen Vision« von einer erfreulicheren Zukunft (De Shazer 1989a, S. 13).

Eine solche Aufgabe können wir nur erfüllen, wenn wir selbst von der Grunderwartung ausgehen, dass die Klientinnen und Klienten zur Kooperation bereit sind. Diese Erwartung basiert auf der Überlegung, dass diejenigen, die den Gang in die Beratung auf sich nehmen, etwas Gutes für sich tun wollen und von daher grundsätzlich kooperativ sind. Damit wird der gängige Begriff »Widerstand« infrage gestellt. Die Tatsache, dass Ratsuchende sich bestimmten Aufforderungen widersetzen und zum Beispiel nicht auf eine bestimmte Problematik eingehen wollen, hat damit zu tun, dass diese im Moment mit unserer entsprechenden Aufforderung aus irgendeinem Grund nichts anfangen können. Von der Grunderwartung der Kooperationsbereitschaft her betrachtet, ist ihre Reaktion als Feedback an uns aufzufassen. Sie zeigt, dass wir etwas gemacht haben, das in der entsprechenden Situation nicht effizient war. Wir können das, was üblicherweise als Widerstand bezeichnet wird, dazu benutzen, unser eigenes Verhalten zu modifizieren.

Die Reaktion des Klienten bestimmt darüber, was in einem gegebenen Zeitpunkt Kooperation ist, das heißt in welchem Rahmen sich die Interventionen zu bewegen haben, damit sie »passen«. Jedes Gegenüber – eine Einzelperson, ein Paar, eine Familie – hat eine eigene Art des Kooperierens. Beratende müssen diese herausfinden. Kurz: Beratende müssen »das Passen entwickeln«.

Ein positives Veränderungsklima wird zusätzlich unterstützt, wenn der Ratsuchende in der Beratung lernt, sich als Akteur seiner Erfahrungen zu erleben. Dort, wo er erkennt, wie und in welchem Maß er das, was ihm widerfahren ist, selber (mit-)beeinflusst hat, wird er auch Möglichkeiten entdecken können, wie er zukünftig etwas anders machen kann. Für Beratende geht es darum, den Klientenanteil am Geschehen herauszuarbeiten. Dieser ist oft größer, als man gemeinhin denkt.

Dialektik der Grundhaltung: Wertschätzung und Respektlosigkeit

Ein Mensch, der sich für eine Beratung anmeldet oder innerhalb eines Beratungsgesprächs auf Probleme zu sprechen kommt, hat sich in der Regel schon Einiges überlegt, um die problematische Situation zu verstehen und auch schon Etliches versucht, um sie zu verbessern. Gar nicht so selten haben sich zusätzlich andere Helferinnen und Helfer – gefragt oder ungefragt – um die Angelegenheit bemüht.

Wir begegnen solchen Anstrengungen mit Respekt. Sie zeigen uns das Engagement der Beteiligten. Sie weisen uns aber auch auf Arten des Vorgehens hin, die wir selbst vermeiden wollen, denn ihre Erfolglosigkeit hat sich ja bereits erwiesen.

Die Art und Weise, wie die Problematik und die bisherigen Bemühungen begründet werden, sind für uns Hypothesen. Diesen begegnen wir mit kritischer Distanz. Cecchin (1993) hat in diesem Zusammenhang von Respektlosigkeit (genauer: Un-Ehrerbietigkeit) gesprochen. Das bedeutet keineswegs, dass wir Meinungen, Überlegungen und Interpretationen der Klienten lächerlich machen wollen oder sie als unwesentlich auf die Seite schieben würden. Wir begegnen ihnen jedoch mit einer Art professionellem Grundmisstrauen. »Könnte man dies nicht auch ganz anders sehen, anders deuten, in einen anderen Zusammenhang bringen?«

Weisen Beratende auf einen anderen Zusammenhang oder einen neuen Gesichtspunkt hin, geht es nicht darum, Recht zu haben oder die eigene Expertenmeinung einer Laienansicht gegenüberzustellen. Wir übernehmen deshalb für den Inhalt betont selbst die Verantwortung, indem wir ihn zum Beispiel als Einfall oder als ein überraschendes Gefühl darstellen. Er kann auch einfach als Erfahrung mit einem anderen Klienten erwähnt werden. Wir sind rasch bereit, den meist als Frage formulierten neuen Gesichtspunkt vom Klienten wieder unter den Tisch wischen zu lassen, wenn er ihn als unwahrscheinlich oder unwichtig erachtet. Es geht nicht um Überzeugungsarbeit oder darum, Laien mit fachmännischen Gesichtspunkten zuzudecken. Es geht um Angebote, die Klienten aufgreifen oder auch beiseite schieben können.

Hat man jedoch als Berater genügend Erfahrung, kann man hartnäckig immer wieder auf einen bestimmten Gesichtspunkt zurückkommen; dies besonders, wenn man später wieder auf Sachverhalte stößt, die gleiche oder ähnliche Überlegungen auslösen. Aber selbst in diesem Fall ist ein solcher Berater-Gesichtspunkt stets Hypothese und als Frage oder wiederkehrender Einfall zu deklarieren.

Bei dieser kritischen Distanz gegenüber den Konstruktionen unserer Ratsuchenden geht es uns darum, eine möglichst große Offenheit zu praktizieren für den Reichtum an Möglichkeiten, wie eine Problemsituation analysiert und gedeutet werden kann, und für die große Zahl von denkbaren Arbeitsweisen und Handlungsstrategien, die zu einer positiven Veränderung beitragen können.

Wir gehen in unserer Arbeit davon aus, dass es in Problemsituationen grundsätzlich verschiedene Sichtweisen des Problems, der Zielsetzungen und Lösungswege gibt. Gleichzeitig sind wir überzeugt, dass das Wissen um wesentliche Aspekte des Problems und die Ansatzpunkte für Lösungen, im Klienten schon vor Beginn der Beratung vorhanden sind, selbst wenn der vor uns sitzende Mensch offensichtlich (noch) nicht darüber verfügen kann.

Der Umgang mit dem impliziten Wissen des Klienten

Wir wissen alle sehr viel mehr, als wir meinen. Wenn wir dieses Wissen jederzeit zur Verfügung hätten, wäre unser Gehirn hoffnungslos überlastet. Es ist also durchaus sinnvoll, dass wir so vieles wieder vergessen, anderes überhaupt nicht bewusst aufnehmen, und dass beides trotzdem irgendwo gespeichert bleibt.

In der Beratung geht es um Erweiterung der Handlungs-, Denk- und Gefühlsspielräume sowie um Flexibilisierung. Hier ist es nun sehr wichtig, dass das gespeicherte Wissen reaktiviert werden kann. Manche Autoren sprechen in diesem Zusammenhang vom Reichtum oder der Weisheit des Unbewussten, die nutzbar gemacht werden müssten.

In unserem Veränderungskonzept nimmt das immanente, nicht präsente Problem- und Lösungswissen des Klienten einen wichtigen Platz ein. Unsere Aufgabe ist es, mitzuhelfen, dass dieses Wissen sich zeigen kann, dass es beachtet und genutzt wird.

In der Beratung werden Inhalte durch Sprache übermittelt. Worte können Inhalte sowohl klären als auch verschleiern. Es sind nicht nur ungenaue Ausdrücke und entsprechende Satzbildungen, die eine Aussage vage, mehrdeutig oder unverständlich machen. Oft sind es abstrakte Generalisierungen, die etwas vermeintlich Klares festhalten, tatsächlich aber einen Sachverhalt vernebeln.

> Ein Klient spricht von seiner »aggressiven Ader«, eine Klientin von ihrer »Selbstunsicherheit«. Beides klingt klar. Wenn ich mir als Berater vorstelle, dass ich dieses Verhalten auf der Bühne spielen müsste, wird mir aber sofort deutlich, dass ich kein klares Bild habe: Wird diese »aggressive Ader« überhaupt für andere sichtbar, und wenn ja, wie, in welchen Situationen? Was »entzündet« sie und wie endet eine aggressive Verhaltensphase? Woran erkenne ich die Selbstunsicherheit der Klientin?

Michael White (mündliche Mitteilung, 2000) spricht in diesem Zusammenhang von einer »dünnen« (thin) Sprache und fordert Berater auf, Klienten zu »dicken« (thick) Beschreibungen zu verhelfen. Ich spreche auf Deutsch lieber von »armselig« und »reichhaltig«. Gelingt es, durch entsprechendes Nachfragen zu *reichen Beschreibungen* zu verhelfen, wird viel implizites Wissen sichtbar, das beraterisch genutzt werden kann. Es manifestiert sich zum Beispiel in einer ungewöhnlichen Wortwahl. Es zeigt sich in Lösungsfantasien, in Ausnahmen vom Problemzustand, in positiv überraschenden Erfahrungen und Verhaltensweisen.

So genannte Coping-Fragen, das heißt Fragen, welche die Art und Weise der Bewältigung schwieriger Situationen betreffen, helfen dem Klienten ebenfalls, unbeachtete Fähigkeiten und Verhaltensweisen zu entdecken. Darunter befinden sich meist auch solche, die in der aktuellen Problemsituation genutzt werden können. Vom Beratenden verlangt dies ein Repertoire an geeigneten Fragen und eine spezielle Aufmerksamkeit für versteckte Stärken und Fähigkeiten. Manchmal gilt es jedoch, zuerst Hindernisse aus dem Weg zu räumen, bevor die Betroffenen in der Lage sind, ihr Wissen und Können richtig zu nutzen.

> Eine begabte, kreative Studentin kam in die Beratung, weil es ihr nicht gelang, ihre Diplomarbeit tatkräftig voranzutreiben. Die Ursache schien bald einmal gefunden: Sie hatte Mühe, ihre vielfältigen, differenzierten Gedanken in eine gute Ordnung zu bringen. Trotzdem wollte es nicht recht weiter gehen. Schließlich stießen wir auf eine tiefe innere Überzeugung, unfähig zu sein, »wissenschaftlich« arbeiten zu können. Erst nachdem diese Überzeugung nachhaltig erschüttert wurde, ging es mit der Diplomarbeit richtig voran.

Jedes beraterische Tun ist eine Intervention

Alles Tun der Beraterin oder des Beraters kann als Intervention aufgefasst werden. Das bedeutet, dass alle Aktivitäten grundsätzlich Wirkungen erzeugen können. Es gibt keine neutralen beraterischen Aktivitäten – es gibt nur unwirksame.

Die lange Zeit vor allem in der Psychiatrie und der Klinischen Psychologie vorherrschende Auffassung, dass Klienten zuerst neutral diagnostisch erfasst werden müssten und man erst darauf aufbauend dann Interventionen planen und vornehmen könnte, ist längst fragwürdig geworden. Auch »neutrale« diagnostische Vorkehrungen haben psychische Auswirkungen. Nicht selten sind es unerwünschte Auswirkungen. Menschen können sich degradiert vorkommen, wenn Testergebnisse über ihren psychischen Zustand ernster genommen werden als das, was sie selbst darüber sagen.

Vom systemischen Standpunkt aus geht es um die Frage, welche »Systemkomponenten« einer Intervention zugänglich sind. Wie kann ich mein Gegenüber überhaupt erreichen, und zwar an einem Punkt, der den Problembereich verändern und zur Annäherung an die erwünschten Ziele beitragen kann?

Das Finden von sensiblen Ansatzpunkten

Zwei Ausbildnerinnen, die seit kurzem in einer sozialpsychiatrischen Station in einer sehr frustrierenden Umgebung zusammenarbeiten mussten, kamen in ein Coaching, um ihre Zusammenarbeit zu verbessern. Nach der Beschreibung der Situation befragte der Berater jede Person nach den typischen Stärken und Eigenheiten (»Markenzeichen«) – den eigenen und denjenigen der Kollegin. Dies ergab ein angeregtes, lustvolles Gespräch, in dem spontan Möglichkeiten für eine verstärkte Zusammenarbeit genannt wurden. Beim Abschluss der Sitzung erhielten beide die Aufgabe, sich zu überlegen, was an der bisherigen Situation unter keinen Umständen verändert werden sollte.

Die Wirkung des beschriebenen Vorgehens erwies sich im weiteren Verlauf als positiv und nachhaltig. Beide Frauen waren angetan über das, was sie in zunehmendem Maß aneinander entdeckten und miteinander bewirken konnten.

Der »sensible Ansatzpunkt« ist nicht gleichbedeutend mit dem richtigen, einzig möglichen. Die veränderte, gefühlsmäßig unterstützte Wahrnehmung der eigenen beruflichen Fähigkeiten und derjenigen der Kollegin hatten im genannten Beispiel ein verändertes Verhalten zur Folge. Theoretisch ausgedrückt, können Teile eines Systems sich einer Veränderung in einem einzelnen Teil nicht entziehen, sofern diese Änderung wirklich einen Unterschied zur früheren Situation macht. Die leicht paradoxe Hausaufgabe lenkte zudem das Augenmerk auf die Tatsache, dass schon bisher Verschiedenes gut lief.

Allgemein bedeutet dies, dass wir nicht unbedingt den »richtigen« Ansatzpunkt für eine Veränderung finden müssen. Damit verschiebt sich der Fokus vom »richtigen Veränderungsschritt« zum »Veränderungsschritt, der einen Unterschied macht«.

Gleichzeitig mehrere Absichten verfolgen

Forschungen, die Dietrich Dörner (1989) in einem ganz anderen Zusammenhang gemacht hat, geben zusätzliche Hinweise für erfolgreiche Interventionen. Versuchspersonen in einer computersimulierten Situation einer Kleinstadt erhielten umfassende Kompetenzen als Stadtpräsidenten. Sie hatten die Aufgabe, Probleme zu lösen und Krisen zu bewältigen, wobei sie sich durch ein Zeitraffersystem immer wieder mit den Folgen der eigenen früheren Entscheidungen konfrontiert sahen. Dabei zeigte sich sehr deutlich, dass sich erfolgreiche Versuchspersonen nie auf eine einzige Intervention oder Maßnahme verließen, sondern stets gleichzeitig mehrere Absichten verfolgten. Sie bemühten sich zudem, die vernetzten Systemzusammenhänge breiter zu erfassen, und gerieten dadurch weniger häufig in Zugzwang als nicht erfolgreiche Versuchspersonen.

Diese Ergebnisse lassen sich meiner Ansicht nach ohne weiteres auf Beratungssituationen übertragen. Komplexe Systeme erfordern multiple Interventionen. Es ist unwahrscheinlich, wenn auch nicht ausgeschlossen, dass eine einzige Intervention zum Ziel führt. Vor allem darf diese dann nicht als Dauerrezept verwendet werden. Komplexe Systeme verlangen von der professionell arbeitenden Person einen weiten, offenen Blick, der die eigene Person mit einbezieht und darum weiß, dass zu einem bestimmten Zeitpunkt längst nicht alles Wichtige sichtbar ist. Komplexe Systeme erfordern eine ständige Bereitschaft, sich durch den Prozess führen zu lassen, genau zu beobachten und die persönlichen Erwartungen an die eigenen Interventionen und deren Auswirkungen im Klientensystem immer wieder zu überprüfen.

Unser Konzept innerhalb der Tradition gängiger Beratungsmodelle

Leserinnen und Leser, die sich in den bekannten, in der Literatur vertretenen Beratungsformen auskennen, werden sich vielleicht gefragt haben, auf welches der gängigen Modelle sich das hier beschriebene Vorgehen vor allem stützt.

Im Verlauf der beruflichen Laufbahnen als Berater, Therapeut, Supervisor und Ausbildner von Beratenden haben die Verfasser viele Veränderungen im Verständnis des Beratungsprozesses miterlebt und teilweise mitbeeinflusst. Die verschiedenen Beratungstheorien, von denen die meisten ursprünglich im therapeutischen Kontext entwickelt worden sind, haben bei uns ihre Spuren hinterlassen. Gruppiert man die gängigen Modelle, so kann man unterscheiden:

- Ansätze, die einen Beratungserfolg von der Einsicht in innere Prozesse und der Auflösung bestimmter, oft kindlicher Konfliktkonstellationen abhängig machen. Hierher gehören alle tiefenpsychologischen Ansätze.
- Lern- und verhaltenstheoretische Konzepte, die auf den Einfluss der Umwelt setzen und zum Beispiel versuchen, durch den Einsatz von verstärkenden Situationen und erstrebenswertem Modellverhalten die gewünschten Verhaltensänderungen herbeizuführen.
- Vorgehensweisen, die auf die innere Weisheit des Menschen setzen und durch die Beratung versuchen, die positiven Kräfte des Unbewussten, die Selbstheilungstendenzen anzuregen und zu unterstützen. Hierher gehören die Ansätze, die zum Umkreis der Humanistischen Psychologie gerechnet werden.
- Die systemischen Ansätze, die sich eher durch eine gemeinsame metatheoretische Position auszeichnen als durch gemeinsame Vorgehensweisen. Gemeinsam dürfte aber allen sein, dass der

Aufmerksamkeitsfokus auf »das Dazwischen«, auf Beziehungen und Strukturen gelegt wird (z. B. Kriz 1997a; v. Schlippe u. Schweitzer 1996).

- Schließlich verschiedene weitere Modelle, die zum Beispiel bisher erwähnte Vorgehensweisen kombinieren, wie das Neurolinguistische Programmieren, oder einen speziellen Aspekt des Vorgehens in den Vordergrund stellen, wie der Strategische Ansatz (z. B. Haley 1977) oder die lösungsorientierte Kurzzeittherapie von De Shazer (1989a, 1996).

Wer, wie die beiden Verfasser, seit 35 bis 40 Jahren im Beratungsgeschäft aktiv tätig ist, kam mit den meisten dieser Gruppen von Beratungsmodellen früher oder später in Berührung, sofern er sich nicht einer gewissen Richtung verschrieben hat und zu einem orthodoxen Vertreter einer bestimmten Schule geworden ist.

Unsere Beratungsmodelle haben sich auf unterschiedlichen Wegen und doch in großen Zügen vergleichbar entwickelt. Basis war das psychoanalytische Gedankengut, das wir im klinischen Teil der Grundausbildung und nicht zuletzt in der eigenen Analyse kennen lernten.

Beim einen Verfasser (H. Eberhart) bereitete das daseinsanalytische Gedankengut (z. B. Binswanger 1962; Boss 1957) den Boden vor für Erfahrungen und Ausbildungen mit Ansätzen aus dem Kreis der Humanistischen Psychologie: Sensory Awareness nach Gindler, Jacoby und Selver (z. B. Brooks 1979), Gesprächspsychotherapie nach Rogers (1983), Gestalttherapie nach Perls (1976b) und Psychodrama nach Moreno (z. B. Leutz 1974).

Der andere Autor (A. Bürgi) konzentrierte sich zunächst auf die freudsche Psychoanalyse. Als Ausbildner von Berufsberatern suchte er für die individuelle Beratung die Gesprächspsychotherapie (Rogers 1983) und für die Beratung Jugendlicher im Familienkontext den direktiven Ansatz von Haley (1977) nutzbar zu machen. In der freiberuflichen Praxis als psychologischer und beruflicher Berater integrierte er Gestalttherapie, später das Neurolinguistische Programmieren und zuletzt narrative Ansätze in sein Vorgehen.

Für uns war die Auseinandersetzung mit der Systemtheorie, wie sie aus den kommunikationstheoretischen und familientherapeutischen Ansätzen bekannt war, ein wichtiger Markstein für das

Verständnis der Vorgänge in der Beratung. Das änderte auch die praktizierten Vorgehensweisen in der konkreten Beratungssituation, was uns zur Arbeit mit Paaren und ganzen Familien führte. Durch die Auseinandersetzung vor allem mit De Shazer (1989b), Berg (De Jong u. Berg 1998) und White (1989, 1990, 1997) konzentrierte sich unsere Aufmerksamkeit in der Beratung in den letzten Jahren noch stärker auf Lösungen und Ressourcen.

Die skizzierten Wege unserer beruflichen Entwicklung machen deutlich, dass wir uns mit verschiedenen Strömungen im Feld der Beratung auseinander gesetzt haben. Dies spiegelt sich auch in den Werkzeugen wider, die wir anwenden. Wir wählen im Rahmen dessen, was uns verfügbar ist, dasjenige Werkzeug aus, das uns in der gegebenen Situation als sinnvoll und nützlich erscheint. Diese Grundausrichtung ist gekennzeichnet durch ein systemisches Verständnis der Wirklichkeit, in dem die Kontextbezogenheit allen Geschehens einen zentralen Platz einnimmt. Ebenso zentral ist uns die humanistische, ressourcenorientierte Haltung den Menschen gegenüber, die zu uns in die Beratung kommen. Dabei ziehen wir nicht nur die bewussten Absichten und Überlegungen in unser Denken mit ein, sondern auch das, was man die »Welt des Unbewussten« nennen könnte, und zwar beim Klienten, beim Berater und in dem, was zwischen den beiden vor sich geht.

Wichtige Aspekte der Veränderung durch Beratung

Wirkungen erfolgreicher Beratung

Vom systemischen Gesichtspunkt aus können Beraterinnen und Berater ihre Klientensysteme zu nichts zwingen. Was Klienten aus dem machen, was ihnen in der Beratung angeboten wird, bleibt ihre Sache. Es ist vom Berater her letztlich nicht bestimmbar. So gesehen gibt erfolgreiche Beratung lediglich Impulse zu einer sich positiv auswirkenden Veränderung, Anstöße zur Selbsthilfe. Das ist weniger, als manche erwarten, aber im Endeffekt oft bedeutend mehr, als man auf den ersten Blick meint.

Nebenwirkungen und Folgen

Auch eine wirksame Intervention – eine, die das Gegenüber erreicht und dort etwas Positives auslöst – hat selten nur die eine beabsichtigte, isolierte Wirkung. In der Regel sind Nebenwirkungen, Folge- oder Rückwirkungen zu beobachten. Im günstigen Fall unterstützen diese zusätzlichen Auswirkungen die ursprüngliche Absicht und es kommt so etwas wie ein »Engelskreis« (der positive Zwilling des Teufelskreises) zustande. In diesem unterstützen sich die Auswirkungen einzelner Teilschritte gegenseitig positiv, wodurch der Gesamteffekt unter Umständen um ein Mehrfaches gesteigert wird. Im ungünstigen Fall sind die Nebenwirkungen jedoch so stark, dass sie die beabsichtigte positive Wirkung zunichte machen. In jedem Fall muss ich auf Neben- und Folgewirkungen gefasst sein und sie im Auge behalten. In einem komplexen System kann ich nie nur das eine tun. Ich bewirke immer mehrere Dinge gleichzeitig, ob ich will oder nicht.

In der konkreten Beratungssituation werde ich nie alle möglichen Neben- und Folgewirkungen kontrollieren können. Aber ich kann das Augenmerk darauf richten und zum Beispiel entsprechende Fragen stellen, um die Folgen und Auswirkungen geplanter Veränderungen in anderen Lebensgebieten des Klienten und seinem nahen Umfeld abschätzen zu können.

Vertreter des Neurolinguistischen Programmierens weisen mit Nachdruck auf die Notwendigkeit hin, vor den entsprechenden Interventionen derartige Fragen zu stellen. Diese werden manchmal unter dem Namen »Ökocheck« zusammengefasst (z. B. Mohl 1993).

Grenzen der Veränderbarkeit

Auch einschränkende Situationen sind nicht immer veränderbar. Das Gleichbleiben wird dann oft als schmerzlich und leidvoll erlebt. Gleichzeitig ist es das Gewohnte, das vertraut ist und dem Leben Sicherheit und Beständigkeit verleihen kann. Sind beide Aspekte dem Erleben des Klienten zugänglich, so ist meist eine Aussöhnung mit dem Gleichbleibenden zu beobachten, das dann manchmal als etwas wie ein Schicksal akzeptiert werden kann. Die Beratung unterstützt in solchen Fällen die Veränderung der Einstellung zur äußerlich mehr oder weniger unveränderlichen, gleich bleibenden Situation. Damit wird die Situation selber für den Betroffenen eine andere. Eine Behinderung körperlicher oder seelischer Art ist beispielsweise so etwas »Gleichbleibendes«. Die positiv veränderte Einstellung dazu hat oft sehr starke Auswirkungen.

Grenzen der Veränderbarkeit ganz anderer Art finden sich bei Menschen, die sich durch eine Notlage in einem großen seelischen Stress befinden. Der unerwartete Verlust eines geliebten Menschen oder auch des langjährigen Arbeitsplatzes sind Beispiele für eine solche Situation. In dieser Lebenslage kann erfahrungsgemäß nicht direkt auf Veränderung hin gearbeitet werden. Zuerst muss der eingetretene Verlust verarbeitet werden, wozu Aktivitäten, die Halt und »Seelennahrung« bieten, viel beitragen.

Andere individuelle Grenzen der persönlichen Veränderung können scheinbar durch Beratung leichter angegangen werden. Ich denke an starke Überzeugungen, zum Beispiel die Überzeugung, dass ein bestimmter Aspekt der beklagten Situation unbeeinflussbar sei. Zu denken ist auch an starres Festhalten am Gewohnten, selbst wenn es mit Leid verbunden ist. Im Alltag sprechen wir dann davon, dass »die Zeit noch nicht reif sei« für eine Veränderung, wobei es manchmal den Anschein macht, dass diese »Reife« nie oder erst nach einem einschneidenden Ereignis eintritt. Für Beraterinnen und Berater gilt in solchen Situationen ganz allgemein der Grundsatz »go slow!«: Bereiten Sie den Veränderungsschritt sorgfältig vor! Gibt es nicht doch noch einen kleineren Schritt, den man anvisieren, eine Beobachtungsaufgabe, die man anbieten könnte (vielleicht mit dem ausdrücklichen Vermerk, dass vorerst nichts verändert werden sollte)?

Veränderungen durch Beratungsgespräche sind allerdings kaum möglich bei Menschen, die es sich angewöhnt haben, Schwierigkeiten und auftauchendes Unbehagen »reaktiv« zu beseitigen. Sie greifen zu Alkohol oder Pillen, stopfen sich mit Süßigkeiten voll oder unternehmen sonst etwas, das sie für eine Weile ihr Problem vergessen lässt.

Obwohl alle diese Situationen der Beratung grundsätzlich zugänglich sind, werden im Einzelfall die Grenzen beraterischer Einflussnahme oft rasch sichtbar. Als Alternative bieten sich eine eigentliche Psychotherapie oder soziale und sozialpädagogische Maßnahmen an.

Grenzen der Veränderbarkeit ergeben sich auch aus der gesellschaftlichen und kulturellen Situation. Ein enges soziales und religiöses Umfeld, oft verbunden mit großer Abhängigkeit, kann den individuellen Veränderungsspielraum massiv einschränken. Das Gleiche gilt für Kulturen und Subkulturen, die den Wert des individuellen Handlungsspielraums ihrer Angehörigen oder eines Teils ihrer Angehörigen – der Frauen zum Beispiel – ganz anders einschätzen als Beratende, die selbst oft aus einer westlichen Mittelschicht stammen. Die Arbeit mit Klientinnen aus solchen Umfeldern verlangt viel Zurückhaltung und Behutsamkeit. Ein guter Ausgangspunkt im Beratungsgespräch kann das gegenseitige Einverständnis eines grundsätzlichen Nichtverstehens sein. Auf dieser Basis kann erkundet werden, wo trotz allen Einschränkungen Handlungsspielräume bestehen und worin die Hilfeleistung der Beratung bestehen kann. Nicht selten dürfte in einer solchen Situation ein Beratungsangebot nur dann sinnvoll sein, wenn es mit Angeboten anderer Art koordiniert wird, zum Beispiel solchen der Gemeinwesenarbeit oder der Sozialpädagogik.

Grenzen der Veränderbarkeit und damit Grenzen der Beratung gibt es in jedem Fall, und das ist auch gut so. Für die Beraterin und den Berater stellt sich die Frage, wann diese Grenzen erreicht sind. Wann ist etwas »gut genug« für den Moment, sodass die Beratung vorläufig abgeschlossen werden kann?

Die Bedeutung der Zeit

Die Frage nach der Zeit wird in Beratung und Therapie erst in den letzten Jahren ausführlicher diskutiert. Das psychoanalytische Gedankengut, das zumindest in den gebildeten Schichten des Westens zum Teil Allgemeingut geworden ist, legt nahe, dass Beratung von persönlichen Problemen nur erfolgreich sein kann, wenn das, was diesen zugrunde liegt, aufgearbeitet wird. Da die Wurzeln solcher Probleme oft bis in die Kindheit zurückverfolgt werden können, ist dies mit viel Arbeit und entsprechendem Zeitaufwand verbunden.

Vertreter der Verhaltenstherapie haben schon früh der psychoanalytischen Auffassung widersprochen. Sie konnten zeigen, dass Persönlichkeitsstörungen durch Umlernen, Neu-Lernen und Training verändert werden können. Diese Aktivitäten erfordern bedeutend weniger Zeit. Mit dem Aufkommen von Kurztherapie-Formen wurde die Diskussion aufs Neue entfacht. »Kurze« Formen von Beratung und Therapie dauern selten länger als zehn Sitzungen. De Shazer (1991) spricht von einem Durchschnitt von 4,6 Sitzungen. Eine neuere Untersuchung fand sogar einen Mittelwert von 2,9 Sitzungen (De Jong u. Berg 1998). Retzer (1996) berichtet in einem interessanten Aufsatz über »Zeit und Psychotherapie« von Untersuchungen, die zeigen, dass auch in eigentlichen Psychotherapien die wichtigsten positiven Effekte in den ersten sechs bis acht Sitzungen erreicht werden.

Beeinflusst durch die Arbeit mit Familien zeigt unsere Praxis, dass Beratungen verkürzt werden, wenn die Zukunft, zum Beispiel in Form von positiven Zukunftsvisionen, aktiv in den Beratungsdiskurs mit einbezogen wird. Dies gibt der Beratung eine klarere Ausrichtung und lenkt die Aufmerksamkeit stärker auf die Nutzung vorhandener Stärken und Ressourcen.

Grundsätzlich können Beratungen kurz gehalten werden, wenn sich Beraterinnen und Berater ernsthaft die Frage stellen, wann ein Beratungsergebnis »gut genug« ist. Diese Frage unterläuft den Perfektionsdrang und den Vollständigkeitsanspruch vieler professioneller Berater und speist Ratsuchende doch nicht einfach mit etwas Routinemäßigem oder rein Vorläufigem ab.

Im Beratungsalltag – zumindest im Rahmen einer privaten Praxis – hat es sich als hilfreich erwiesen, die Frage nach dem »Gutgenug« ausdrücklich zu stellen. Viele Klientinnen und Klienten sind in der Lage, sie zu beantworten. Oft ist dieser Punkt früher erreicht, als der Berater denkt, besonders wenn die Möglichkeit offen gelassen wird, dass die Beratung zu einem späteren Zeitpunkt wieder aufgenommen werden kann. Menschen, die einigermaßen gesund sind, haben ein ganz starkes Bedürfnis, das Zepter rasch wieder selbst in die Hand zu nehmen.

Das Primat eines lösungs- und ressourcenorientierten Ansatzes

Wir bezeichnen unseren Beratungsansatz als lösungs- und ressourcenorientiert. Lösungsorientiert bedeutet für uns:

- überall, wo Probleme sichtbar werden, auch Lösungen zu vermuten,
- den Menschen als aktiv Tätigen zu sehen und dieses Verhalten und Tun – als aktives Einwirken oder passives Geschehenlassen – immer wieder hervorzuheben,
- mit Neugier und Hartnäckigkeit das bereits Geglückte in der nahen und fernen Vergangenheit des Klienten aufzuspüren und es auf seine Tauglichkeit für die anstehende Problemsituation zu überprüfen,
- es zu wagen, mithilfe der Imagination Lösungen in einer nahen Zukunft zu konstruieren und
- den Klienten zu animieren, entsprechende Schritte in diese Richtung zu tun.

Ressourcenorientiert heißt unter anderem:

- in jedem Verhalten, von dem uns der Klient berichtet, auch Stärken zu sehen oder mindestens die gute Absicht, die darin steckt, und einen geschärften Blick dafür zu entwickeln,
- mit dem zu gehen, was ist und nicht mit dem, was ich mir selbst oder andere sich vorstellen, was sein sollte,
- innerhalb der Erfahrungswelt des Klienten zu bleiben und gleichzeitig den Raum offen zu halten für Überraschendes,
- erwünschtes Verhalten mit einer Haltung von Neugier und Nichtwissen zu erforschen, das heißt, dem Klienten zu einer differenzierten, reichhaltigen Beschreibung seiner Stärken, Fähigkeiten und Ressourcen zu verhelfen,
- die Ressourcen im Bereich des Gegebenen zu suchen und sich nicht am Man-Sollte zu orientieren,
- zusammen mit dem Klienten alternative Lösungswege oder -modelle zu finden und
- eine Haltung zu pflegen, welche die Experimentierfreude des Klienten stärkt.

Ein solcher Ansatz hat für uns das Primat. In Abhebung von tiefenpsychologischen Vorgehensweisen geht unser Ansatz nicht allen Verästelungen des problematischen Verhaltens nach. Er ist einfach (aber nicht simpel) und richtet sich auf die erwünschte Zukunft aus.

Im Vergleich zu einem empathischen Verstehen der Gefühle im Hier und Jetzt ist er aktivierend, ohne naiven Optimismus und ohne dabei einem Machbarkeitswahn zu huldigen.

Wir gehen davon aus, dass sich Bedeutungen und Erfahrungen gegenseitig beeinflussen. Das lösungs- und ressourcenorientierte Fragen des Beraters lenkt die Aufmerksamkeit auf Erfahrungen, die unbeachtet geblieben sind oder in einer anderen Perspektive neu erscheinen. Im fortlaufenden Gespräch ergeben sich so immer wieder neue Bedeutungen und dadurch auch neue Lösungen.

Diese Erfahrung aus der Beratungspraxis stimmt mit den theoretischen Überlegungen von Jerome Bruner (1990) überein, der davon ausgeht, dass wir der Welt gegenüber niemals gleichgültig sind. Wir sind immer auf etwas eingestellt, auf einige Ereignisse mehr vorbereitetet als auf andere. Theoretischer ausgedrückt: »Die Welt versorgt uns nicht mit Empfindungen, sondern stellt Material für unsere Hypothesen zur Verfügung« (Bruner 1990, S. 118). Wer ressourcen- und lösungsorientiert arbeitet, wird mehr Lösungen sehen, und seine Klienten ebenfalls.

Damit verändern sich die Rollenschwerpunkte zwischen Berater und Klient. Es sitzen sich nicht ein unfähiger Klient und ein wissender Berater gegenüber. Beide sind involviert in einen gemeinsamen Prozess. *Der Klient wird zum Experten für sein Leben.* Der Berater wird während großen Abschnitten des gemeinsamen Prozesses zum Nichtwissenden. Er bleibt jedoch Experte für den Prozess. Er ist Sachverständiger für die Gestaltung der Rahmenbedingungen, die den Klienten in die Lage versetzen, Experte für sein eigenes Leben zu werden.

Die dermaßen veränderten Rollenschwerpunkte verändern auch die Atmosphäre im Beratungsgespräch stark. Das Belastende der Problematik sinkt nicht ab in Hoffnungslosigkeit und Verzweiflung. Das Belastende ist weiterhin vorhanden, daneben sind aber auch Stärken, Energie, erfolgreicher Widerstand und anderes mehr spürbar. Oft macht sich eine Art Aufbruchstimmung breit, und mit ihr werden auch die guten Seiten des vergangenen und die hoffnungsvollen des zukünftigen Lebens sichtbar. Es wird in den Beratungsstunden auffallend häufiger gelacht. Auch die für andere Beratungsansätze typischen emotional engen Beziehungen zwischen Berater und Klient lockern sich. Es stehen sich zwei Menschen mit ihren unterschiedlichen Eigenheiten und Schwierigkeiten gegenüber.

Das Primat der Ressourcen- und Lösungsorientierung bedeutet für uns nicht, dass wir uns streng an ein bestimmtes Vorgehen oder an typische Frageformen halten. Wir unterscheiden zwischen einem lösungsorientierten Grundkonzept, verbunden mit einer lösungs- und ressourcenorientierten Haltung, und einer lösungsorientierten Methode. Letztere beinhaltet eine klar vorgegebene Strategie, zum Beispiel durch ausschließliche Anwendung einer Reihe bestimmter Frageformen. Diese Fragen sind oft nützlich und effektvoll. Wir verwenden sie gerne. Die Vielfalt der Beratungssituationen wird jedoch durch sie nur ungenügend abgedeckt. Wie schon bis anhin sichtbar wurde, hat das lösungsorientierte Konzept zusammen mit der entsprechenden Grundhaltung Platz für unterschiedliche Beratungswerkzeuge.

Herbert Eberhart

Beratung und Sprache

In der Sprache realisiert sich die Kommunikation zwischen Beratenden und Ratsuchenden. Dies ist jedoch nur ein Aspekt. Sprache hat verschiedene Gesichter. Sie ist immer auch Medium, in dem sich die Beziehung zwischen den Kommunizierenden und das Welt- und Menschenverständnis repräsentiert. Diese Wesensart der Sprache macht ihr Verständnis und den sprachlichen Austausch vielschichtig, spannungsreich und interessant.

Als Jugendliche oder Erwachsene wissen wir in der Regel nicht mehr, mit welchem Eifer und welcher Intensität wir als Kleinkinder unsere Muttersprache erlernt haben. Wir müssen damals instinktiv gespürt haben, dass Sprechen uns einen wichtigen Zugang zur Welt der uns umgebenden Menschen öffnet. Wir haben auch vergessen oder das Wissen darüber in uns unterdrückt, dass Worte für uns magisch waren. Es gab eine Zeit in unserem Leben, wo wir Worte (die Bezeichnung) mit dem Gemeinten (dem Objekt, dem Bezeichneten) gleichsetzten und deshalb überzeugt waren, durch Worte das Gemeinte direkt beeinflussen zu können.

Die Sprache als Mitteilung über Inhalte

Wir haben diese Zusammenhänge vergessen, weil unsere westliche Alltagskultur uns vormacht, dass Sprache etwas Unproblematisches ist und lediglich der Übermittlung von Sachlichem dient. Im Lauf unserer Sozialisation übernehmen wir diese Ansicht. Geschriebene und gesprochene Sprache wird als Vorgang behandelt, der ausschließlich mit der Weitergabe von Inhalten zu tun hat: Unsere ganze Aufmerksamkeit wird damit auf den Inhalt gelenkt.

> Wenn Missverständnisse auftreten und etwas anders verstanden wird, als es gesagt wurde, dann liegt es aus diesem Verständnis heraus daran, dass der Sprecher sich zu wenig genau ausgedrückt hat oder dass der Hörer nicht richtig hingehört hat. »Drück dich gefälligst genauer aus!«, heißt es dann, oder: »Du musst eben genau hinhören!«

Dass neben den Inhalten auch noch anderes weitergegeben wird, ja dass die Sprache selber die formulierten Inhalte beeinflusst (etwa durch ihre Struktur oder Assoziationen innerhalb eines Wortfelds), tritt kaum je ins Bewusstsein.

Die Sprache als Mitteilung über Beziehung

Als Ende der sechziger Jahre ein erstes Werk der Palo-Alto-Gruppe um Gregory Bateson in deutscher Übersetzung erschien und auch im psychologischen Umfeld aufzeigte, dass durch Sprache sehr viel mehr weitergegeben wird als Inhalte, fand dies in interessierten Kreisen Aufsehen und Beachtung (Watzlawick et al. 1969). Die Verfasser zeigten, dass neben dem in den gesprochenen Worten »verpackten« Inhalt in jedem Sprechakt der Sprechende auch Aussagen über Beziehungen weitergibt.

> »Sei doch nicht so nachtragend, Kleines!«, sagte er zu ihr und strich ihr über das Haar.

Der Inhalt dieser Aussage scheint klar zu sein. Es handelt sich um eine Aufforderung, bei dem ein männliches Wesen ein weibliches darum bittet, ihm etwas nicht länger übel zu nehmen. Die Art der Formulierung, das Wort »Kleines« und die beschriebene Handbewegung weisen jedoch überdeutlich darauf hin, dass hier auch auf der Beziehungsebene etwas geschieht. Handelt es sich um zwei etwa gleichaltrige, erwachsene Menschen, so ist offensichtlich, dass der männliche Sprecher sich hierarchisch höher positioniert als die Frau, die er anspricht. Ob dies von ihm väterlich tröstend oder überheblich, die Partnerin nicht ernst nehmend gemeint ist, ist nicht klar. Völlig offen bleibt, wie das Ganze bei der Empfängerin ankommt. Erlebt sie den Satz und die Handlung als liebevoll und tröstend oder als massive Entwertung ihrer Bedürfnisse und ihrer Autonomie? Als beides zusammen oder noch etwas anderes? Worte transportieren hier offensichtlich viel mehr als nur Sachinformationen.

Der Inhalt einer Aussage ist aus den Worten des Sprechers und dem sprachlichen Kontext mehr oder weniger deutlich ersichtlich. Die Beziehungsmitteilung hingegen muss immer erst aus der Art der Formulierung und der Wortwahl, aus Tonfall, Mimik und Gestik sowie dem situativen Kontext erschlossen werden.

Die nichtsprachliche Ebene kann insgesamt als Metaebene betrachtet werden, da sie die sprachliche Äußerung in einem speziellen Licht erscheinen lässt. Grundsätzlich qualifizieren (beurteilen und kommentieren) sich die Botschaften beider Ebenen gegenseitig.

Auch Schulz von Thun (1981), der den Ansatz der Palo-Alto-Gruppe erweitert und konkretisiert hat, weist in seinen lesenswerten Publikationen darauf hin, dass sich in jeder Aussage unterschiedliche Informationen entdecken lassen. Neben der Sachinformation finden sich Botschaften, die der Sprecher gewollt oder unfreiwillig über sich selbst weitergibt, Botschaften über die Beziehung zum Adressaten und Appellaspekte. Sachinformationen können in der Regel verstanden werden, wenn sie genügend klar formuliert sind oder durch Rückfragen geklärt wurden. Die anderen Botschaften hingegen sind erst aus dem weiteren Ablauf des Gesprächs oder ebenfalls durch Rückfragen ersichtlich.

Hinzu kommt, dass die Nachricht, wie sich Schulz von Thun (1981) ausdrückt, ein »Machwerk des Empfängers« ist. Menschen reagieren als Empfänger von Botschaften unterschiedlich sensibel auf die verschiedenen Aspekte einer Nachricht. Ein Aspekt kommt bei ihnen übermäßig laut an, ein anderer wird fast oder ganz überhört. Mit anderen Worten, die Teilaussagen einer bestimmten verbalen Botschaft können anders gewichtet werden, als sie gemeint waren. Für die Beratungssituation hat das Konsequenzen.

- Es gilt – etwas überspitzt ausgedrückt –, dass erst die Antwort des Klienten darüber Aufschluss gibt, was der Berater gesagt hat.

Für die professionelle Beratung ist es klug, sich diesen Satz zu merken und sich daran zu halten.

Bedenkt man das bisher Beschriebene, so gibt es tatsächlich *nichts Natürlicheres als Missverständnisse* (Schulz von Thun 1981). In der Beratung sind Missverständnisse an der Tagesordnung, besonders in heiklen Situationen oder bei schwierigen Themen.

Eingeschliffenes Kommunikationsverhalten

Beobachtet man Menschen, die über längere Zeit miteinander im Kontakt sind, so ist festzustellen, dass sich häufig bestimmte Kommunikationsabläufe etablieren.

> Fritz ist ein dreizehnjähriger Realschüler mit großen Schwierigkeiten im Lesen und in der Rechtschreibung. Beide Eltern machen sich viel Sorgen um ihn und bemühen sich sehr. Wenn er wieder einmal sehr schlechte Noten nach Hause bringt, wird sein Vater wütend und macht ihm wortreich Vorwürfe. Gelegentlich setzt es auch eine Ohrfeige. Die Mutter sagt nicht so viel. Sie weiß, dass Fritz leidet und ihr keinen Kummer machen will. Sie hat ihn auch schon vor der Heftigkeit der väterlichen Reaktion in Schutz genommen. Sie ermahnt Fritz häufig, besonders wegen der Schulaufgaben. In dieser Beziehung versucht sie, Fritz unter Druck zu setzen. Fritz zieht sich in den letzten Monaten immer mehr auf sein Zimmer zurück. Oft scheint er dort zu weinen. Er hat in Bezug auf Lesen und Schreiben resigniert. Um seine sechs Jahre jüngeren Zwillingsgeschwister kümmert sich Fritz zuverlässig.
> Der Lehrer beklagt sich häufig über Fritz. Im Anschluss an solche Lehrerbesprechungen kommt es immer wieder auch zu Auseinandersetzungen zwischen den Eltern. Der Vater wird heftig, sieht auch in anderen Zusammenhängen Schwierigkeiten, droht, noch härter einzugreifen. Die Mutter sagt nicht viel,

nimmt Fritz in Schutz, weint. Sie fühlt sich von der ganzen Situation überfordert.

Die Gespräche des Beraters mit Fritz und den Eltern zeigen, dass alle drei unheilvoll in verschiedene Kreisprozesse verstrickt sind. Beide Eltern meinen es im Grunde gut mit Fritz. Sie haben Mitleid mit ihm und möchten ihm helfen. Indem der Vater ihm Vorwürfe macht, möchte er ihn aus seiner Resignation herausholen, ihn aktivieren, damit er endlich »sein Gehirn anschaltet«. Bei gewissen anderen Verrichtungen hat sich Fritz nämlich als geschickt und clever erwiesen. Fritz erlebt das väterliche Verhalten als Abwertung und Repression. Je mehr der Vater an ihm herumredet, desto mehr schweigt er und desto häufiger zieht er sich zurück.

Etwas Analoges passiert zwischen den beiden Elternteilen. Beide lieben ihr Kind und wollen ihm helfen. Beide haben Schuldgefühle, wenn der Lehrer sich beklagt. Wenn der Vater über den Sohn herzieht, meint die Mutter, diesen verteidigen zu müssen. Sie sagt dann zwar nicht viel und weint bloß. Was den Vater erst recht auf Touren bringt.

Die Mutter setzt Fritz jedoch im Zusammenhang mit den Hausaufgaben selbst auch unter Druck. Zusätzlich scheint sie ihr psychisches Wohlbefinden von der Leistung des Sohnes abhängig zu machen. Fritz seinerseits interpretiert ihr Weinen als Aufforderung an ihn, ihr den Kummer zu ersparen. Er möchte dies tun, fühlt sich schuldig, gleichzeitig aber auch hilflos, weil er keine Lösung weiß. Um die Mutter zu schonen, unterschlägt er schlechte Noten, verheimlicht Misserfolge und Strafarbeiten.

Das Weinen der Mutter wirkt auf ihn als zusätzlicher Druck und überfordert ihn. Er will ihr helfen, doch das, was er dann wirklich tut, verschlimmert die Situation (in Anlehnung an Betz u. Breuninger 1993).

Bei den beschriebenen Verhaltensweisen wird deutlich, dass die Absichten der Protagonisten nicht ihren sprachlichen Äußerungen entsprechen. Der Partner oder die Partnerin reagiert auf die Äußerung. Die Absichten des anderen scheinen nicht bekannt zu sein, nicht »anzukommen«.

Die Mutter weint immer öfters, weil sie »fertig ist« und sich überfordert fühlt. Fritz beginnt, Strafaufgaben zu verheimlichen, und zieht sich mehr und mehr von der Mutter zurück, indem er sich zum Beispiel in sein Zimmer einschließt und weint. Er gibt auch des Öfteren an, er habe keine Hausaufgaben und keine Prüfungen zurückerhalten. Er tut dies, um der Mutter nicht noch mehr Kummer zu bereiten. Er will sie schonen. Sie aber versteht sein Verhalten – zum Teil wenigstens – als Faulheit und Resignation. Sie glaubt, dass er denkt, es lohne sich ja doch nicht, er werde es nicht schaffen.

Wiederholt sich derartiges Verhalten, spielt sich das ein, was man einen *Teufelskreis* nennt: Je mehr sich die Mutter überfordert fühlt und weint, desto mehr verheimlicht Fritz ihr Unangenehmes aus der Schule, desto mehr fühlt sich die Mutter belastet und weint, desto mehr ..., desto mehr ... Immer wenn der Berater auf eine solche *Desto-mehr-Abfolge* stößt, hat er einen Teufelskreis entdeckt.

Eingefleischte Kommunikationsstile und Teufelskreise beengen die Spielräume in einem Gespräch. Sie führen zu Missverständnissen und entwickeln sich nicht selten zu Kommunikationsstörungen und zu Situationen, »wo Gespräche nichts mehr bringen«. Dieser Ausdruck aus der Alltagssprache zeigt, dass jedes Gespräch einen gewissen Freiheitsraum braucht, damit Neues entstehen kann.

Missverständnisse als Chancen in der Beratung

Sprachliche Kommunikation ist ein komplexes Geschehen. Es scheint mir jedoch unmöglich und auch nicht nötig, die verschiedenen Aspekte, die in der Kommunikation auftauchen, laufend zu analysieren. Wichtig ist, dass der Berater sich bewusst ist, dass er immer und jederzeit mit Missverständnissen zu rechnen hat.

Das erweist sich nicht nur als eine Erschwernis im Beratungsalltag, sondern fast noch mehr als Chance. Der Berater ist gezwungen, immer wieder zurückzufragen und sich zu vergewissern, ob er richtig verstanden hat:

- »Könnten Sie dazu noch zwei, drei Sätze mehr sagen …«
- »Darf ich wiederholen, was ich bis jetzt verstanden habe: …«

Werden diese oder ähnliche Fragen aus einer wertschätzend-neugierigen Haltung heraus formuliert, dienen sie nicht nur der Klärung des Inhalts. Sie vertiefen die beraterische Beziehung, da der Berater sichtbar macht, dass er sich um Verstehen bemüht. Der Ratsuchende fühlt sich dadurch wichtig und ernst genommen. Gleichzeitig ermöglicht derartiges Nachfragen dem Klienten selbst, immer wieder zu klären, was ihm wesentlich ist.

Die Komplexität des kommunikativen Geschehens macht klar, dass der Berater nie alles überblicken und erfassen kann. Dies zwingt ihn, immer wieder einmal innezuhalten.

Es stehen ihm dafür zwei verschiedene Wege offen. Er kann sich im Verlauf des Gesprächs zurückziehen und sich Gedanken über den bisherigen Prozess und ein sinnvolles weiteres Vorgehen machen. Einer der Verfasser praktiziert dies in seinen Laufbahnberatungen sehr häufig. Professionelle, die mit Familien arbeiten und einen Einwegspiegel benutzen, tun dies routinemäßig.

Als zweiter Weg steht die metakommunikative Ebene zur Verfügung, die Kommunikation über die Kommunikation. Kurze Gesprächsabschnitte, die der Metakommunikation gewidmet sind, sind sehr nützliche Klärungsphasen. Für den Berater eröffnet regelmäßige Metakommunikation die Chance, die eigene Professionalität zu verbessern. Er lernt mehr und mehr, die Komplexität des kommunikativen Geschehens zu durchschauen und die Wirkung einzelner Interventionen abzuschätzen. Der Klient seinerseits lernt vor allem, genauer darauf zu achten, was sich bei ihm selbst während des Gesprächs abspielt. Gleichzeitig erlebt er die konkrete Anwendung von Metakommunikation und erhält damit ansatzweise Instruktion und Training, wie er diese Form von Prozess- und Beziehungsklärung auch in seinen übrigen Gesprächen ausprobieren könnte.

Sprache und psychische Realität

Erfahrung als Konstruktion

Im naiven Erleben nehmen Menschen alles, was ihnen begegnet, mit den Sinnen unmittelbar wahr: die Farben der Blumen, die Bewegung der Fahrzeuge unten auf der Straße, das Summen der Fliegen, die Wärme der Luft, die Schmerzen im Rücken. Wir erleben Wahrnehmung als Abbild der Wirklichkeit. Psychologische und neurologische Untersuchungen (z. B. Roth 1997) zeigen, dass dies eine Täuschung ist. Das unmittelbare Wahrnehmungserlebnis ist kein einfaches Abbild. Das, was uns so unmittelbar, eindrücklich und klar in der Wahrnehmung entgegentritt, ist zu großen Teilen eine »Eigenproduktion«. Die Sinnesorgane haben gefiltert, was als Welle auf sie zugekommen ist. Das Gehirn hat die von den Sinnen übermittelten Informationen sortiert, rekonstruiert und die Wichtigsten daraus ausgewählt. Bei diesem Prozess spielen das Gedächtnis, das bisherige Wissen und vor allem die Bedeutung, die das Wahrgenommene für den betreffenden Menschen hat, eine wichtige Rolle. Bruner (1990) konnte dies vor längerer Zeit in einem schönen Experiment zeigen:

> Zehnjährige Schulkinder mussten an einer Apparatur einen Lichtfleck auf die Größe der verschiedenen alltäglichen Geldmünzen einstellen. Die Hälfte der Kinder stammte aus einer wohlhabenden Gegend von Boston, die andere Hälfte aus einem Armenviertel.
> Das Ergebnis war verblüffend: Je wertvoller die Münze war, desto mehr wurde ihre Größe überschätzt. Die Kinder aus dem armen Stadtteil überschätzten die Größe der wertvolleren Geldstücke deutlich häufiger als Kinder, die aus wohlhabenden Elternhäusern stammten.

Das Ergebnis dieses Experiments und vieler ähnlicher Experimente ist eindeutig: *Menschen organisieren Wahrnehmungen nach den Bedeutungen, die sie dem Wahrgenommenen zumessen.* Dies geschieht zum weitaus größten Teil außerhalb der Aufmerksamkeit unseres Bewusstseins.

Analoges gilt für Denken und Fühlen, für das Gedächtnis, ja sogar für das Verhalten. Sie alle repräsentieren unser »Wissen« von der Welt. Dieses Wissen wurde nur zum kleinen Teil in der Schule gelernt. Es ist auch nur zum Teil explizit, in Worte gefasst. In ihm spiegelt sich unsere je eigene psychische Realität, die private und die, die wir mit anderen Menschen in der Öffentlichkeit teilen.

Alles, was Menschen an so genannter Erfahrung zur Verfügung haben, ist demnach ein Abbild ihres Wissens – hier im weitesten Sinn verstanden –, das sie sich darüber zurechtgelegt haben. Die neuere Fachliteratur braucht dafür das Wort »Konstruktion« und meint damit, dass das, was Menschen psychisch zur Verfügung haben, von ihnen selbst mitproduziert worden ist. Bei dieser Produktion oder eben Konstruktion spielt die Sprache eine herausragende Rolle.

Sprache formt Erfahrung

Im Verlauf der kindlichen Sozialisation werden beim Erwerb der Muttersprache unbemerkt Vorannahmen, Bedeutungen, Assoziationen und Ordnungsweisen der jeweiligen Kultur und Subkultur mitgelernt. Das bedeutet, dass diese zusätzlichen Qualitäten in den Aussagen eines naiven Sprechers unbemerkt enthalten sind.

Andere Untersuchungen zeigen, wie die Sprache umgekehrt auch die Wahrnehmung der Realität beeinflusst und verändert. Mit anderen Worten: Begriffe und Satzkonstruktionen formen das, was wir erfahren und erleben. Es ist die Sprache, die uns die Ordnungen vorgibt, denen wir »draußen in der Welt« zu begegnen meinen. Das gilt nicht nur für psychische oder soziale Gegebenheiten, sondern auch für die harten Fakten der Physik, Chemie und Biologie.

> Ein Mensch hat eine körperliche Krankheit. Das ist ein Faktum. Wir können die biologischen Daten untersuchen, können sie messen, mit dem Mikroskop, mit Röntgenstrahlen, mit speziellen Apparaten. Wenn der betreffende Mensch oder die Menschen seiner Umgebung über die Krankheit sprechen, diese sich und anderen beschreiben, wird daraus ein soziales Phänomen.

Von Schlippe und Lob-Corzilius (1993) sprechen in diesem Zusammenhang von einer »sozialen Konstruktion«. Von diesem Moment an wird nicht nur auf das naturwissenschaftliche Faktum Krankheit, sondern auch (und vielleicht vor allem) auf die soziale Konstruktion reagiert. Das heißt, dass die Beteiligten das, was »Krankheit« bedeutet, mitbestimmen.

Soziale Konstruktionen sind an Sprache gebunden. Wie ein Betroffener oder Beteiligter über die Krankheit spricht, beeinflusst das, was er als Krankheit erlebt. In der Regel wirkt dabei die *Versprachlichung als Objektivierung*, vor allem wenn die Worte von so genannten erfahrenen Menschen oder von Experten kommen. Die professionelle, oft sehr abstrakte Expertensprache kann dazu beitragen, dass eine Situation ungebührlich verfestigt wird und mögliche Handlungsspielräume nicht mehr gesehen werden. Stierlin (1990) spricht von der von verschiedenen Seiten hart umkämpften »Begriffsbastion Krankheit«. Wie mit den Fäden eines Netzes können mit dem Wort »Krankheit« Begriffe verbunden sein wie »erblich« oder »durch frühkindliche Traumata erworben« oder »langwierige Therapie« oder – auf einer anderen Ebene – Begriffe wie »Opfer«, »Täter«, »Schuld«, »verfehltes Leben«. Das aus diesen Fäden gewobene Netz kann das Bewusstsein eines Menschen bestimmen und gefangen halten.

Sprache verleiht Bedeutung

Wie mit einem Finger weist die Sprache auf das hin, was ist, und lässt damit zwangsläufig anderes in den Hintergrund des Unbedeutenden sinken. Mithilfe der Sprache hebt die Kultur das Bedeutungsvolle hervor und lehrt die Menschen dabei unbemerkt, was Sinn und was keinen Sinn macht. Die Sprache wird so zum wichtigsten Baumaterial für das Welt- und Menschenverständnis und nicht zuletzt für das Selbstverständnis eines Menschen.

Wer Tag für Tag in den Medien über die vielen Konfliktherde, Kriege und Katastrophen, Verbrechen und Grausamkeiten hört und liest, für den liegt es nahe, die Welt als etwas Chaotisches und Unheimliches zu erleben. Es ist unwahrscheinlich, dass er im Zusammenhang mit dem Wort »Welt« Gefühle des Daheim-Seins erfährt. Wahrscheinlicher ist, dass er sich vor dem, was die Welt für ihn bedeutet, zu schützen sucht.

Wer ständig negativ über sich selbst spricht und die vielen Unzulänglichkeiten im eigenen Verhalten hervorhebt, wird nicht nur vermehrt Negatives erleben, sondern sich auch wertlos vorkommen.

Es lohnt sich, ein wenig über das Wort »Bedeutung« nachzudenken. Der wichtige Wortteil heißt »Deutung« oder als Verb »deuten«. Deuten heißt zeigen, hinweisen auf etwas. Der Ausdruck »Bedeutung« meint nach dem Duden-Herkunftswörterbuch im eigentlichen Sinn die erklärende Handbewegung des »Mit-dem-Finger-Zeigens«. Wenn wir auf etwas hinweisen, heben wir es aus dem Ganzen heraus. Es wird dadurch in den Vordergrund gestellt, nämlich eben deutlich. Der Rest versinkt im amorphen Hintergrund.

»Deuten« ist aber auch zu verstehen als »interpretieren«, »erklären« oder gar »übersetzen«. Die deutsche Wortform beruht auf dem germanischen Wort für »Volk«. Die Grundbedeutung des Verbs »deuten« ist demnach »für das versammelte Volk erklären, verständlich machen«. Das Wort »deutsch« stammt übrigens genau vom gleichen Wort ab. Und so sagen wir denn ja auch zu jemandem, der sich kompliziert ausdrückt: »Sag es deutsch (und deutlich)!«

Wenn wir uns Gedanken machen über den Einfluss und die Arbeitsweise von Sprache, wird das Wort »Bedeutung« oder eben »deuten« zum zentralen Begriff.

Die Sprache zeigt mit dem Finger auf das, was uns begegnet, und hebt es im wahrsten Sinn des Worts »in unsere Realität«. Zusätzlich interpretiert die Sprache. Sie erklärt. Sie macht verständlich und setzt das, was uns begegnet, in einen bestimmten Sinnzusammenhang. Dabei werden andere, an sich mögliche Sinnzusammenhänge ausgeschlossen.

Sprache und Wirklichkeit

Es gibt eine Reihe von Autoren, die formulieren, dass Sprache »Wirklichkeit schafft« (Derrida 1976; Essen 1993). Diese Formulierung ist radikal und darum auch umstritten. Ich meine, dass Sprache insofern individuelle, aber auch soziale und kulturelle Wirklichkeit mitkreiert, als sie einen Raster bereitstellt und Bedeutungsvorgaben macht.

> »Mein Glas ist noch halb voll« mag ein Mittvierziger denken und sieht mit Interesse dem entgegen, was die nächsten Lebensjahre ihm wohl bringen. »Mein Glas ist schon halb leer« meint sein Kollege und rechnet trübsinnig zusammen, was unwiederbringlich vorbei ist.

Verschiedene Beratungsrichtungen nützen die Wirkung einer veränderten sprachlichen Formulierung von Beobachtungen oder Erfahrungen aus. Wir sprechen von »Reframing« oder »Umdeuten«.

Wenn der Mensch Erfahrungen in Worte fasst, strukturiert er sie und ordnet sie in einen Bedeutungszusammenhang ein. Kriz (2002) weist darauf hin, dass Sinngebung und Bedeutung nur dadurch erkauft werden können, dass die ungeheure Komplexität der Weltvorgänge extrem selektiert und reduziert werden. Der Vorteil dieses Vorgangs liegt darin, dass er Voraussagbarkeit und Planbarkeit ermöglicht, womit die Unsicherheit im Umgang mit Welt verringert wird. Die Bedeutungsgebung geschieht nicht nur beim Weitererzählen von Erfahrungen. Viele Situationen sind von einem inneren Dialog begleitet, in dem Erfahrung fortwährend strukturiert wird. Durch die sprachliche Fassung erhält sie eine ganz spezifische Färbung. Sie wird gedeutet. Sie erhält Sinn. Wir spüren das und sagen es vielleicht auch: »Ja, das macht schon Sinn.« Dieser Sinn verschmilzt mit der konkreten Erfahrung. Taucht die Erfahrung in der Erinnerung wieder auf, ist beides untrennbar miteinander verbunden: »So war es!«

Dieser Ablauf bedeutet umgekehrt, dass der Berater aus der Art der Berichterstattung seiner Klienten nach und nach deren Wirklichkeitsmodell erschließen kann. Bandler und Grinder (1981) haben darauf aufmerksam gemacht, dass sich die »Oberflächenstruktur« der Sprache durch entsprechende Fragen erweitern lässt, wodurch sich das Wirklichkeitsmodell verändert und neue Handlungsspielräume sichtbar werden.

»Ich kann niemandem trauen«, sagt eine Klientin und beklagt sich über ihre Isolierung. Sie vergisst dabei, dass sie zur Beraterin in den letzten zwei Besprechungen ein gutes Vertrauensverhältnis aufgebaut hat. Sie hat auch unbeachtet gelassen, dass sie bei ihrem letzten Urlaub offensichtlich dem Piloten vertraut hat, als sie ins Flugzeug stieg.

In eine ähnliche Richtung zielen die neueren Arbeiten von Michael White (1997), der Klienten und Menschen, die von der Gesellschaft ausgeschlossen wurden, ebenso wie Angehörige von randständigen Gruppen zu »reichhaltigeren Geschichten« (»thick stories«) verhelfen möchte.

Wenn zwei miteinander sprechen, begegnen sich zwei Kulturen

Die Sprache ist ein Produkt der Kultur. Sie bindet unser Denken, unser Fühlen und Handeln, kurz: alles, was wir mit Worten ausdrücken und begründen, an die Kultur. Wenn Sprache die Aufmerksamkeit auf das Bedeutungsvolle lenkt, dann verstehen wir darunter das, was in der jeweiligen Kultur als bedeutungsvoll bezeichnet wird.

Den Begriff »Kultur« verwenden wir hier im weitest möglichen Sinn und für alle denkbaren Subkulturen. So sprechen wir vom westlichen Kulturkreis, aber auch von der Kultur eines Stadtteils oder eines Bergtals, von der der Jugendlichen oder der Alten, von Frauenkultur, von der Kultur einer bestimmten Familie oder der Familienkultur einer bestimmten Volksgruppe, der Kultur der Körperbehinderten.

Mit Bruner (1990, S. 272) verstehen wir Kultur als »vom Menschen geschaffene Realität«. Im übertragenen Sinn ist sie das Ergebnis gesellschaftlicher Verhandlungen. So gesehen ist ein erwachsenes Individuum in der westlichen Gesellschaft stets Teilhaber verschiedener Kulturen. Wenn sich zwei Menschen begegnen, so begegnen sich immer auch unterschiedliche Kulturen.

Dies weist uns auf eine weitere Schwierigkeit der sprachlichen Kommunikation hin: Auch wenn zwei Menschen die gleiche Sprache sprechen, so ist es wegen ihrer kulturellen Unterschiede nicht ohne weiteres zu erwarten, dass sie wichtige Ausdrücke oder Sätze im gleichen Sinn verwenden. »Jedenfalls gibt es zwischen Worten und ihrer Bedeutung keine natürliche, benutzerunabhängige Verbindung« schreibt Bischof (1995, S. 320) in seinem Lehrbuch der Systemtheorie.

Das Gleiche ist nicht immer das Gleiche

Wir müssen davon ausgehen, dass die gleichen Worte in derselben Sprache für verschiedene Adressaten Verschiedenes bedeuten können. Umgekehrt kann auch die Art und Weise, wie Menschen vergleichbare Umstände in Sprache fassen, sehr unterschiedlich sein, sodass der Empfänger gefährdet ist, »falsch« zu reagieren.

Die Situation wird dadurch noch komplizierter, dass wir geneigt sind, im Alltag als »naive Realisten« zu reagieren. Wir glauben zu wissen, was »da draußen« ist und dass es das Gleiche für die andere Person ist, wenn beide dafür dasselbe Wort verwenden. Das mag für einen einfachen Alltagsgegenstand mit genügender Genauigkeit zutreffen. Sobald der Gesprächsgegenstand jedoch komplexer wird, darf dies kaum mehr ohne weiteres angenommen werden.

Ein solch komplexer Gesprächsgegenstand ist das Gespräch über Gefühle. Was bedeutet es, wenn der eine Partner sagt, er hasse den anderen? Oder wenn die Mutter berichtet, sie habe Angst um ihr Kind? Osgood (1975) hat festgestellt, dass sehr viele Sprachen Gefühle nur in drei voneinander unabhängige Bedeutungspaare unterteilen: stark/schwach, aktiv/passiv, gut/schlecht. Damit wird in Gesprächen über Gefühle ein Entweder-oder suggeriert, das dem tatsächlichen Erleben nicht gerecht wird und zu schwerwiegenden Missverständnissen führen kann.

Menschen leben in ihren Geschichten

Logisch-argumentative Sprache ist nicht gleich erzählend-narrative Sprache

Bruner (1986), der in der kognitiven Psychologie einen bedeutenden Platz einnimmt, ist einer der Ersten gewesen, der darauf hingewiesen hat, dass sich unser Denken in zwei verschiedenen Sprachformen konkretisiert: in der logisch-argumentativen Sprache, auch wissenschaftliche Sprache genannt, und in der erzählend-narrativen Sprache. Beide Formen, ein gut formuliertes Argument und eine gute Geschichte, wirken überzeugend. Doch das, wodurch sie überzeugen, ist grundverschieden.

Argumente überzeugen durch ihre Wahrheit. Sie beziehen sich auf Verfahren und Gepflogenheiten zur Aufstellung formeller (logischer, mathematischer) und empirischer Wahrheiten, die in der wissenschaftlichen Gemeinschaft akzeptiert sind. Argumente verwenden deshalb in der Regel das Präsens und immer den Indikativ, weil sie sich auf universelle, »zeitlose« Wahrheiten berufen. Die argumentative Sprache muss dem Anspruch auf Konsistenz und Widerspruchslosigkeit genügen. Als Ideal steht ein formales, mathematisierbares System von Beschreibung und Erklärung im Hintergrund.

Ganz anders ist die Situation bei einer guten Geschichte. Geschichten überzeugen durch ihre Lebensechtheit. Sie verbinden Ereignisse in der zeitlichen Dimension. Sie begründen keine universellen Wahrheiten, sondern Wahrscheinlichkeiten und Plausibilitäten, und sie führen zu immer neuen Perspektiven.

Zur Sprachform des Geschichtenerzählens

Paul Ricoeur (1983; zit. nach Bruner 1986, S. 13) weist darauf hin, dass Geschichten durch ein tiefes Interesse an der menschlichen Situation gekennzeichnet sind. Geschichten kommen zu einem traurigen, komischen oder absurden Ende. Argumente hingegen schließen entweder etwas ein oder schließen es aus.

Über die Prozesse und die Gesetzmäßigkeiten beim logischen

Argumentieren ist viel nachgedacht und geschrieben worden. Vergleichsweise wenig wissen wir dagegen über den formalen Aufbau einer guten Geschichte. Erst in den letzten zehn Jahren erscheinen vor allem im englischen Sprachgebiet fachspezifische Abhandlungen zum Thema der »narratives«. In der Textlinguistik und vor allem in der Literaturwissenschaft hat man sich allerdings schon sehr viel länger mit erzählenden Texten beschäftigt.

Bruner (1986, S. 14) weist darauf hin, dass ein Erzähler in seiner Geschichte zwei Bezugsrahmen beachtet. Eine gute Erzählung spielt gleichzeitig in der »Landschaft des aktiven Handelns« (*landscape of action)* und in der »Landschaft der Bedeutung« (*landscape of consciousness*), die man auch als Erklärungsrahmen kennzeichnen kann. Im ersten Bezugsrahmen, der Landschaft des Handelns, stehen Helden, Täter und Opfer, ihre Handlungen und die wichtigen Ereignisse, der Kontext und das zum Zug gekommene Know-how, das heißt die Handlungsinstrumente, im Zentrum. In der Landschaft der Bedeutung ist das zentral, was die Akteure wissen, denken und fühlen – oder das, was sie gerade nicht wissen, denken oder fühlen. Auch die Absichten und impliziten Ziele der Beteiligten sind wichtig. In den Vordergrund treten die Bedeutungen, welche die Akteure oder der Erzähler einem Geschehen zuschreiben. So entwickelt sich zum Beispiel bei einem bestimmten Erzähler fast jede Geschichte zu einer Tragödie, einer Romanze oder einem Lustspiel.

Beide Bezugsrahmen zusammen, die Landschaft des aktiven Handelns und diejenige der Bedeutung, bestimmen das, was wir »psychische Realität« nennen. Es ist diese psychische Realität, die in Geschichten im Vordergrund steht und weniger die Realität »da draußen«, welche üblicherweise als vom einzelnen Menschen unabhängig verstanden wird.

Wir leben in Geschichten

Es kann kaum Zweifel daran geben, dass die narrative Sprache die natürliche Sprache der Menschen ist. Mit »natürlich« ist hier gemeint, dass sie von uns allen zuerst gelernt wird und dass sie alle Menschen sprechen. Wie Piaget (1947) detailliert nachgewiesen hat, lernen Kinder in der westlichen Kultur erst nach und nach, sich argumentativ-logisch auszudrücken. Ethnologen vermuten, dass eine Kultur eine gewisse ökonomische Unabhängigkeit erreicht haben muss, bevor eine formale, philosophische Logik und damit eine argumentativ-logische Sprache entwickelt werden kann.

Im Alltag zeigt sich, dass die meisten Unterhaltungen, einschließlich der Selbstgespräche, in der Erzählstruktur stattfinden. Bei Kindern und Angehörigen unterer Schichten ist dies fast ausschließlich der Fall. Menschen schreiben ihrem Leben Bedeutung zu, indem sie ihre Erfahrungen zu Geschichten zusammenstellen.

»Unser Leben gestaltet sich unentwegt in Erzählungen, in den Geschichten, die wir erzählen und die uns erzählt werden, die wir träumen oder uns vorstellen oder gern erzählen möchten; Erzählungen, die in der Geschichte unseres Lebens ausgearbeitet werden, die wir uns selbst in einem episodischen, manchmal halbbewußten, im Grunde aber ununterbrochenen Monolog erzählen« (White u. Epston 1990, S. 85).

Es gehört zum Menschen, dass er in Geschichten denkt und sich an Geschichten erinnert. Geschichten »liefern ihm die Struktur, mit deren Hilfe er die Komplexität der Welt in einzigartiger Weise reduzieren kann. Sie sind Theorien überlegen, da sie eine Ordnung in gerade die Phänomene bringen, die für Menschen von besonderer Relevanz sind: all das, was zwischen Menschen geschieht« (Simon u. Retzer 1999). Und diese Geschichten wirken ihrerseits auf das Leben der betreffenden Menschen und ihre Beziehungen zurück.

Auffällig ist, dass die Geschichten der meisten Beratungsklienten zumindest bezüglich des Problemkontexts in typischer Weise einengend und unterdrückend sind. Von der sprachlichen Gestaltung her muss man sie in der Regel als armselig bezeichnen. Im Extremfall besteht eine solche Geschichte fast nur aus einem Wort, zum Beispiel dem Wort »Depression«. Alles Erlebte wird auf dieses Wort reduziert, also auf den Zustand, den es umschreibt. Bei anderen Klienten steht das Konflikthafte oder der beeinträchtigende Umstand (Armut, Scheidung, Behinderung) dermaßen im Zentrum, dass darum herum nur wenig ins Blickfeld der Aufmerksamkeit kommt. Einzelne Autoren sprechen in diesem Zusammenhang von »Problemtrance«.

Etta, eine sehr kreative, intelligente Frau, kam in die Beratung, weil sie sich beruflich und in der Zweitausbildung nicht durchsetzen konnte. Sie machte sich über ihre berufliche Tätigkeit viele Gedanken und entwickelte eigene Ideen. Im therapeutischen Arbeitsfeld in einem großen Krankenhaus war sie sehr erfolgreich. Musste Etta ihre Gedanken oder ihre Arbeit gegenüber anderen darstellen, musste sie etwas vertreten oder fühlte sie sich durch irgendwelche Strukturen eingeengt, geriet sie sprachlich ins Trudeln. Sie sprach dann mit viel Gestik und Intensität, konnte ihre Gedankengänge aber nicht ordnen, beendete die Sätze nicht, brach oft abrupt ab und blieb unverständlich. Sie klagte darüber, dass sie »im Kopf keine Ordnung« habe und die vielen gedanklichen und gefühlsmäßigen Aspekte nicht zusammenbringe, die ihr wichtig seien und deren Bedeutung sie im beruflichen Alltag immer wieder erlebe.

Merkwürdigerweise zeigten sich diese Schwierigkeiten im Kontakt mit den mehrheitlich weiblichen Patientinnen überhaupt nicht. Hier war sie nicht nur einfühlend, anregend und unterstützend, sondern in ihrer Sprache, selbst in komplexen Situationen, klar und verständlich.

Im Verlauf der Beratungsarbeit stieß der Berater auf eine schwierige Lebensgeschichte mit einem geliebten und bewunderten Vater, der Etta immer wieder demütigte, mit Lehrern, die sie wegen ihrer miserablen Rechtschreibung dermaßen bloßstellten, dass sie im Unterricht verstummte, und mit einem ersten Ehemann, der seine Frau ständig tadelte, weil sie sich in Gesellschaft ungeschickt benahm.

Dies alles führte dazu, dass sich Etta einerseits in Situationen, wo sie unter einem Rechtfertigungsdruck stand oder einen Konkurrenzkampf witterte, nicht mehr differenziert und verständlich ausdrücken konnte; andererseits war sie mittlerweile selbst ganz unsicher, ob die Gedanken, die sie sich zu ihrer Arbeit machte, und das, was sie zu spüren meinte, wirklich bedeutsam waren. Sie wagte deshalb häufig nicht mehr, das Wort zu ergreifen. In Zeiten, in denen es ihr schlecht ging, sah sie sich selbst nur noch als unfähigen, unattraktiven Menschen, der am besten »alles aufgeben und irgendwo Blumen verkaufen gehen sollte«.

Bemerkenswert ist, dass sie anstelle des sprachlichen Ausdrucks schon vor einiger Zeit eine Alternative gefunden hatte: Sie malte. Ihre Bilder waren großformatig, farbenstark und kräftig in den Konturen.

Der Stellenwert der Sprache in der Beratung

Geschichten entstehen und wirken im Gespräch mit anderen

Sluzki (1992) und andere weisen darauf hin, dass Geschichten immer auf Zuhörer ausgerichtet sind. Sie sind als Dialoge oder Diskurse zu verstehen. Der Monolog ist ein Spezialfall, bei dem der Erzähler gleichzeitig der einzige Zuhörer ist. Geschichten sind das »Produkt« von Erzähler und Zuhörer.

Man kann soziale Kleinsysteme als sprach- und bedeutungserzeugende Systeme verstehen, die durch ihre gemeinsame Sprache und die dadurch vermittelten Bedeutungs- und Sinnzusammenhänge zusammengehalten werden. Bedeutung entsteht, indem Menschen miteinander kommunizieren.

Die Geschichte als ein sich selbst regulierendes System

Nach Sluzki (1992, S. 21) kann jede Geschichte als ein sich selbst regulierendes System verstanden werden. Er fasst eine Erzählung als semantisches System auf, das eine Handlung (»was«), Personen (»wer«) und einen Rahmen (»wie, wo und wann«) enthält. Die Bedeutungen dieser Teilkomponenten der Erzählung werden vom Wertesystem (»Thema«) gesteuert, das – wie wir mit Bruner (1986) beifügen können – in der *landscape of consciousness* sichtbar wird. Aufgrund des systemischen Zusammenwirkens der Komponenten geht jede Änderung des Inhalts der Geschichte und ihrer Formulierung mit Änderungen der Handlung, der Personen, des Rahmens und des Themas einher. Jede bedeutsame Änderung führt zu einer neuen Geschichte.

Dieser Umstand ist für die Beratung äußerst bedeutungsvoll und kann vom Berater ausgenützt werden. Wenn es gelingt, die Entwicklung alternativer Geschichten anzuregen, die dem Tenor der alten konfliktbeladenen Geschichte insofern widersprechen, als sie Stärken und Fähigkeiten des Klienten und erfreulichere Erfahrungen hervorheben, so ist ein erster, wichtiger Schritt zu einer positiven Veränderung getan. Im Moment, wo der Klient anders über sich zu sprechen beginnt, verändern sich nicht nur seine Erfahrungen und sein Selbstbild, sondern er beginnt auch, seine aktuellen Möglichkeiten anders wahrzunehmen.

Im Lauf der Arbeit mit Etta gelang es, die automatisierte, eingefleischte Geschichte aufzubrechen und nach und nach zu verändern. Es war eine Geschichte, in der Etta ein dummes, nicht liebenswertes, ungeschicktes Geschöpf war, das lediglich in ihrer eigenen Fantasie bei einsamen Waldspaziergängen differenziert, kreativ und begehrenswert war.
Zuerst waren es wiederholte Rückmeldungen des Beraters, dass er Etta gut verstehe und er ihre Aussagen als klar und sehr differenziert empfinde, die an der vertrauten Geschichte zu rütteln begannen. Etta tat dies meist mit der Bemerkung ab, das sei lediglich das Verdienst des Beraters, der so aufmerksam, offen und verständnisvoll zuhöre. Ein Tag der offenen Tür ihrer Krankenhausabteilung, den Etta mit Erfolg leitete, trug Weiteres zur Geschichte der »neuen« Etta bei.
Ein wichtiger Meilenstein war die – mühsame – Verfassung einer Master-These, die Etta zum Abschluss ihrer Ausbildung schreiben musste. Hier half die poetische Sprache als Brücke zur geforderten »wissenschaftlichen« Sprache.
Diese und ähnliche Erfahrungen veränderten nach und nach das Bild, das Etta von sich hatte. Der Berater ließ sie diese »neue« Etta immer wieder in Worten beschreiben und gestaltend darstellen.
Ein weiterer Meilenstein war ein erfolgreiches Referat mit anschließender Diskussion an einer Weiterbildungsveranstaltung von Angehörigen der eigenen Berufsgruppe. Mit diesem Referat und dem Echo, das es hatte, wurde die Geschichte von der dummen, undifferenzierten Etta endgültig zu einer »alten« Geschichte aus früheren Zeiten.

Ein neues Kapitel in der Lebensgeschichte von Etta hatte angefangen: Sie plante, Dozentin zu werden.

Die Merkmale einer guten Geschichte als »Vorlage« für eine gute Beratung

Die Sprache der Erzählungen ist nach Bruner (1986, S. 13) eher durch den Konjunktiv bestimmt als durch den Indikativ. Eine gute Geschichte, die unsere Vorstellungskraft anregt, ist weniger am Allgemeingültigen interessiert als an der speziellen oder gar außergewöhnlichen Erfahrung, die bezüglich Ort und Zeit genau lokalisiert wird. Es sind das Subjektive und Einmalige, die oft unausgesprochenen Sinnzusammenhänge, die sich eröffnenden vielseitigen Perspektiven, die uns an einer guten Geschichte in den Bann ziehen. Im Vordergrund stehen konkrete Aktionen und die Absichten, die dahinter standen.

Diese Sätze beziehen sich auf »gute Geschichten«. Sie können fast unverändert in Ausführungen über »gutes Beraten« übernommen werden.

- Der erfolgreiche Beratungsdiskurs entwickelt Geschichten, in denen die Einzigartigkeit des Klienten und die Einmaligkeit seiner Erfahrungen sichtbar werden.
- Die konkreten Handlungen und die Effekte dieser Handlungen werden akzentuiert.
- Nicht die Generalisierung, sondern das Einmalige und die Ausnahme stehen im Vordergrund.
- Aus den positiven Ausnahmen und den einmaligen (kleinen) Erfolgen werden Schlüsse auf die Person des Klienten und deren Absichten gezogen.
- Unter Verwendung des Konjunktivs werden Handlungsmöglichkeiten und deren Effekte ausgelotet.

Das übliche Beratungsgespräch läuft wegen der oft erschütternden Tragik der Problemsituation Gefahr, diese Perspektiven zu ignorieren. Das Nichtgesagte nimmt in jedem Gespräch eine wichtige Stellung ein (Hare-Mustin 1994). Es kann randständige Diskurse unterdrücken. Fokussiert man darauf, wird es zu einer

Quelle für neue Perspektiven und damit für neue Handlungsmöglichkeiten.

Die Geschichten von Klienten sind in vielen Fällen einengend und unterjochend. Unser Gegenüber erscheint darin als missbraucht, misshandelt, arm, unwissend, unverstanden. Das Nichtgesagte besteht hier aus den Ausnahmen zu den vielen negativen Situationen, die uns berichtet werden. In diesen »Ausnahmen« sind Quellen und Ressourcen zu finden, die bis jetzt weder gesehen noch genutzt wurden.

Zusammenfassend lassen sich einige Folgerungen für das Beratungsgespräch formulieren:

- »Beraten« heißt zur Hauptsache »Zuhören« und »Fragen stellen«. Als Berater darf ich auch scheinbar Selbstverständliches nicht von vornherein annehmen. Noch viel weniger darf ich mich aufs Erraten verlassen.
- Im Alltag sind wir geneigt, von eigenen Erfahrungen auf diejenigen anderer Menschen zu schließen. Das kann sehr irreführend sein. Wer sich in einer »gleichen« Situation befindet, erlebt sie oft sehr unterschiedlich.
- Man kann mit Michael White (1989) die Hauptaufgabe des Beraters darin sehen, Hilfsautor oder Co-Autor einer neuen, besseren Geschichte des Klienten zu werden.
- Ist eine neue Geschichte in Ansätzen vorhanden, geht es darum, sie in weiteren Schritten herauszuschälen, zu unterstützen, zu erweitern und dafür zu sorgen, dass sie in der Umwelt des Klienten verbreitet wird und verankert werden kann.

TEIL IV · Beratung als methodisch geleitetes Tun

Andreas Bürgi

Das Definieren des Problems

Der problematische Zustand

Unzählige Lebenssituationen können von Menschen als Problem aufgefasst werden. Bei aller Unterschiedlichkeit der in die Beratung führenden Sachverhalte gibt es Merkmale, die den problematischen Zustand als solchen charakterisieren.

- Klientinnen und Klienten bewerten ihre aktuelle problematische Lebenssituation *negativ*. Sie bekunden Mühe, sich in der Situation zurechtzufinden, oder erhoffen sich mindestens Unterstützung beim Optimieren einer Situation.
- In der Regel haben sie bereits einige vergebliche Problemlösungsversuche hinter sich.
- Die schwierige Lebenssituation wird nach den vergeblichen Lösungsversuchen erst recht als ausweglos erlebt. Es fehlen Perspektiven für eine Zukunft ohne Problem. Auf emotionaler Ebene führt dies zu einer Kränkung des Selbstwertgefühls.
- Die für die Beratung relevanten Problemaspekte beziehen sich nicht allein auf *objektive Gegebenheiten*, sondern vor allem auf persönliches Erleben. Die gleichen Lebensumstände können die eine Person veranlassen, Beratung aufzusuchen, während sie von einer anderen lediglich als Schwierigkeit eingestuft werden. Relevant sind also nicht die tatsächlichen Umstände, sondern deren *Bewertung* durch das Individuum.
- Interpretiert ein Individuum eine Lebenssituation als Problem, beginnt es mit diesem Problem zu interagieren. Die Gedanken, die es sich macht und die Art und Weise, wie es damit umgeht, führen oft zu einem positiven Rückkoppelungskreis, der das Problem aufrechterhält und verstärkt (vgl. Weakland et al. 1980).

Vom Sprachphilosophen Wittgenstein inspirierte Autoren (White u. Epston 1990; De Shazer 1992) verstehen menschliches Erleben als »Textanalogie«, Klientenprobleme als in bestimmter Weise interpretierte »Geschichten« und die »Wirklichkeit« als sprachliches Konstrukt. Grundsätzlich hat das Individuum die Wahl, bestimmte Lebensumstände als Schwierigkeit zu bestimmen, mit der es zurechtkommt, oder als Problem, das Hilfe erforderlich macht. Eine solche Konzeption von Klienten-Problemen hat den großen Vorteil, dass sie grundsätzlich nie Personen als problematisch oder gestört bezeichnet. Probleme sind Einschätzungen von Lebensumständen durch unsere Klienten. Die Version, die der Klient uns vorträgt, nennen wir die *Problemdefinition des Klienten.*

Die Notwendigkeit der Problemdefinition

Wie soll die Beraterin reagieren, wenn der Klient ihr das Problem vorgelegt hat? Es gewissermaßen »links liegen lassen«, raten De Shazer (1989b) und ihm nahe stehende Autorinnen und Autoren. Möglichst unverzüglich soll nach Ausnahmen und hypothetischen Lösungen gefragt, also mit der Konstruktion von Lösungen begonnen werden. Gemäß dem Leitsatz »mach etwas anderes«, bringt es nichts, sich beim Problem aufzuhalten. *Problem talk* ist verpönt und soll durch *solution talk* ersetzt werden.

Es ist zwar nicht sinnvoll, während längerer Zeit bei den Problemen der Klienten zu verweilen, doch kann nicht auf das Definieren des Problems verzichtet werden. Unser Standpunkt basiert auf anderer ethischer Orientierung und auf den von der Psychotherapie abweichenden Anforderungen im Bereich psychologischer Beratung. Psychotherapie wird wegen Verhaltensweisen oder Befindlichkeiten aufgesucht, deren Überwindung die Lösung ist. Im Rahmen von psychologischer Beratung, die verschiedenartige Anwendungsbereiche umfasst, beginnen die Gespräche oft mit Fragestellungen, die nicht das Problem sind, das gelöst werden muss. In solchen Fällen geht die Beratung ins Leere, wenn das eigentliche Problem nicht erfasst und zum Ausgangspunkt der Gespräche wird.

Gründe für die Notwendigkeit, das Problem zu definieren

Schaffen einer Vertrauensbasis

Klientinnen und Klienten wären enttäuscht, wenn Beratende nicht auf ihr persönliches Problem eingingen. Unprofessionelle Helfer überfahren oft ihre Gesprächspartner aus natürlichem Helferwillen heraus. Denselben Effekt hat zu rasches Erkunden von Ausnahmen und Lösungen. Erspürt der Klient am Verhalten der Beraterin Interesse an seinem Problem und aus den Fragen kompetentes Verständnis dafür, fasst er Vertrauen, welches den Boden für eine konstruktive Arbeitsbeziehung zwischen beiden schafft.

Kompetent?

Der Berater muss das Problem kennen lernen, um entscheiden zu können, ob er die Kompetenz besitzt, es mit der Klientin zusammen zu lösen. Nicht immer ist er die richtige Adresse für sie.

Das vorgetragene und das hintergründige Problem

Das Problem, das Klienten beschäftigt und von ihnen vorgetragen wird, muss nicht unbedingt dasjenige Problem sein, das sie daran hindert, die Lebenssituation selbst zu meistern. Der *Fokus* ist so auszurichten, dass erkennbar wird, was den Klienten wirklich daran hindert, selbst zur Lösung des von ihm vorgetragenen Problems zu gelangen.

Ein Angehöriger eines pädagogischen Berufs konsultierte mich, weil er sich ausgebrannt fühle und den Beruf wechseln wolle. Seine Problemdefinition wies auf das Fehlen attraktiver Alternativen hin. Das Gespräch ergab, dass es sein größter Wunsch gewesen wäre, eine Stelle als Wagenführer bei den Städtischen Verkehrsbetrieben anzunehmen. Er hatte sich tatsächlich beworben, doch hatte man seine Kandidatur aufgrund seiner beruflichen Herkunft nicht ernst genommen. Als ich mir klar gemacht hatte, dass sein Berufswunsch echt war, ließ sich sein eigentliches Problem einfach definieren. Es fehlte ihm die richtige Strategie, um mit seiner Bewerbung zu überzeugen. Hier konnte ich ihm Unterstützung geben, sodass er die gewünschte Anstellung fand.

■ Diskrepanz zwischen Erwartungen und Erwartungshaltungen
Ratsuchende präsentieren ein Problem und melden ihre bewussten Erwartungen an die Beratung an. Beratende gehen auf diese Anliegen ein und geben sich alle Mühe. Trotzdem verlaufen oft die Gespräche nicht so, dass ein Ziel erreicht wird.

> Eine Berufsberaterin berichtete von einer Klientin, die sich nach beruflichen Alternativen erkundigte. Jene ließ sich alle Möglichkeiten aufzeigen, machte aber die berufliche Veränderung von sehr vielen Randbedingungen abhängig. Die Klientin genoss die Beratungsgespräche offensichtlich, fand aber bei jeder Lösung ein Haar in der Suppe und unternahm selbst gar nichts. Auf bewusster Ebene war die Erwartung an die Beraterin gerichtet, Berufslösungen zu erschließen. Das unbewusste Anliegen an die Beraterin war ein ganz anderes. Die Klientin genoss das Beisammensein mit einer Person, die ihr Verständnis und Nähe gab. Die Supervisandin ärgerte sich, nicht zum Ziel zu kommen. Für die Klientin war das Ziel der Beratung aber offensichtlich erreicht – mindestens solange, wie die Beraterin mitspielte.

Als Faustregel lässt sich aufstellen, dass die unbewussten Erwartungshaltungen Priorität besitzen, weil Menschen auf dieser Ebene schneller und raffinierter agieren als auf der bewussten Ebene. Den unbewussten Erwartungshaltungen Priorität einräumen, heißt nicht, diese zu befriedigen, sondern auf sie einzugehen und sie beispielsweise zu thematisieren. Im obigen Beispiel ließe sich das Kontaktbedürfnis der Klientin nutzen, indem sie eine Berufslösung trifft, die diesem entgegenkommt.

■ Welche Problemdefinition soll gelten?
Nicht selten werden Menschen von dritter Seite zu Klienten gemacht. Für Beratende sind sie grundsätzlich Besucher, die nicht eigentlich Beratung wollen. Da sie unter äußerem Druck stehen, sind sie jedoch bereit, Beratung anzunehmen. Die Instanz, die den Auftrag zur Beratung gibt, hat das Problem auf ihre Art definiert. Der Klient wird sich dieser Problemdefinition kaum anschließen, sondern eine andere Sicht haben. Soll eine Beratung Früchte tra-

gen, besteht die Aufgabe darin, das Problem so zu definieren, dass die Problemdefinition sowohl vom Klienten wie von der einweisenden Instanz akzeptiert werden kann.

Eine Firma schickte einen Manager zur beruflichen Standortbestimmung. Vonseiten der Firma wurde das Problem als persönliche Führungsschwäche des Klienten definiert. Der Klient vertrat eine andere Sicht: Schuld am Misserfolg seiner Abteilung sei mangelnde Unterstützung seitens der Firma.

Welcher Sicht soll ich mich als Berater nun anschließen? Keiner – da ich sonst zum Verlierer werde. Die Problemdefinition muss neue Elemente beinhalten.

Mein Vorschlag, dem sich der Klient anschloss, lautete wie folgt: »Es ist ihr Problem, die Firma zu überzeugen, dass sie in der Lage sind, ihre Abteilung wieder zum Erfolg zu führen.« Ziel der Beratung wurde, dem Klienten in der Ausarbeitung eines solchen Plans zu unterstützen. Die Geschäftsleitung willigte ein, diesen zu prüfen.

Die Problemdefinition ist die Lösung

Bisweilen können Beratungen abgeschlossen werden, wenn das Problem definiert ist, denn Problemdefinition und Lösung sind gewissermaßen identisch. Die Neuformulierung der Geschichte durch den Berater führt dazu, dass die Klientin das Problem wieder als Schwierigkeit betrachtet, die sie zu akzeptieren vermag oder die sie glaubt, selbst überwinden zu können.

Beispiele aus der Praxis der Laufbahnberatung

An einigen Beispielen soll erläutert werden, wie ich in meiner Praxis vorgehe, wenn ich zusammen mit Klientinnen und Klienten Probleme definiere. An dieser Stelle sei darauf hingewiesen, dass die Unterscheidung der »Phasen« Problemdefinition – Zielformulierung – Intervention eine methodische ist. Es geht dabei um den prinzipiellen Bauplan von Beratungen. In der Praxis verschmelzen die drei Phasen. Es ist deshalb schwierig, in den Fallbeispielen die Elemente sauber auseinander zu halten. Trotzdem sollte in den folgenden Beispielen zum Ausdruck kommen, was die Autoren unter Problemdefinition verstehen.

»Untüchtige Kaufleute«
Ein selbstständiger Architekt war aus einem Gefühl der Überforderung heraus in eine Depression geraten. Jetzt arbeitete er halbtags und hatte die Freude am Beruf zurückgewonnen. Leider reichten die Einkünfte nicht aus und er machte Schulden. Die Befragung ergab, dass sich der Klient nie um Geldangelegenheiten gekümmert hatte und er dazu neigte, sich in Arbeiten zu verlieren, die finanziell nichts einbrachten. Seine Idee war es, sein Hobby zum Beruf zu machen, um hier ein genügendes Einkommen zu erzielen.
Die Problemdefinition des Klienten lautete zusammengefasst wie folgt: »Ich verkrafte nur eine Arbeit mit reduzierter Arbeitszeit. In meinem Beruf erziele ich zu wenig Rendite. Deshalb will ich mich nach einer anderen Berufslösung umsehen.« Die Problemdefinition, die ich aus dem Gespräch herausgehört und dem Klienten übermittelt habe, formulierte ich etwas anders:
1) »Ihr Problem liegt nicht im beruflichen Bereich. Sie können den Beruf wechseln, ihre Situation wird sich nicht verändern.«
2) »Ihr eigentliches Problem sind die finanziellen Sorgen, die aus ihrer Weigerung entstehen, kaufmännisch zu denken, also auf Rendite zu achten und gut bezahlte Arbeiten zu bevorzugen. Wenn sie sich weiterhin nicht um Finanzen kümmern, handeln sie sich auch weiterhin Finanzsorgen ein.«
Da der Klient diese Problemdefinition akzeptierte, wurde eine weitere Sitzung vereinbart, in welcher mögliche Lösungen diskutiert werden sollten. Kurz vor der vereinbarten Sitzung erhielt ich einen Brief mit der Mitteilung, dass eine weitere Beratung nicht nötig sei. Angeregt durch unser Gespräch habe er begonnen, sich mit dem kaufmännischen Aspekt der Geschäftsführung auseinander zu setzen. Er bedankte sich bei mir für die sehr klare Darstellung der Dinge, die ihm enorm viel aufgezeigt habe. Offensichtlich hatte die Problemdefinition bereits das Problem gelöst.

Das Beispiel des Architekten, der angeregt wurde, kaufmännisch zu denken, stimmt sehr mit meinen Idealvorstellungen einer Beratung überein, die kurz und effizient sein soll. In kaufmännischer Hinsicht erwies sie sich für mich allerdings als Fehlschlag, da sie nur knapp zwei Stunden dauerte.

Fazit: Eine Problemdefinition lässt bestimmte Veränderungsschritte als nahe liegend erscheinen. Ein Berufswechsel war eine solche plausible Lösung. Jede Problemdefinition verdeckt andere, ebenfalls denkbare Möglichkeiten. Kritisches Hinterfragen der Problemdefinition des Klienten kann Fehler in ihrer Logik aufzeigen und zu neuen Lösungswegen führen.

»Hoch neurotisch«

Eine Klientin suchte mich auf, weil ich ihr als Therapeut empfohlen wurde. Sie wollte meine Arbeitsweise in einer unverbindlichen Sitzung kennen lernen. Es begegnete mir eine scheue Frau, die mit gedämpfter und etwas monotoner Stimme sprach. Sie bezeichnete sich als schwere Neurotikerin, die sich im Leben nicht wohl fühle, unter Verstimmungen leide, beruflich nicht zufrieden, wegen ihrer Kontaktarmut einsam und nicht fähig sei, Entscheidungen zu treffen. Sie habe eine mehrjährige Psychoanalyse absolviert, die nichts gebracht habe. Seit bald einem Jahr sei sie wieder in einer Therapie, komme aber nicht weiter, weshalb sie sich nach einem neuen Therapieplatz umsehe.

Meine Bemerkung, dass sie eine kraftvolle und standfeste Persönlichkeit sein müsse, wenn sie dermaßen therapieresistent sei, quittierte sie mit einem etwas hämisch wirkenden Lächeln. Ich war unschlüssig, was zu tun sei. Ihrer Problemdefinition – »unglücklich und lebensuntüchtig, weil neurotisch« – wollte ich mich nicht anschließen. Ich war nicht interessiert an einer lang dauernden Therapie, die daraufhin ausgelegt war, irgendwann zu versanden. Einige anamnestische Angaben zeigten, dass die Klientin sich an eine glückliche Kindheit erinnerte, die sie auf dem Land in einer harmonischen Familie verlebt hatte. Ihre Eltern und ihr Bruder waren in »einfachen« Berufen tätig, während die Klientin ihrer Schulleistungen wegen aufs Gymnasium geschickt wurde und später ein Studium ohne Schwierig-

keiten absolviert hatte. Ihr Beruf befriedigte sie nicht. Die Funktion, die sie ausübte, war ihr zu nüchtern.
Langsam tauchten bei mir Konturen einer anderen Problemdefinition auf. Eine glückliche Jugend und eine mit Leichtigkeit absolvierte Schulkarriere passten nicht ins Bild einer schweren neurotischen Störung. Als in einem technischen Beruf tätige Akademikerin war die Klientin ihrem ursprünglichen sozialen Umfeld entrissen und entfremdet. Es fehlte ihr an emotionaler Nahrung. Außerdem stand sie nicht in einer echten beruflichen Herausforderung, die für sie Sinn machte.
Ich erklärte der Klientin, dass ich mit ihr keine Psychotherapie vornehmen wolle, sondern lediglich eine Beratung. Zwei Probleme seien zu bearbeiten. Auf der einen Seite gelte es, eine neue berufliche Perspektive zu finden, und auf der anderen Seite müssten wir eine Lösung erarbeiten, damit sie sich nicht mehr so entwurzelt fühle. Tränen in den Augen zeigten, dass die neue Problemdefinition nicht falsch sein konnte. Ich empfahl der Klientin, sich die Sache gut zu überlegen ... Die Beratung wurde durchgeführt.

Fazit: Unstimmigkeiten in der Problembeschreibung der Klientin können immer als Ausgangspunkt benützt werden, um die Problematik in einem anderen Licht zu sehen. Wird die neue Problemformulierung von der Klientin akzeptiert, so hat sich auch das Problem selbst für sie verändert.

Nebenbei sei bemerkt, dass sich Beratende nicht von psychopathologischen Begriffen und Diagnosen beeindrucken lassen sollten. Dies kann zu einer Voreingenommenheit führen, die den beraterischen Handlungsspielraum einschränkt.

»Unglück im Glück«
Ein Manager suchte mich für eine berufliche Beratung auf. Im ausführlichen Brief, mit welchem er sich anmeldete, teilte er mir mit, dass er jene berufliche Position erreicht habe, die er immer angestrebt habe. Er stehe im Zenit seiner Karriere. Trotzdem fühle er sich unglücklich, denn er müsse unter Umständen arbeiten, in denen er sich nicht wohl fühle.
Der Klient berichtete mir, er wolle der heutigen Situation ent-

fliehen und klären, ob ein Stellen- oder gar Berufswechsel eine neue Perspektive sein könnte. Während zweier Sitzungen versuchten wir, solche Perspektiven zu entwickeln. Wir traten auf der Stelle. Der Klient konnte sich nicht von der gegenwärtigen Situation lösen und unternahm nichts, um sie zu verändern. Was war geschehen? Ich hatte mich der Problemdefinition des Klienten angeschlossen. Diese lautete: »Ich brauche neue Perspektiven, weil die erreichte Position doch nicht das ist, was ich mir erhoffte.« Als mir klar geworden war, dass wir uns im Kreis drehten, versuchte ich das Problem neu zu definieren: »Es muss etwas geben, dass den Klienten davon abhält, die gegenwärtige Situation zu verlassen.« Diese Frage beantwortete er wie folgt: »Ich glaube, dass ich mich als Versager erleben würde, wenn ich die Kündigung einreichte.« Meine Intervention daraufhin war so simpel wie wirkungsvoll: »Gestehen Sie sich doch zu, ein Versager zu sein!« Der Klient war so überrascht, dass er mir folgte. Selbstverständlich analysierten wir die Situation in differenzierter Weise, wobei zutage kam, dass die Rahmenbedingungen der heutigen Stelle so gestaltet waren, dass Erfolg gar nicht möglich war. Dies erlaubte ihm die Akzeptanz des »Versagens«, was den Weg ebnete, das zweite Problem anzugehen, nämlich die Erarbeitung beruflicher Perspektiven.

Fazit: Hier waren Problemdefinition und ins Auge gefasster Lösungsweg an sich richtig und haben schließlich auch zum gewünschten Ergebnis geführt. Der Lösungsweg konnte jedoch nicht in Angriff genommen werden, weil ein Hindernis im Weg stand. War dieses ausgeräumt, konnte die Arbeit beginnen.

»Exakte Karriereplanung«
Eine 27-jährige Klientin meldete sich mit Brief für eine Beratung an. Sie sei bisher im Beruf erfolgreich gewesen und wolle darangehen, ihre Karriere weiter zu planen. Bei der Lektüre des Briefs fühlte ich mich überfordert: Sie stellte mir eine große Menge präziser Fragen zum Arbeitsmarkt in ihrem Berufsstand und zu dessen Entwicklung, über ihren persönlichen Marktwert, über sinnvolle Weiterbildung und Aufstiegsmöglichkeiten. Nur ein Bracheninsider würde solche Fragen beantworten können.

Im Gespräch eröffnete ich ihr, dass ich nicht in der Lage sein werde, alle gestellten Fragen zu beantworten, und dass wir uns überlegen wollten, welche Brancheninsider ihr hier weiterhelfen könnten. Da sie den Wunsch geäußert habe, ihre Stärken und Schwächen zu erkennen, könnte ich ihr mithilfe einer graphologischen Analyse vielleicht einige Einsichten vermitteln. In dieser Phase der Beratung war ich mir nicht klar, ob überhaupt ein Problem bestand und wie dieses zu definieren sei.
Bei der Erläuterung der graphologischen Analyse wies ich auf einen Widerspruch zwischen Selbstsicherheit und Gehemmtheit hin. Tränen in den Augen deuteten an, dass es doch ein Problem geben musste. Auf die Frage, warum sie dieses Resultat so beeindrucke, erzählte die Klientin, dass sie trotz Herkunft aus einer niederen sozialen Schicht und trotz schmaler Ausbildungsbasis im Beruf erfolgreich sei, sich aber in der Gesellschaft der Arbeitskollegen unwohl und minderwertig fühle. Sie sei zwar unternehmungslustig, fühle sich aber oft unsicher, was sie blockiere. Eigentlich wisse sie genau, welche Arbeitsstelle sie anstrebe. Sie habe aber den Mut nicht, sich zu bewerben.
In diesem Fall musste ich als Berater das Problem nicht einmal neu definieren. Mithilfe einer Hintergrundinformation über ihre Persönlichkeit war ihr dies, als einer Frau, die sehr bewusst lebte, selbst möglich. Diese Problemdefinition war sehr klar und dadurch operational. Das Minderwertigkeitsgefühl den Kollegen gegenüber konnte als Glaubenssatz aufgefasst werden, der mithilfe einer NLP-Strategie (vgl. Bandler 1987, S. 121) verändert werden konnte. Der Beratung folgte eine erfolgreiche Bewerbung für die gewünschte Stelle.

Fazit: Die vielen Fragen der Klientin ließen sich zur Problemdefinition verdichten: »Ich weiß zu wenig, muss aber alles genau wissen!« Dieser Wunsch ist nicht erfüllbar. Enthalten Klienten-Problemdefinitionen solch unerfüllbare Wünsche, deutet dies oft auf eine dahinter liegende, in der Persönlichkeit der Klientin begründete Problematik hin. In diesem Fall ermöglichte das Dezentrieren von der Problemdefinition – nämlich die auf der graphologischen Analyse basierende allgemeine Persönlichkeitsbeschreibung –, auf die eigentliche Problematik zu stoßen.

»Nichts Rechtes!«

Eine 35-jährige, arbeitslose Akademikerin, die nach ihrem Studium mehrere Stellen unterschiedlicher Art innegehabt hatte, konsultierte mich wegen beruflicher Neuorientierung. Im Brief, den sie mir als Vorbereitung auf die Beratung zusenden musste, skizzierte sie einige berufliche Perspektiven, erwähnte aber auch einengende Rahmenbedingungen, die ihre Situation erschwerten. Die Realisierbarkeit der Perspektiven beurteilte sie negativ. Die Problemdefinition der Klientin ließ sich wie folgt zusammenfassen: »Ich weiß zwar, welche berufliche Tätigkeiten mich interessieren, bin aber unsicher, ob ich überhaupt Chancen habe.«

Das Beratungsgespräch drehte sich lange um ihre aktuelle Situation. Familiäre Verpflichtungen absorbierten Zeit und Kraft. Zudem war die Arbeitsmarktsituation für Absolventinnen ihrer Studienrichtung alles andere als komfortabel. Dass dies ihre Neuorientierung erschwerte, war offensichtlich. Diesen Aspekt ihrer Problemdefinition konnte ich akzeptieren. Schwierige Umstände kann man allerdings nicht ändern, nur die Menschen, die darin stehen.

Aufgrund ihres Werdegangs beurteilte ich ihre beruflichen Ideen als realistisch. Auf der anderen Seite waren die Bewerbungsunterlagen, die sie mir vorzeigte, wenig werbewirksam. Sie meinte, dass sie bisher »nichts Rechtes« gemacht habe. Wenn ich über künftige Stellen mit ihr sprach, wirkte sie wenig zuversichtlich.

Eine neue Problemdefinition drängte sich auf. Mit ihrer Selbstpräsentation würde sie weiterhin erfolglos nach Stellen suchen. Die schriftlichen Unterlagen machten nicht auf sie aufmerksam und ihre unfrohe Stimmung luden nicht ein, sie zu engagieren. Der Schlüssel für eine Intervention war damit gegeben. Die Klientin erhielt die Aufgabe, in schriftlicher Form differenziert darzustellen, in welchen Arbeitsgebieten sie bisher Erfahrung und Kompetenz sammeln konnte. Für das Bewerbungsgespräch wies ich sie an, sich vorzustellen, dass sie die Stelle ohnehin erhalte, und sich darauf zu konzentrieren, kritisch zu prüfen, ob es sich um die für sie richtige Stelle handle.

Als die Klientin einige Wochen später zum zweiten Beratungsgespräch kam, hatte sie bereits einen Anstellungsvertrag unterschrieben. Die veränderte Selbstpräsentation hatte offensichtlich ihre Wirkung getan.

Fazit: Hier erweist sich die ursprüngliche Problembeschreibung der Klientin als richtig. Die gewählte berufliche Perspektive ist angemessen und die Chancen darin sind tatsächlich unsicher. Die wenig »werbewirksame« Selbstpräsentation der Klientin war recht auffällig und zeigte dem Berater, dass es Aufgabe der Beratung war, die Chancen der Klientin zu verbessern. Sein Vorschlag war ein Trainingsangebot. Die zu beurteilende Fragestellung wurde umformuliert: »Wie kann ich meine Chancen verbessern?«

Regeln und Techniken

Die obigen Beispiele sind Zusammenfassungen von Gesprächen, die bis zu zwei Stunden dauerten. Die Konzentration auf das Wesentliche kann den trügerischen Eindruck erwecken, dass Professionelle es schaffen, in kurzer Zeit zu einer perfekten Problemdefinition zu kommen.

Auch nach jahrelanger Erfahrung der Beratenden bleibt das Definieren des Problems ein eigentlicher Suchprozess. Das Problem liegt nicht unbedingt auf der Hand, sondern es ist möglicherweise versteckt. Von Prozess ist die Rede, weil die Suche kein einmaliges Ereignis ist, sondern eine Aktivität, die Zeit in Anspruch nimmt. Das Definieren des Problems muss zu ausreichenden, der Beraterin plausibel erscheinenden und von der Klientin akzeptierten Hypothesen führen.

Verbindliche Rezepte, wie beim Definieren des Problems vorzugehen ist, lassen sich nicht aufstellen. Auf einige Regeln und Techniken, die in diesem Hypothesenbildungsprozess nützlich sind, soll im Folgenden eingegangen werden.

Aufmerksames Zuhören

Der Einstieg in die Phase der Problemdefinition gestaltet sich einfach, wenn wir uns zunächst *von der Klientin oder vom Klienten führen lassen.* Diese haben das natürliche Bedürfnis, uns mitzuteilen, wo sie der Schuh drückt.

- Unentbehrlich ist das *aufmerksame Zuhören*, welches auf echtem Interesse des Nichtwissenden basiert, der verstehen will, wie der Klient in die Problemsituation hineingeraten ist. Auch sollen nicht nur alle verbalen Botschaften erfasst, sondern auch möglichst viele der paraverbalen und nonverbalen Signale aufgenommen werden. Mit der Lenkungstechnik des *Verstärkens* (Neuberger 1998) lässt sich das Gespräch in Gang halten, ohne es inhaltlich zu beeinflussen. Verstärken heißt, mit körpersprachlichen Signalen (z. B. Kopfnicken) und kleinen Bemerkungen wie »aha«, »mhm«, »ja«, Interesse kundzutun.

Ergänzen und Ausweiten

Die Berichte der Klientinnen und Klienten sind oft unvollständig oder gar rudimentär. Durch geeignete Fragen suchen Beratende die Aussagen zu *ergänzen* und *auszuweiten.* Ebenso interessant wie die Informationen sind die Lücken in der Erzählung. Was zu sagen vergessen oder vermieden wird, ist oft ein wesentlicher Teil des Problems.

Ein Klient, der sich selbstständig machen wollte, erzählte weitschweifig, was er bereits unternommen habe und welche Vorteile dieser Schritt für ihn bringe. Auf die Frage, weshalb er mich konsultiere, antwortete er, er wolle mehr Sicherheit gewinnen, ob dieser Schritt richtig sei. Im Verlauf des Gesprächs erhielt ich den Eindruck, dass der Klient sehr von seinem Vorhaben überzeugt war. Etwas konnte aber nicht stimmen, weshalb ich eine Kontextfrage stellte: »Was meint Ihre Ehefrau zum Projekt?« – »Sie ist gegen mein Vorhaben … Das ist ja eigentlich mein Problem!«

Die Geschichten sind nicht nur lückenhaft, sondern oft auch sehr allgemein gehalten und gewissermaßen grobmaschig. Eine wichtige Aufgabe der Beratenden ist es deshalb, die Klientenaussagen zu *differenzieren* und zu *konkretisieren.*

- Bleibt eine Klientin im Allgemeinen und sind ihre Ausführungen theoretisch, gilt es nachzufragen, wie sich das Problem im konkreten Leben auswirkt. Die Frage nach Beispielen erweist sich ebenfalls als sehr nützlich. Der Berater kann sich dumm stellen und sagen, er habe ihre Aussagen noch nicht ganz begriffen. Er bittet deshalb um Präzisierung.

Sobald der Berater den Eindruck erhält, er habe sie verstanden und sehe, wie die Beratung weiter zu gestalten sei, kann er zur Zielformulierung oder zum Intervenieren übergehen. An einem Beispiel soll aufgezeigt werden, wie eine unvollständige und unsichere Hypothese getestet wurde, indem ein provisorisches Ziel formuliert und als »Versuchsballon« eine Intervention gestartet wurde.

> Ein junger Mann konsultierte mich in einer Frage der beruflichen Weiterbildung. Über seine spätere Karriere hatte er klare Vorstellungen, doch war er nicht motiviert, sofort in die dafür erforderliche Ausbildung einzusteigen. Sein Vater, der vor der Pensionierung stand, drängte ihn dazu. Der Klient erklärte, dass er blockiert sei und definierte das Problem als Motivationsfrage. Die vorläufige beraterische Problemdefinition lautete, dass der vorgesehene Ausbildungsgang dem Klienten zu lang dauerte. Er wurde anschließend über eine einschlägige Ausbildung von kurzer Dauer informiert. Nachdem der Klient die entsprechenden Angaben erhalten hatte, war sein Problem gelöst.

Fokussieren und Schweifen

Eine in der Phase des Problemdefinierens eminent wichtige Arbeitstechnik ist das *Fokussieren.* Wie mit einem Teleobjektiv wird ein kleiner Ausschnitt ganz nah herangeholt. Die Beraterin konzentriert sich auf ein bestimmtes Thema, das die Klientin angeschnitten hat. Vielleicht legt sie ihr Gegenüber auf eine nebenbei erwähnte Äußerung fest und fasst mit gezielten Fragen nach. Im Beispiel »Nichts Rechtes« waren es die für die Klientin nebensächlichen schlecht gestalteten Bewerbungsunterlagen, welche erlaubten, das Kernproblem der Klientin als »ungeeignete Selbstpräsentation« zu bezeichnen. Die Fokussierung auf einen als nebensächlich erlebten Punkt wurde zum Ausgangspunkt einer konstruktiven Veränderung.

Ein Wechsel von Fokussieren und *Schweifen* macht es möglich, das Problem als Wahrnehmungsgestalt herauszuarbeiten. Es gibt unterschiedliche Achsen, auf welchen die Beraterin fokussieren und schweifen kann:

- Einmal wird sie ihre Aufmerksamkeit abwechselnd auf das Problem und auf den Bedingungshintergrund – Herkunftsfamilie, aktuelle Familiensituation, sozioökonomische Verhältnisse, Ausbildung, Beruf und Arbeitsmarksituation – lenken.
- Eine weitere Dimension ist die Zeitachse, auf welcher *Schweifen* sehr nützlich sein kann. Befasst sich ein Klient nur mit der Vergangenheit, fokussiert die Beraterin auf Gegenwart und Zukunft. Weicht er auf Zukunftsvorstellungen aus, weil er mit der Gegenwart nicht zurechtkommt, lenkt sie den Fokus auf den aktuellen Moment. Manchmal wird es erforderlich, sich der Vergangenheit zuzuwenden, wenn sich der Klient – beispielsweise bei Verlusten – nicht von ihr lösen kann.
- Das Definieren des Problems erfordert oft auch den Wechsel vom bewussten Inhalt auf unbewusste Aspekte – Erwartungshaltungen, Motive, Erlebensmuster.

Sortieren

Manche Klientinnen und Klienten erzählen komplizierte Geschichten und bringen Probleme im »Multipack«. Beim Definieren des Problems gilt es in diesen Fällen, die Probleme zu *sortieren* und eine Auslegeordnung zu machen. Dies erlaubt es, die Probleme in der richtigen Reihenfolge anzugehen. Es empfiehlt sich nämlich, als Erstes ein leicht lösbares Problem auszuwählen, dessen Bewältigung der Klientin oder dem Klienten Gewinn bringt.

Zwei wichtige Ziele

Verstehen

Der Berater hört sich die Geschichte, die ihm die Klientin vorträgt, aufmerksam an. Er will sich orientieren, welche Art von Lebensumständen sie als so problematisch erlebt, dass sie einen Berater beizieht. Der Berater nimmt viele Informationen auf. Einige davon erscheinen ihm besonders relevant und verdichten sich zu einer »Geschichte«, die wir *die durch den Berater erfasste Problemdefinition* der Klientin nennen wollen.

Jeder Wahrnehmungsprozess ist ein Vorgang der Filterung und Hypothesenbildung – das verstehende Aufnehmen der Geschichte der Klientin durch den Berater macht hier keine Ausnahme. Er muss sich bewusst sein, dass er die Geschichte der Klientin immer durch die »Brille« seiner subjektiven Einschätzung betrachtet. Missverstehen liegt stets im Bereich des Möglichen. Der Berater soll sich durch die Klientin führen lassen, die vom Bedürfnis geleitet ist, ihre Problem-Geschichte darzulegen.

Nach Kaminski (1970) ist der Verstehensprozess nur dank dem so genannten *Bedingungswissen* möglich. Dasselbe Problem kann durch unterschiedliche Lebensumstände bedingt sein. Erfahrene Beratende besitzen Wissen über solche möglichen Bedingungskonstellationen von Problemen. Aus allgemeiner Lebenserfahrung, beraterischer Vorerfahrung sowie aus ihrem Fachwissen resultiert eine »Mustersammlung« von Problemgeschichten, die es erlauben, das aktuell vorgetragene Problem rasch und klar zu erfassen und beschreiben.

An einem Beispiel aus der Berufsberatung Jugendlicher wollen wir aufzeigen, was mit solchen Bedingungskonstellationen oder Muster-Problemgeschichten gemeint ist. Ein Jugendlicher kann sich nicht zwischen zwei beruflichen Alternativen entscheiden:

- Der Informationsstand des Klienten über die beiden Berufe ist mangelhaft. Seine Vorstellungen sind so diffus, dass er nicht klar sieht.
- Die beiden Alternativen sind nicht erstrebenswert genug, er möchte viel lieber Kind bleiben und spielen oder herumtrödeln.

- Der Klient setzt seine Entscheidungsunfähigkeit unbewusst als Machtmittel ein. In der Phase der Ablösung sind Machtkämpfe zwischen Eltern und Jugendlichen häufig und signalisieren eine Ambivalenz zwischen Bindung und Lösung.
- Dem Klienten mangelt es an Erfahrung im Treffen wichtiger Entscheidungen, da ihm die Eltern bisher alle Entscheide abgenommen und ihn damit zur Unselbstständigkeit erzogen haben.
- Nicht selten definieren Eltern ihrem Kind die Berufswahlsituation doppelbödig, indem sie erklären, dass dieses in seiner Wahl frei sei, zusätzlich aber viele einschränkende Bedingungen stellen.

Dieselbe Problemlage kann durch unterschiedliche Umstände bedingt sein. Die einzuschlagenden Lösungswege müssen den verschiedenartigen Ausgangslagen adäquat sein. Aus den Fragen und Äußerungen erfährt der Klient, in welche Richtung die Gedanken des Beraters gehen, was zu veränderten »Hypothesen zum Istzustand« führen kann. Diese gemeinsam formulierte Geschichte schafft eine veränderte Bewusstseinslage und eröffnet neue Spielräume.

Die Externalisierung des Problems

Die Tatsache, dass sich der Berater um das Problem kümmert, und die Art und Weise, wie er an das Problem herangeht, zeitigen einen ganz bestimmten konstruktiven Effekt. Das Problem wird externalisiert (White u. Epston 1990, S. 55f.). Menschen mit Problemen neigen oft dazu, *sich selbst* als das Problem zu betrachten, sie »internalisieren« es. Externalisieren heißt, es aus der Person herauszulösen, sodass das Problem »zum Klienten wird«. White und Epston bewerkstelligen diese Externalisierung, indem sie nach dem »relativen Einfluss des Problems« fragen.

Fragen nach dem Einfluss des Problems auf das Leben des Klienten
- »Wie wirkt sich das Problem auf Ihr Leben aus? – Auf Ihr Verhalten, Ihren Körper, Ihre Gefühle?«

- Analoge Fragen sind zu stellen nach den Auswirkungen: »… auf Ihren Tagesablauf, Ihren Beruf oder Ihre Schule, Ihr Arbeitsverhalten …«
- »Hat es auch Auswirkungen auf Beziehungen zu bestimmten Personen? Welche? Gibt es etwas, das diese Auswirkungen noch speziell fördert?«
- »Wenn das Problem wieder einmal besonders deutlich wird, führt dies zu einem bestimmten Verhalten dieser Personen Ihnen gegenüber? Zu welchem Verhalten?«

Fragen nach der Einflussnahme des Klienten auf das Problem
White (1990, S. 63) gibt dem Problem gern einen metaphorischen Namen. Das Bedürfnis eines Jugendlichen, einzukoten, nennt er den »hinterhältigen Dreckmacher«. Passive Haltung ließe sich als »fauler Hund« bezeichnen.

- »Gab es Situationen, in denen Sie dem faulen Hund in sich trotzten, wo es Ihnen gelang, ihn loszuwerden? Wie spielte sich das genau ab? Was befähigte Sie dazu?«
- »Wie unterdrücken Sie das Problem? Wie leisten Sie Widerstand gegen das Problem?«
- »Wie gelingt es Ihnen, den faulen Hund auszutricksen? Was tun Sie konkret, dass Sie ihm in diesen Situationen widerstehen können?«
- »Was sagt das über Sie als Menschen aus? Auf welche persönlichen Eigenschaften können Sie diesen Erfolg zurückführen?«

Fragen nach problemfreien Bereichen

- »Welche Gebiete in Ihrem Leben sind nicht vom Problem betroffen? Welche Gebiete in Ihrem Leben konnten sich immun halten?«
- »Wie erklären Sie sich, dass … immun geblieben ist, nicht angesteckt wurde?«
- »Welche Personen, die Sie früher kannten, wären nicht erstaunt, dass Sie in dieser Lebenslage fähig wären, das Gebiet immun zu halten?«

Fragen dieser Art sind *ein* Weg, um zu einer Problemdefinition zu gelangen. Viele andere Vorgehensweisen sind denkbar. Wichtig ist einfach, dass die Problemdefinition so konzipiert ist, dass sie zur *Externalisierung* des Problems führt.

> Ein Klient sagte über sich: »Ich bin depressiv, weil ich von Arbeitslosigkeit bedroht bin.« Diese Problemdefinition war ungeeignet, weil Problem und Klient identisch waren. Aufgrund des Interviews formuliert er sein Problem neu: »In der Depression komme ich mir vor wie ein Kaninchen, das gebannt auf das offene Maul der Schlange blickt, statt wegzuspringen.« Fortan sprachen Berater und Klient vom »Kaninchenblick«.

Diese neu formulierte Problemdefinition wird Ausgangspunkt einer veränderten Haltung der drohenden Arbeitslosigkeit gegenüber. Der »Kaninchenblick« ermöglicht eine *Trennung von Person und Problem.* Der Klient ist nicht mehr das Problem, sondern das Problem wird zum »Klienten«. Ein verselbstständigtes oder verdinglichtes Problem wirkt weniger belastend und einschränkend, als eine durch und durch problematische Situation.

Versuch einer Klassifizierung

In diesem Abschnitt soll der Versuch unternommen werden, Probleme nach typischen und für die Beratungspraxis relevanten Merkmalen zu kategorisieren. Als Kriterien dienen uns die Konstruktionsprinzipien, die unterschiedlichen Problemen zugrunde liegen. Jeder Problemtypus verlangt nach seiner spezifischen Strategie für das Vorgehen beim Definieren des Problems.

Wie Probleme konstruiert werden

Es mag wie eine arge Unterschiebung klingen, wenn wir behaupten, der Klient konstruiere sein Problem. Probleme sind doch belastende Realitäten, die uns das Leben beschert. Wir Menschen sind nicht in der Lage, die Realität unmittelbar zu erfassen. Wir schaffen unsere »Wirklichkeit« in geistigen Akten oder wir »erzählen Geschichten«, wie dies die Vertreter der narrativen Therapie formulieren würden (vgl. z. B. Grossmann 2000). Wir finden den konstruktivistischen, narrativen Ansatz deshalb als sehr hilfreich, weil er in der Beratungssituation Türen öffnet. Wenn der Mensch sich seine Wirklichkeit schafft, so gibt es keinen Grund für die Annahme, dass diese nur so und nicht anders beschaffen sein kann, auch wenn durch unsere kulturellen, sozialen und ökonomischen Rahmenbedingungen Schranken gesetzt werden. Beratende können den Klientinnen und Klienten Anleitung geben, Geschichten neu zu schreiben.

Es gibt häufig betretene Pfade, die zu Geschichten mit ungünstigem Ausgang führen. Die folgenden Ausführungen sollen einige Hinweise bieten, erheben aber keinen Anspruch auf Vollständigkeit.

Festhalten an ungünstigen Konstrukten

Jede Lebenssituation gestalten wir anhand von Modellen oder Bewältigungsstrategien. Die »Theorien«, die wir als Bewältigungsstrategien nutzen, basieren oft auf ungünstigen oder gar falschen Annahmen. Situationen nach einem ungünstigen Plan gestalten zu wollen, schafft Probleme.

Hinzu kommt, dass Menschen die Eigenschaft haben, an einmal als gültig erachteten Annahmen festzuhalten. Ihre »Handlungsanleitungen« hinterfragen sie nicht. Sie folgen ihnen, obwohl Außenstehenden längst klar ist, dass diese das Problem nicht zu lösen vermögen. Watzlawick nennt solche Strategien »mehr vom Selben« (Watzlawick et al. 1974).

Glaubenssätze

Ein fast klassisches Beispiel für das Festhalten an meist ungünstigen Annahmen sind die so genannten Glaubenssätze, die von Bandler und Grinder (1985) erstmals beschrieben wurden. Die Autoren zeigen auf, dass wir Menschen uns oft von Überzeugungen leiten lassen, die wir unbemerkt übernommen und nie hinterfragt haben. Sehr oft geht es um Leitsätze, die uns daran hindern, etwas zu tun, weil wir felsenfest überzeugt sind, es nicht tun zu können oder es auch nicht tun zu dürfen. Die Folgen sind Meidungsverhalten und Ungenutztlassen von an sich vorhandenen Ressourcen.

Ein Glaubenssatz lässt sich auflösen, indem man dazu anleitet, diesen kritisch zu hinterfragen, und indem der Fokus auf Ressourcen gerichtet wird, die es dem Gegenüber erlauben, die entsprechende Lebenssituation zu meistern. Viele Glaubenssätze beginnen mit: »Ich bin unfähig, … zu verstehen, zu lernen, zu tun.« In den meisten Fällen besitzen die Klienten die vermeintlich fehlenden Fähigkeiten und haben sie in einem anderen Lebenskontext bereits unter Beweis gestellt. Hier gilt es, dazu anzuleiten, wie der Transfer in die Problemsituation geleistet werden kann. Das Neurolinguistische Programmieren stellt dafür verschiedene nützliche Strategien zur Verfügung (vgl. z. B. Mohl 1993).

Ungünstige Visionen

Nicht selten malen sich Klientinnen und Klienten Szenarien aus, die von Geschichten ohne Happyend bis zu eigentlichen Horrorszenarien reichen. Solche angstbesetzten Zukunftsvorstellungen wirken dann wie Magnete und lösen einen Teufelskreis aus, der sie ihrer negativen Vision immer näher bringt. Perls (1976a) beschreibt Angst als negatives Zukunftsbild, das Lebensenergie blockiert. Auflösen lassen sich solche ungünstigen Visionen, indem den Ratsuchenden geholfen wird, *erstrebenswerte* und umsetzbare *hypothetische Lösungen* zu entwickeln.

Fixierung auf unrealistische Ziele

Nicht wenige Menschen suchen einer ungemütlichen und mit schmerzlichen Gefühlen besetzten Gegenwart zu entfliehen, indem sie unrealisierbare Visionen entwickeln. Zum Problem werden diese Traumlösungen erst dadurch, dass der Klient sich emotional auf sie fixiert. Solche Fixierungen lassen sich nicht auflösen, indem man dem Klienten seine Utopie ausredet. Es empfiehlt sich, ihn in seinem Wunsch zu unterstützen und ihn alsdann anzuleiten, sich intensiv und auf realistischer Basis mit der vermeintlichen Lösung auseinander zu setzen.

Fehlgerichteter Fokus

Manchmal zeigt sich in Beratungen, dass das vorgetragene Problem nicht das zu lösende ist: Die Klientin erzählt ihr Anliegen und ich gehe darauf ein. Erst nach geraumer Zeit wird offensichtlich, dass sie eigentlich kein Interesse an der Lösung dieses Problems hat oder dass die Lösung des Problems nichts bringt. Oft sind es Sachprobleme oder konkrete Lebensfragen, die sich im Lauf des Gesprächs als nicht relevant erweisen.

Bandler und Grinder (1981) würden in diesem Fall von Tilgung sprechen. Das eigentliche, meist mit stärkeren Affekten besetzte Problem, ist getilgt.

Ein technischer Kadermann wollte sich von mir beraten lassen, weil es ihm Mühe bereite, seine Arbeit zu planen und die Rolle des Vorgesetzten wahrzunehmen. Trotz Veränderungsbereitschaft des Klienten zeitigte die Beratung nur wenig Erfolg. Ich erhielt den Eindruck, dass die Beratung gar keine Fortschritte bringen durfte. Eine sorgfältige Analyse der Gründe dafür machte dem Klienten bewusst, dass das gesetzte Ziel – die jetzige Stelle erfolgreicher zu bewältigen – gar nicht erstrebenswert sei. Eigentlich wolle er beruflich lieber etwas ganz anderes machen, habe aber Angst vor Neuem. Das für die Beratung relevante Problem war also die Angst vor Veränderung bei ausgeprägtem Wunsch nach Veränderung. Nachdem wir dieses Thema bearbeitet hatten, wandte sich der Klient dem Beruf des Naturarztes zu, wagte also einen großen Sprung.

Sie werden sich fragen, wie zu erkennen ist, dass die vorgetragene Problematik nicht die zu lösende ist. Es lässt sich nicht vermeiden, den Umweg über das vorgetragene Problem zu gehen, da das eigentliche Problem noch gar nicht erkennbar ist und es vom Klienten nicht verstanden würde, wenn man nicht auf sein Anliegen einginge. Bei unbefriedigendem Resultat sollte der Berater innehalten und das Problem neu zu definieren versuchen.

Eine erfolgreiche, in einem Traumjob tätige Frau wandte sich an mich, weil sie den Beruf jetzt gesehen habe und sich gern ei-

nem neuen Gebiet zuwenden wolle. Zu Beginn der zweiten Sitzung erklärte die Klientin, die sich intensiv mit den neuen Berufswegen auseinander gesetzt hatte, dass keine der Lösungen attraktiv genug sei.
»Könnte Ihr Gefühl, nicht erfüllt zu sein, allenfalls von einem anderen Lebensbereich herrühren?« – diese Frage veränderte den Fokus der Klientin völlig. Sie erklärte, dass sie sich einsam fühle, dass alle ihre Männerbeziehungen nach einiger Zeit zerbrochen seien und sie sich nach einer schönen, stabilen Beziehung sehne.

Die Absicht des »inneren Coach«

Manchmal möchten Klienten mithilfe der Beratung Symptome oder negative Gefühlszustände loswerden. Auch in diesen Fällen ist die Aufmerksamkeit der Klienten auf belastende Verhaltensweisen oder Zustände gerichtet, die nicht das zu lösende Problem sind. Bestimmte Erlebnisse oder Situationen können existenziell so bedrängend sein, dass »das Unbewusste« die Klienten zu schützen sucht, indem es Symptome an Stelle der noch schwerer wiegenden Probleme stellt. Vertreter des Neurolinguistischen Programmierens sprechen vom inneren Coach, der mit den Symptomen eine gute Absicht verfolgt. Ein klassisches Beispiel ist die Depression, die den Klienten dermaßen dämpft, dass er gehindert wird, Suizid zu begehen. Behutsames und beharrliches Fragen nach der guten Absicht des Symptoms zeigt auf, welches Problem zu lösen ist.

Not durch Veränderungen der Lebensumstände

Markante und plötzliche Veränderungen der Lebensumstände sind für die Betroffenen nicht leicht zu akzeptieren. Das Problem entsteht für diese Menschen dadurch, dass sie vorschnell auf die Zukunft fokussieren und sich in der Beratung Unterstützung für die Entwicklung neuer Perspektiven erhoffen. Die belastende Situation hinter sich zu lassen, ist jedoch solange nicht möglich, wie die vergangene Lebensphase nicht durch aktive Auseinandersetzung mit der Situation oder eventuell durch ein Ritual abgeschlossen ist.

- Verluste

Der Tod wichtiger Bezugspersonen, das Ende einer Beziehung, aber auch der Verlust eines Arbeitsplatzes durch Invalidität oder Entlassung können Menschen in Not bringen. Klienten haben die Tendenz, der unangenehmen Situation rasch zu entfliehen und werden dabei oft von Mitmenschen, aber auch Beratenden unterstützt. Bei Verlusten ist, wie Freud (1916, S. 430) entdeckte, Trauerarbeit zu leisten, das heißt, der Schmerz des Verlustes muss bewusst erlebt und verarbeitet werden. Erst nach einer Abschiednahme wird es möglich, den Blick in die Zukunft zu richten und sich Perspektiven zu erarbeiten. Manchmal sind in solchen Situationen eigentliche Abschiedsrituale nützlich.

> Ein Manager hatte seine Stelle verloren, in der er sich sehr engagiert hatte. Er wendete sich an mich, weil er möglichst rasch eine neue Lösung suchen wollte. Das Gespräch gestaltete sich schwierig. Es war ihm nicht möglich, in einer Art und Weise nach neuen Stellen Umschau zu halten, die Erfolg versprochen hätte. In einer zweiten Sitzung setzten wir uns mit der Vergangenheit auseinander. Es zeigte sich, dass er seine Entlassung – obwohl die äußeren Anzeichen nicht dafür sprachen – als persönliches Versagen bewertete. Die Gefühle der Enttäuschung und Trauer hatte er sich versagt. Dass er diese jetzt zulassen durfte, brachte Erleichterung. Als Abschiedsritual gönnte er sich eine Reise in ein Land, das er sehr liebte. Nach seiner Rückkehr fand er ohne Unterstützung sogleich eine adäquate berufliche Lösung.

Beratende tun in solchen Fällen gut daran, die Problemdefinition der Ratsuchenden zu hinterfragen, denn diese gehen meist in Richtung Flucht aus der unangenehmen Lage. Damit die Situation des Verlustes geklärt und dessen Verarbeitung initiiert werden kann, sollte im Gespräch auf die folgenden Themen eingegangen werden:

- Wie war die Beziehung des Klienten zur Person, die er verloren hat, oder zum Lebensbereich, den er verlassen musste? Was bedeutete ihm die Person oder der Lebensbereich?
- Wie waren die Umstände der Trennung?

- Hat sich der Klient bereits aktiv mit der Tatsache des Verlustes auseinander gesetzt? Erlebt der Klient die mit dem Verlust verbundenen Gefühle der Trauer, des Schmerzes oder der Wut?
- Welche Ressourcen hat der Klient aus der vergangenen Beziehung geschöpft, die ihm nun für die Zukunft zur Verfügung stehen?

Krisen

Eine Vielzahl von problematischen Lebenssituationen wird als Krise bezeichnet. Der Begriff weist in erster Linie auf außergewöhnliche Lebenssituationen – auf Umbruchsphasen – und weniger auf chronische Zustände hin. White und Epston (1990, S. 21–23) schlagen als Bezugsrahmen für Krisen das Modell eines dreiphasigen »Übergangsritus« vor:

1. Die Phase der Loslösung – vielleicht von einem bestimmten Status, einem Aspekt der Identität oder einer Rolle, die für den Betroffenen nicht mehr annehmbar ist.
2. Die Schwellen- oder Zwischenphase – gekennzeichnet durch Unbehagen und Verwirrung, Desorganisation und vielleicht erhöhte Erwartungen an die Zukunft.
3. Die Phase der Neuverkörperung – charakterisiert durch das Erlangen eines neuen Status, der neue Verantwortlichkeiten und Privilegien für den Betroffenen mit sich bringt.

Die Krisenphase wird so als unangenehme Übergangszeit betrachtet, die in einen neuen, wünschenswerten Zustand mündet. Es gilt, den vorangehenden Zustand zu »verabschieden«, den neuen Status zu formulieren und Wege zu seiner Verwirklichung zu suchen.

Blockierungen

Manchmal geraten Klientinnen und Klienten in Entscheidungsnotstand, weil sie zwischen zwei möglichen Alternativen hin- und hergerissen sind. Noch öfters wissen sie zwar, welchen Weg sie gehen wollen, können sich aber trotzdem nicht entscheiden. In solchen Situationen lassen sich im Gespräch meistens zwei persönliche Teile oder Instanzen ausmachen, die einander entgegenwirken: beispielsweise ein Bedürfnis nach Veränderung und gleichzeitig nach Sicherheit und Konstanz im Leben. Die Betroffenen erleben nur ihre Blockade und müssen behutsam darauf aufmerksam gemacht werden, dass »zwei Seelen in ihrer Brust wohnen«. Die Instanz, die Veränderung sucht, wird ungeduldig und der Sicherheitsteil der Persönlichkeit sabotiert Veränderungsbestrebungen. Eine Lösung wird dadurch möglich, indem die Beratenden dazu anleiten, die beiden Teile miteinander »ins Gespräch zu bringen« und Bedingungen für einen konstruktiven Veränderungsschritt auszuhandeln.

Fehlende Kompetenzen

Zur Bewältigung unseres modernen Lebens benötigen wir viele Informationen. Mindestens so bedeutsam sind methodische Kompetenzen – wie Strategien zur Informationsbeschaffung, Planungs- und Entscheidungsmodelle, Kommunikations- und Konfliktlösungskompetenzen. Das Fehlen von Informationen und Kompetenzen kann durchaus zum Problem werden und Beratungs-, oft aber eigentlichen Trainingsbedarf schaffen. Der Support, der Ratsuchenden geboten werden kann, geht von einfacher Information bis zur Vermittlung von Know-how.

Mangel an Reflexionsvermögen

Probleme können entstehen, weil manche Menschen denkfaul sind. Viele Aufgaben, die sich im Leben stellen, verlangen eine realistische und präzise Einschätzung von Gegebenheiten oder ein sorgfältiges Abwägen der Konsequenzen von Entscheidungen. Durch mangelhafte Auseinandersetzung mit der Sache und Einschätzungen aus dem Bauch heraus können Probleme entstehen: Eine Klientin etwa hat zum zweiten Mal eine Stelle angetreten, ohne sich nach ihren Kompetenzen zu erkundigen, und fühlt sich jetzt wiederum eingeengt.

Es ist oft von der Intuition die Rede, die einen fehlgeleitet habe, wenn Ratsuchende es schlicht unterlassen haben, sich ernsthaft mit einer Sache auseinander zu setzen.

Widrige Umstände

Oft sind Lebensumstände so, dass wir sie als unangenehm und belastend erleben. Dies löst ein Gefühl großer Hilflosigkeit aus. Die Klientin fühlt sich ihrer Situation ausgeliefert und glaubt nicht, sie verändern zu können. Ihr Konstrukt »ich als Opfer widriger Umstände« führt dazu, dass sie nicht erkennt, welche Ressourcen sie besitzt, um die ungünstigen Umstände aktiv zu beeinflussen.

> Eine Klientin auf Stellensuche erhält nie eine Zusage, obwohl sie gut qualifiziert war und mehrmals zu Vorstellungsgesprächen eingeladen wurde. Sie erkannte nicht, dass sie mit ungünstiger Selbstpräsentation Ablehnung provozierte.

Es entspricht dem Konzept der lösungsorientierten Kurztherapie, dass der Berater sehr gezielt Ressourcen der Klientin ausfindig macht, die ihr erlauben, die als gegeben erlebten Lebensumstände aktiv und konstruktiv zu beeinflussen.

Andreas Bürgi

Ressourcen, Lösungen und Ziele

Grundsätzliches

Der Begriff »Lösung« ist transitiver Natur, meint also grundsätzlich *Lösung von etwas* …, Lösung von Aufgaben, von Problemen oder von Objekten, an die eine Bindung bestand. In unserem Zusammenhang bilden Problem und Lösung ein Wortpaar. Es ist nicht möglich, vom Problem zu sprechen, ohne an dessen Lösung zu denken. Genauso geht es nicht an, von Lösung zu reden und das Wort Problem auszuklammern. Wenn heute von lösungsorientierter Therapie die Rede ist, signalisiert dies lediglich, dass den Problemen weniger und den Lösungen mehr Aufmerksamkeit geschenkt wird.

Ist ein Problem gelöst, tritt – wie nach der Befriedigung eines Bedürfnisses – ein Zustand der Entspannung ein. Diese erwünschte Verfassung ist ihrer Selbstverständlichkeit wegen uninteressant. Sich weiter mit ihr zu befassen, erscheint unnötig. Ganz anders die Probleme mit ihrer Tragik und Dramatik! Sie faszinieren und geben Anlass, sich ihnen und den von ihnen Betroffenen zuzuwenden.

Professionelle Helfer sind mit ihrer Problemfaszination in guter Gesellschaft. Schriftstellern bieten Probleme eine Unzahl von Themen für ihre Erzählungen, Romane und Dramen. Probleme und die von ihnen ausgehende Faszination sind wohl ein wesentlicher Bestandteil der »condition humaine«. Problemfokussierung in Psychotherapie lag einfach näher als Lösungsorientierung.

Eine Gegenbewegung setzte schon früh ein. Der erste Verfechter lösungsorientierter Psychotherapie und Beratung war unseres Erachtens Carl Rogers, der den Menschen als ein auf Selbst-Entfaltung angelegtes Wesen betrachtete und der die Aufgabe des Beraters darin sah, die integrativen Kräfte im Klienten freizulegen und zu fördern. Er redete nicht von Lösungsorientierung, handelte aber entsprechend.

Ein weiterer Meilenstein war eine Publikation von den Palo-Alto-Autoren Watzlawick, Weakland und Fisch, die 1974 erschien und den Titel »Lösungen« trug. Beschrieben wurde das Konzept der strategischen Kurzzeittherapie mit Problemdefinition und Intervention, das ganz eindeutig auf Lösungen ausgerichtet war. Der Fokus hatte schon seit einiger Zeit vom Problem auf die Lösung gewechselt, doch war es De Shazer, der den Begriff der Lösungsorientierung erstmals explizit verwendete. Im Hinblick auf die Lösungsorientierung verficht De Shazer einen extremen Standpunkt, indem er das Wort Problem zwar noch verwendet, es aber durchgestrichen abbildet (1992).

Lösungsorientierte Therapien sind auf die Lösung ausgerichtet, doch was bedeutet Lösung grundsätzlich? Welches sind ihre Qualitätskriterien? Im Problemzustand wünscht sich die Klientin nichts sehnlicher, als aus ihrer negativen Verfassung befreit zu werden. Wohin aber soll der Weg wirklich führen? Den Zustand der Lösung allgemein gültig zu definieren, bereitet Schwierigkeiten.

Dieselbe Lösung kann von verschiedenen Menschen sehr unterschiedlich erlebt und bewertet werden. Die eine Klientin fühlt sich glücklich damit, eine andere empfindet den neu erreichten Zustand als reizlos und eine dritte nimmt die Lösung nicht als solche wahr, da der Zustand der Lösung etwas Selbstverständliches an sich hat.

Der Umstand, dass Lösungen so unterschiedlich beurteilt werden, legt einen für die Beratungspraxis sehr bedeutsamen Schluss nahe:

- Die Klientin ist Expertin für Lösungen. Beratende sollen davon absehen, aktiv auf Lösungen hinzulenken oder solche gar aufzudrängen. Es ist Sache der Klientin, zu entscheiden, welche Lösung für sie erstrebenswert oder – wie De Shazer es ausdrückt – mindestens »gut genug« ist.

Das Entwickeln einer von der Klientin als »genügend« oder »gut« bewerteten Lösung beansprucht Zeit. Dies vergessen vor allem Beratende, die einer Lösungsfaszination verfallen sind. Es besteht Gefahr, dass wir uns als Beratende von vordergründigen Lösungen blenden lassen.

> Einer meiner Klientinnen, die mit ihrer Arbeitssituation sehr unzufrieden war, sich aber nie zu einer Veränderung entschließen konnte, war intern eine neue Position vorgeschlagen worden. Diese bot ihr Lernmöglichkeiten und eine für sie attraktive Arbeitsumgebung. Sie zeigte Bereitschaft, die Stelle anzutreten, und ich bestärkte sie darin.
> Während der nächsten Sitzung – die Klientin hatte zugesagt, aber die Stelle noch nicht angetreten – äußerte sie schwere Bedenken zu ihrem Schritt. Was war falsch gelaufen? Ich hatte den Bedenken, die die Klientin auch vorgebracht hatte, zu wenig Beachtung geschenkt und außerdem ihre grundsätzliche Angst vor Veränderungen nicht thematisiert.

▶ Es ist mithin geraten, Lösungen kritisch und gründlich zu hinterfragen, auf Bedenken einzugehen und sich mit Stellungnahmen zurückzuhalten.

Zeigt der Berater zu viel Begeisterung für eine Lösungsidee, kann er der Klientin ungewollt sein eigenes Wertesystem vermitteln und sie zu sehr in seinem Sinne beeinflussen.

Wenn es Sache unserer Klientinnen und Klienten ist, über Lösungen zu befinden, brauchen wir uns darüber nicht weiter Gedanken oder gar Sorgen zu machen. Unsere Aufgabe bleibt, ihnen Anleitung zu geben, sich intensiv mit den Lösungen auseinander zu setzen und aktiv Stellung zu nehmen. Es gilt, geeignete Fragen zu stellen:

- Fragen nach allfälligen Bedenken der Lösung gegenüber.
- Fragen nach positiven und negativen Konsequenzen von Lösungen (»Was wird sich in Ihrem Leben verändert haben, wenn das Problem – auf diese Weise – gelöst sein wird?«)
- Fragen nach Reaktionen seitens des Umfelds (»Was wird Ihre Partnerin, Ihr Vater … zu Ihrer Veränderung sagen?«)

Es kommt gelegentlich vor, dass wir mit den Lösungserwartungen nicht einig gehen können. Sei es, dass die Klientinnen und Klienten von uns Wunder erwarten, sei es, dass sie Vorstellungen entwickeln, die neue Probleme schaffen werden. In solchen Fällen müssen die Lösungen *verhandelt* werden, sodass ein Konsens gefunden werden kann. Notfalls müssen wir uns abgrenzen und das Ansinnen abweisen.

Lösungen oder Ziele

»Lösung« meint Los-Lösung von etwas, der Begriff »Ziel« hingegen deutet auf einen Ort oder Zustand hin, der aktiv anzustreben ist. In der Fachsprache hat sich der Begriff »Lösung« (lösungs-) für die Bezeichnung der psychotherapeutischen Konzepte dieses Ansatzes durchgesetzt. Dies liegt nahe, denn in Psychotherapien geht es vornehmlich darum, Betroffene von beklagten Zuständen – Ängsten, Zwängen, Konflikten – zu befreien. Ist klar geworden, »was der Klient will« (De Jong u. Berg 1998) und welche Schritte ihn zur Lösung führen werden, steht die Aufgabe an, beim Klienten eigene *Ressourcen*, die sich mobilisieren lassen, zu erfragen. Der Begriff »Ressourcen« wird als Kürzel für alle Fähigkeiten, Kenntnisse, Kräfte, Bewältigungsstrategien verwendet, die Klienten zur Lösung ihrer Probleme zur Verfügung stehen. Ressourcen sind also *Mittel* zur Zielerlangung.

In manchen Beratungen besteht der »beklagte Zustand« darin, dass der Klient vor der Aufgabe steht, für sein weiteres Leben neue *Zukunftsperspektiven* zu erarbeiten. Wendepunkte im Leben gibt es mehrere und nicht selten sind es Krisen, die den Menschen darauf aufmerksam machen, dass er sein Leben neu gestalten muss. In solchen Beratungen ist *explizites Formulieren von Zielen* gefragt.

Sowohl die Lösung von Problemen als auch das Entwickeln von Zielvorstellungen ist nur möglich, wenn es den Beratenden gelingt, ein *lösungsorientiertes Klima* zu schaffen. Veränderungsbereitschaft entsteht in einer Atmosphäre, die geprägt ist von Offenheit für Überraschungen und neuen Ideen Raum gibt.

Lösungsorientiertes Klima

Lösungsorientiertes Klima lässt sich als Stimmung in der beraterischen Begegnung beschreiben, die gekennzeichnet ist durch Offenheit für überraschende Wendungen, Raum für Kreativität und Orientierung am Prinzip Hoffnung.

Es ist die *Beraterin*, die lösungsorientiertes Klima schafft – wohl weniger durch »solution talk«, das heißt durch Anwendung lösungsorientierter Techniken, sondern mehr noch durch ihre Haltung. Die lösungsorientierte Haltung ist die unabhängige Variable und lösungsorientiertes Klima die abhängige Variable.

Lösungsorientierte Haltung

Wir wollen im Folgenden versuchen, lösungsorientierte Haltung von Beratenden sichtbar zu machen, indem wir deren Facetten aus verschiedenen Perspektiven ausleuchten.

Lösungsorientierte Haltung lässt sich daran erkennen, dass ein Berater immer wieder von neuem Zugang zu seinen eigenen Ressourcen hat. Erfahrungsgemäß haben die meisten beratend Tätigen in ihrer eigenen Lebensgeschichte schwierige Phasen durchlebt und das Schwere überstanden und überwunden. Aus dieser existenziellen Erfahrung heraus resultiert eine nicht mehr auszulöschende Gewissheit, dass auch große Schwierigkeiten lösbar sind. Dieses immanente Wissen, dass Blockaden überwindbar sind, wird für Klienten spürbar, wenn es gelingt, leidvolle in gelöste Atmosphäre zu verwandeln.

Beratende sind in der Lage, für sich selbst Sorge zu tragen, sich selbst »Seelennahrung« zu verschaffen, was heißt, einen liebevollen Umgang mit sich selbst zu pflegen und Quellen der Regeneration und Selbstentwicklung auszuschöpfen.

Beratende sind mit ihrem Schatten versöhnt. Sie müssen sich nicht forcieren und perfektionistischen Ansprüchen an sich selbst Genüge tun. Sie nehmen ihre Schwächen an und erkennen besonders auch das Gute an diesen. Sie werten ihre als negativ erlebten Eigenheiten nicht einfach ab, sondern erkennen deren mögliche Vorzüge an.

In einer Supervisionssitzung erklärt eine Beraterin, sie leide an einer »Beißhemmung«, sie sei eine gehemmte Frau, habe Mühe sich zu wehren und sei unfähig, Aggressionen zu äußern. Der Supervisor fragte die Beraterin nach positiven Auswirkungen der von ihr nur als negativ gewerteten Verhaltensbereitschaft. Eine solch positive Seite zeigte sich im sehr sorgsamen Umgang der Beraterin mit anderen Menschen, und diese Einsicht half ihr, diese »Schattenseite« zu akzeptieren.

Beratende betrachten die Klienten nicht als Mängel-, sondern als Ressourcenwesen. Sie sind tief davon überzeugt, dass ihre Klienten die Ressourcen besitzen, um die schwierige Situation, in der sie drinstehen, zu überwinden. Sie glauben an die selbstregulierenden Kräfte im Menschen. In ihrem Verhalten ist dies daran erkennbar, dass sie ihre Aufmerksamkeit auf solche Kräfte lenken und ihre Klienten an Ressourcen heranführen.

Die Einstellung der Beratenden dem Klienten gegenüber ist fair, nicht etwa vom Motto geleitet: »Die Lage ist hoffnungslos, aber nicht ernst.« Sie beurteilen Klienten nicht als unfähig oder dumm und sagen ihm gleichzeitig: »Ja, ja, das werden Sie schon hinkriegen!« Verhalten und Einstellung müssen übereinstimmen, sonst wirkt sie nicht authentisch.

Lösungsorientierte Haltung kommt nicht blindem Optimismus gleich, sondern ist die Gewissheit, dass Leid auch immer wieder ein Ende hat und dass in den Menschen so viel Kreativitätspotenzial steckt, um auch schwierige Probleme zu meistern.

Ressourcen

Das Erschließen von Ressourcen – sowohl der Klientin wie der Beraterin – ist eine der wesentlichen Aufgaben lösungsorientierter Beratung. Ganz treffend ist der Begriff Ressourcen nicht gewählt. Er geht zurück auf den französischen Terminus *ressource* und bedeutet Quellen an Geldmitteln und Rohstoffen. Neben äußeren Quellen – finanzielle Mittel, Hilfestellungen und Dienstleistungen – sind im beraterischen Kontext vor allem innere Quellen gemeint.

Begabungen und Fähigkeiten

Es gibt viele Begabungen und Fähigkeiten (trainierte Begabungen), aber auch weitere Persönlichkeitseigenschaften, die von Ratsuchenden und Beratenden als Ressourcen genutzt werden können. Die Palette reicht vom Mut zum Risiko bis zur vitalen Fähigkeit im Durchstehen einer Krise und vom analytischen Denken zur Findigkeit im Meistern von Situationen. Viele Klientinnen und Klienten wissen nicht, dass sie über Begabungen verfügen, die sie in die Lage setzten, das Problem zu meistern, und dass sie Fähigkeiten besitzen, die sie in anderen Lebenssituationen bereits genutzt hatten.

Steht ein zu lösendes Problem oder eine zu meisternde Situation an, soll zusammen mit der Klientin sorgfältig eruiert werden, welche Begabungen oder Fähigkeiten ihrer Meinung nach notwendig sind, um das Problem oder die Situation erfolgreich zu bewältigen. Hat man möglichst präzise Eigenschaften eruiert, gilt es zu ergründen, ob sie die entsprechende Fähigkeit in einer anderen Lebenssituation bereits einmal unter Beweis gestellt hat. Bei genügend hartnäckigem Nachforschen stößt man fast immer auf Lebenssituationen, in welchen die entsprechenden Kompetenzen bereits genutzt worden sind. Ratsuchende sind oft sehr erstaunt und erfreut, wenn sie solche entdecken.

In der Folge gilt es, der Klientin zu helfen, ihre Kompetenz auch in ihrer aktuellen schwierigen Situation zu nutzen. Der Ressourcenkontext kann beispielsweise in einer leichten Trance aktiviert und geankert werden. Anschließend wird die Klientin in den Problemkontext geführt, um hier mit ihrer Fähigkeit zu experimentieren und sie zu erproben.

Bewältigungsstrategien

Unter Bewältigungsstrategien verstehen wir komplexe Muster der Problemlösung, wie Suchstrategien, Kreativitätsstrategien, Planungskonzepte und Entscheidungsstrategien. Verschiedene schwierige Lebensumstände lassen sich nur mit einer komplexen Handlungsstrategie bewältigen. Ein Großteil von Klientinnen und Klienten haben in ihrem bisherigen Leben vergleichbare Situationen in persönlich adäquater Weise erfolgreich gemeistert oder sie besitzen mindestens die Kenntnisse, die zur Meisterung erforderlich sind. Im Beratungsgespräch werden solche Lebenssituationen erfragt und die entsprechenden Bewältigungsstrategien analysiert.

Ein Sozialarbeiter wollte eines Burn-out-Syndroms wegen seinen Beruf wechseln: Er hatte die Idee entwickelt, einen Secondhand-Handel mit einem bestimmten Produkt, mit dem er sich als Hobby befasste, zu unternehmen. Ob und wie er dieses Projekt angehen sollte, war ihm sehr unklar, er zauderte entsprechend. Ich erklärte ihm, dass ich sein Zaudern gut verstehe, sei das Projekt doch noch keineswegs entscheidungsreif. Er müsste dazu zunächst einen Marketing- oder gar einen Business-Plan erarbeiten. Ob er wisse, wie man dabei vorzugehen habe? Der ursprünglich betriebsökonomisch ausgebildete Klient bejahte die Frage und auch die, ob er meinen Vorschlag in die Tat umsetzen wolle.

Lösungen

In dieser Publikation sprechen wir von Lösung, wenn es um die Befreiung des Klienten von Problemen (Symptome, negative Zustände) geht. Der lösungsorientierte Ansatz zeigt eine *finale Ausrichtung* der Beratung. Im Zentrum der Intentionen steht nicht die Ergründung von Problemzuständen, sondern die nahe Zukunft des Klienten. Diese ist für ihn erstrebenswert, weil das Problem gelöst, verschwunden oder irrelevant geworden ist.

Das Problem mit der Lösung

Viele Ratsuchende reagieren überrascht und erfreut, wenn Sie bald einmal vom »problem talk« zum »solution talk« übergehen. Manchmal allerdings wird die Lösungsorientierung für den Klienten zum Problem. Über Erhofftes zu reden, kann ihn überfordern, weil ihn ein solches Ziel zu unwirklich oder ungewohnt erscheint.

Auch veränderungswillige Ratsuchende haben immer Gründe, sich gegen Veränderung zu wehren. Keine Situation kann so durch und durch negativ sein, dass es nicht auch Motive dafür gäbe, am Bestehenden festzuhalten. Das im Neurolinguistischen Programmieren gebräuchliche Konzept der *individuellen Ökologie* (O'Connor u. Seymour 1992, S. 345) hilft, diese Tatsache zu verstehen.

Im Rahmen ihrer Lebensbedingungen entwickeln Individuen Strategien, um sich darin zurechtzufinden. Auch Arrangements, die Außenstehenden unverständlich erscheinen, erfüllen im Lebenskontext des betreffenden Menschen einen Zweck.

> Ein typisches Beispiel ist das Symptom der Redehemmung vor Publikum, das bei recht vielen kompetenten Personen mit gutem Ausdrucksvermögen zu beobachten ist. Das Symptom schützt sie davor, sich exponieren zu müssen. Diese Schutzhaltung kann durch Angst vor der Aggressivität anderer Menschen motiviert sein.

Jedes Verhalten verfolgt letztlich eine für das Individuum positive ökologische Absicht und macht demzufolge Sinn. Die Hilfe muss darin bestehen, neue, andere Mittel und Wege zu finden, um dasselbe Ziel zu erreichen. Der Mensch ändert sich nur, wenn ihm *bessere Alternativen* offen stehen.

Beachtet die Beraterin die Ökologie eines Klientenverhaltens nicht, indem sie sich zu direkt auf Lösungen und Ziele ausrichtet, kann er seine Kooperationsbereitschaft zurücknehmen und Widerstand leisten. Verschiedene Konstellationen können in der Beratung zu Widerstand des Klienten führen. Es ist wichtig, die Gründe für Widerstand zu kennen, da solcher der Lösungsorientierung entgegenwirkt:

- Die Beraterin ist im Tempo zu rasch und in ihren Äußerungen und Vorschlägen zu provokativ. Sie muss wieder eine sanftere Gangart einschlagen.
- Eine Intervention hat »das Passen« verfehlt (De Shazer 1989b). Entweder werden die Rahmenbedingungen für die Durchführung der Intervention (z. B. Hausaufgabe) überprüft und

neu festgelegt oder die Beraterin äußert einen anderen Vorschlag.

- Häufig sind es unbewusste Bedenken, welche den Klienten daran hindern, ein Vorhaben umzusetzen oder einen Schritt zu wagen. Wenn »zwei Seelen in einer Brust wohnen«, will die eine den Veränderungsschritt wagen, während sich die andere dagegen stellt. Nach solchen Bedenken zu fragen und diese ernst zu nehmen, schafft gute Voraussetzungen, um die gewünschte Veränderung auf einem vielleicht etwas anderen Weg angehen zu können.
- Manche Klienten fühlen sich in ihrem Autonomiestreben beeinträchtigt, wenn die Beraterin sie »führt«. Auch wenn der Klient auf bewusster Ebene Kooperationsbereitschaft signalisiert, leistet er doch Widerstand, weil er sich unbewusst durch die Beraterin bedrängt fühlt.
- Häufig ist bei Widerstand das Problem falsch definiert worden, wenn der Klient im Problemlösungsprozess blockiert ist.
- Widerstand kann auch dadurch provoziert sein, dass die Beraterin die Beziehung zum Klienten falsch eingeschätzt hat und von der Annahme ausging, dass diese tragfähiger sei.

Sind der Klient oder die Klientin in eine Position des Widerstands hineingeraten, sollten Sie flexibel reagieren, *niemals kämpfen oder sich verteidigen.* Eine kurze Analyse und Diskussion der Situation mag sinnvoll sein. In der Regel soll Widerstand Anlass sein, loszulassen und eine kleine »Kurskorrektur« vorzunehmen.

Die Suche nach Ausnahmen

Die Suche nach Ausnahmen kann als »Universal-Technik« bezeichnet werden, die sich bei Symptomen – zum Beispiel Süchten und Zwangshandlungen, Ängsten, Minderwertigkeitsgefühlen – als nützlich erweist.

Die Beraterin grenzt das Problem durch das Ergründen problemfreier Zeiten, Lebensbereiche und Beziehungen ein. Sie definiert gewissermaßen das »Nicht-Problem«. Gleichzeitig fokussiert die Beraterin auf die Lösung, da die Ausnahme den erwünschten

Zielzustand repräsentiert. Als Intervention schließt die Aufforderung an, mit der Ausnahme weiterzufahren, indem beispielsweise Orte aufgesucht werden, wo der Problemzustand ausbleibt.

Grundbedingung, dass der Klient die Ausnahme als solche akzeptieren kann, ist der Umstand, dass diese einen echten Unterschied zum Problemzustand ausmacht. Wird die Ausnahme als zufällig gewertet, wird sie nicht als solche akzeptiert.

> Ich befragte einen depressiven Klienten über Ausnahmen zum depressiven Zustand. Wir fanden heraus, dass er sich zu gewissen Zeiten gelöst und zufrieden fühlte. Wenn er bestimmte Arbeiten ausführte, kam er ebenfalls in positive Stimmungslage. Er erwähnte auch einen Besuch, während welchem er sich gut fühlte. Den Besuch ließ er nicht als Ausnahme gelten, weil dieser nicht auf seine eigene Initiative zurückging. Er fand jedoch, dass er sich während der erwähnten Arbeiten wirklich anders fühlte.

Ausnahmesituationen und -zustände sollten von Beratenden in vertiefter Art ausgeleuchtet werden:

- Nach De Shazer ist es von Bedeutung, ob der Klient Ausnahmen als *spontan* (zufällig) oder als *willkürlich* (aktiv beeinflussbar) erlebt (1989b, S. 103).
- Lassen Sie sich vom Klienten Umstände und Rahmenbedingungen der Ausnahmesituationen so konkret wie nur möglich beschreiben!
- Schildert der Klient die Ausnahme als zufällig, stellen Sie sich dumm und fragen, was denn zu dieser Ausnahme geführt haben könnte und wie sie zustande gekommen wäre, wenn man sie *bewusst* hätte herbeiführen wollen.
- Fragen Sie präzis nach Unterschieden zwischen Problemzustand und Ausnahmesituation; nutzen Sie die Lenkungstechnik des Konkretisierens!

Würdigung bereits getaner Schritte

In der beraterischen Praxis lässt sich die Suche nach Ausnahmen ausdehnen, indem alle Aktivitäten, die Klienten bereits in Richtung Ziel unternommen haben, eruiert werden. Diese sind entsprechend zu würdigen.

> Einem überarbeiteten Selbstständigen hatte eine Beraterin vorgeschlagen, er solle sein Geschäft liquidieren und eine Schule besuchen, die seinen Wünschen entsprach. Jetzt wisse er überhaupt nicht mehr weiter, erklärte er mir in der ersten Beratungssitzung. Ich erkannte, dass das Ziel zwar richtig, der zu machende Schritt aber zu groß und risikobeladen war. Ich schlug ihm eine Vorbereitungszeit vor, in welcher er die Voraussetzungen schaffen solle, sein Geschäft anders zu organisieren, damit der Besuch der Schule zeitlich und finanziell tragbar werde. Ich wies ihn darauf hin, dass er mit dieser Vorbereitung ja bereits begonnen habe, indem er seine Werkstatt untervermietet und damit Kosten reduziert habe. Seine Reaktion: »Das stimmt und jetzt werde ich schauen, wie ich zu rentablerer Arbeit komme, die mich zeitlich weniger beansprucht.«

Haben Beratende das eigentliche Problem erkannt, lassen sich in diesem Rahmen oft Gedanken und Aktivitäten der Ratsuchenden ausmachen, die in Richtung möglicher Ziele und Lösungen gehen. In diesen Fällen kann die Aufforderung »Mach weiter so!« von den Ratsuchenden gut akzeptiert und befolgt werden. Es lohnt sich also immer zu sondieren, ob Klientinnen und Klienten nicht bereits mit der Problemlösung begonnen haben.

Hypothetische Lösungen

Wenn es nicht gelingt, Ausnahmen vom Problemzustand zu erkennen, besteht die Möglichkeit, die Klientin auf eine hypothetische Lösung hinzuführen. Beraterin und Klientin reden miteinander über die virtuelle Situation, in der das Problem bereits gelöst wäre. Eine Fokussierung auf hypothetische Lösungen ist über die *Wunderfrage* möglich.

– »Angenommen, es würde eines Nachts, während Sie schlafen, ein Wunder geschehen, und Ihr Problem wäre gelöst. Wie würden Sie das merken? Was wäre anders? Wie wird Ihr Ehemann davon erfahren, ohne dass Sie ein Wort darüber zu ihm sagen?« (De Shazer 1989b, S. 24).

Die Klientin wird aufgefordert, sich in die Zukunft zu versetzen, sich vorzustellen, das Problem sei gelöst und auf die Gegenwart zurückzuschauen. Sie solle sich vergegenwärtigen, wie der Problemlösungsprozess vor sich ging.

– »Stellen Sie sich vor, Sie sind bereits auf dem Weg, Ihr Problem zu lösen, was machen Sie jetzt anders?«
– »Stellen Sie sich vor, die Therapie wäre beendigt und hätte genützt, was machen Sie jetzt anders? Was wäre jetzt in ihrem Leben anders?«
– »Stellen Sie sich vor, Ihr Problem wäre gelöst. Wer würde es zuerst merken? Woran würde die Person die Veränderungen erkennen?«

Hypothetische Lösungen erlauben es, den Problemrahmen wenigstens in der Vorstellung aufzubrechen und zu verlassen.

Wenn die hypothetische Lösung, soweit möglich, konkretisiert ist, gilt es, in einem zweiten Schritt festzustellen, wo das Hypothetische – das Andere, das an Stelle des Problemverhaltens tritt – in der Gegenwart bereits vorkommt.

Das Formulieren von Zielen

Von expliziten Zielen sprechen wir, wenn es gilt, eine neue Perspektive zu entwickeln. Der Klient spürt, dass er etwas verändern möchte oder sollte, und wendet sich an uns, weil ihm eine entsprechende Idee fehlt. Lebenskrisen können die Frage aufwerfen, wie er seine Zukunft nach der Krise planen soll, denn nur so kann er sich aus der unangenehmen Übergangsphase befreien.

Ziele haben perspektivischen Charakter. So kann die Aufgabe darin bestehen, eine neue Lösung für eine bestimmte Lebenssituation zu finden. Eine frisch geschiedene Klientin wird sich mit der Frage beschäftigen, wie sie jetzt ihr Leben als allein erziehende Mutter planen und einrichten soll. Ein Ziel zu formulieren, kann auch bedeuten, ein neues Konzept für einen bestimmten Lebensbereich zu entwickeln. So dürfte für einen Klienten mit notorischen Geldsorgen das Ziel lauten, eine zweckmäßige Finanzplanung zu machen.

Früher waren Ziele kein Thema für Psychotherapeuten und Berater. Ziele wurden nicht reflektiert, sie waren gewissermaßen eine Selbstverständlichkeit, die nicht interessierte. Vertreter traditioneller Psychotherapieschulen formulierten Therapieziele auf theoretisch-abstrakter Ebene. Fragen Sie Ihren Klienten nach dem Ziel der Beratung, bleibt er – wie die Theoretiker – gern im Abstrakten: »Mein Ziel ist doch ganz selbstverständlich eine idealere berufliche Lösung als heute!« Es ist dann Ihre Aufgabe, zusammen mit ihm ein solches Ziel so zu redefinieren, dass es – in Schritten von Teilziel zu Teilziel – erreichbar wird und dass er sich damit identifizieren kann.

Kritisches zu Zielen – kritische Ziele

Wer ist für welche Ziele zuständig?

Die Ziele sind Sache der Klientinnen und Klienten. Niemand kann erwachsenen Menschen die Verantwortung für ihr eigenes Handeln abnehmen. Therapeuten tragen lediglich Verantwortung *für ihr eigenes Verhalten* im Umgang mit ihrem Gegenüber.

Wie soll Zielformulierung Aufgabe der Beraterin sein, wenn sie für Ziele weder zuständig noch verantwortlich ist? Ziele liegen nicht auf der Hand, müssen also zunächst entwickelt werden. Die Beraterin soll den Klienten in seinem *Zielfindungsprozess unterstützen.* Dies kann wie folgt geschehen:

– Die Beraterin hilft ihm, Ziele sichtbar zu machen. Vielleicht sind sehr diffuse Zielvorstellungen vorhanden, die es zu konkretisieren gilt. Vielleicht weiß er im Grunde genau was er will, ist sich dessen aber nicht bewusst.

- Die Beraterin regt den Klienten an, Ziel-Visionen zu entwickeln. Es empfiehlt sich dabei sehr, nicht nur eine Zukunftsvorstellung, sondern mehrere alternative Szenarien auszuarbeiten. Der Klient erhält damit Vergleichs- und Wahlmöglichkeiten, die seinen Spielraum ausweiten. Ein großer Vorteil solcher Ziel-Alternativen liegt darin, dass er nicht auf allfällig problematische Zielvorstellungen fixiert bleibt. Die Beraterin gibt dem Klienten bei der Evaluation der adäquaten Zielvision fachgerechte Anleitung, indem sie ihm hilft, eigene Beurteilungskriterien aufzustellen, und indem sie ihm eine brauchbare Entscheidungsstrategie zur Verfügung stellt.
- Die Beraterin kann dem Klienten Anleitung geben, Ziele zu reflektieren. Es gibt Ziele, die als solche wieder zum Problem werden, statt es zu lösen. Manche Ziele lassen sich nicht realisieren und andere können ihm schaden. Es ist nicht Aufgabe der Beraterin, solche Ziele in Frage zu stellen, sondern ihn so zu beeinflussen, dass er selbst zu aktiver Stellungnahme fähig wird. Sie kann ihn motivieren, sich die notwendigen Informationen zu beschaffen, um Sinn und Machbarkeit des Ziels zu beurteilen.
- Den Klienten interessiert in erster Linie das Schlussziel der Beratung, beispielsweise eine neue berufliche Perspektive oder eine ideale Partnerin. Gerade solche endgültigen Zielsetzungen sind oft sehr diffus, liegen in weiter Ferne und erscheinen kaum erreichbar. Hier ist es Aufgabe der Beraterin, den Zielfindungs- oder Zielerlangungsprozess in geeignete Schritte aufzuteilen, sodass er von Teilziel zu Teilziel vorwärts gehen kann.

Wieso soll die Beraterin nicht die Ziele formulieren, wenn sie doch die Kompetenz dazu besitzt? Die Maxime, dass sie Expertin für Fragen und nicht für Antworten sei, entspringt lösungsorientierter Grundhaltung. Klientinnen und Klienten selbst besitzen die Ressourcen, um die ihrer Persönlichkeit adäquaten Ziele verfolgen zu können.

Ziele sind Sache der Klienten, doch gibt es bei der Zielformulierung immer wieder Situationen, die für den Berater problematisch werden. So fühle ich mich nicht selten überfordert, wenn ich dem Klienten helfen soll, Ziele, die er sich vorgenommen hat, zu erreichen. Er kann von mir beispielsweise Informationen über Zugänge zu Berufen verlangen, die ihm mit seiner Vorbildung ganz einfach nicht offen stehen. Andere wieder stellen hohe Anforderungen an sich und erhoffen sich vom Berater, dass er ihnen – dank seinem unermesslich großen Beziehungsnetz – helfen kann, den nicht möglichen Sprung zu schaffen. Oft machen sich Klientinnen und Klienten Illusionen über Macht und Einflussmöglichkeiten von Beratenden.

Treten Klienten mit der Erwartung an die Beraterin heran, ihre Ziele für sie zu realisieren, soll die Beraterin dieser entgegenwirken. Durch geeignete Gesprächsführung hilft sie den Klienten, ihre eigenen – inneren und äußeren – Ressourcen selbst zu erschließen:

- »Woran müssen Sie denken, wenn Sie Ihr Ziel mit Erfolg realisieren wollen?«
- »Welche Schritte/Vorkehrungen sind notwendig, damit Sie dieses Ziel erreichen können?«
- »Welche Möglichkeiten haben Sie / Welche Schritte können Sie tun / Wie könnten Sie vorgehen, um Ihr Ziel zu erreichen?«
- »Welche Leute kennen Sie, die Ihnen hier weiterhelfen könnten?«

Es geht nicht darum, dass Sie Informationen oder Dienstleistungen, die in Ihrem Zuständigkeitsbereich liegen, vorenthalten, sondern darum, Klientinnen und Klienten mit passiver Haltung und großen Erwartungen an ihr Umfeld zu aktivieren.

Zieldiskrepanzen

Manchmal stimmen sprachlich formulierte *Erwartungen,* die den Klienten bewusst sind, und *Erwartungshaltungen* unbewusster Natur, die sie an die Beratenden herantragen, nicht überein (vgl. Bürgi u. Rutishauser 1977).

> Ein stellenloser Klient erwähnte zu Beginn, dass Arbeitslosigkeit auch Vorteile biete, er sich zu beschäftigen wisse und sein Leben auch so ausgefüllt sei. Auf Dauer sei dies allerdings kein Zustand, deshalb wolle er sich mit seiner beruflichen Zukunft befassen. Er möchte Alternativen ausarbeiten und zwar solche, die innerhalb, und solche, die außerhalb des Bereichs der bishe-

rigen Erfahrungen lägen. Ein vernünftiges Beratungsziel – so schien es wenigstens.

Es sollte aber ganz anders kommen. Der Dialog wurde harzig. Wir fanden keine Alternativen, die nicht gleich eingangs mit einem »ja, aber …« blockiert wurden. Für etwa eine Stunde drehte sich das Gespräch ergebnislos im Kreis. Ich begann mir zu überlegen, wieso wir nicht weiterkamen, und fragte den Klienten, ob er das Leben nicht arbeitslos viel besser genießen könnte. Ein Strahlen im Gesicht zeigte, dass ich auf der richtigen Fährte war. Ein Teil der Persönlichkeit bemühte sich um berufliche Perspektiven, während ein anderer sich dagegen wehrte und von mir die Bestätigung erwartete, dass es schon gut sei, wenn alles beim Alten bliebe.

In solchen Situationen erweist es sich als probates Mittel, den Zwiespalt zu thematisieren, sodass eben die ganze Persönlichkeit einbezogen ist. Leserinnen und Leser werden sich fragen, wie solche *Zieldiskrepanzen* herauszubekommen sind. In der Regel gelingt dies nicht sofort. Das Gespräch wird so verlaufen, dass Sie in eine ungute Gefühlslage hineingeraten. Wenn Sie diese wahrnehmen, haben Sie die Möglichkeit zu thematisieren, dass etwas nicht stimme, dass der Klient vielleicht ganz andere Anliegen habe.

In Berufsberatungsgesprächen mit Jugendlichen ist es mir mehrmals passiert, dass berufsbezogenes Vorgehen nichts fruchtete. Die Jugendlichen machten zwar mit, aber nur ungern. Die einfache Frage, was los sei und ob ein Widerwille gegen die Berufswahl bestehe, förderte jedes Mal interessante Anliegen zutage. Mehrere Jugendliche erklärten auf meine Frage, was sie denn gern tun würden, dass sie lieber noch Kinder bleiben würden. Wenn Beratende den Jugendlichen dieses Bedürfnis nicht ausreden, sondern es anerkennen und mit ihnen überlegen, was in dieser Situation getan werden könnte, haben sie plötzlich völlig kooperationswillige Gesprächspartner vor sich.

Unklare Zielvorstellungen

Wenn Klientinnen und Klienten nur *vage, unklare* Zielvorstellungen zu äußern vermögen, führt dies zu einer gewissen Perspektivlosigkeit. Direktes Formulieren von klaren und attraktiven Zielen ist in diesen Fällen kaum möglich. Vage Ziele sind auf eine ferne Zukunft ausgerichtet. Mit einer Taktik der kleinen Schritte wird es möglich, *Nahziele* anzupeilen, die nach der Devise »Probiere doch einfach etwas Neues!« zu baldigen Erfolgserlebnissen führen. Ein solches Nahziel muss einen sehr kurzen Feedbackbogen aufweisen. Klientin und Klient können dazu ermuntert werden, eine konkrete Aktion durchzuführen, die in Richtung persönlicher Vorlieben geht.

> So forderte ich einen sehr unselbstständigen Jugendlichen, der gern »etwas mit Menschen« erlernen wollte, aber alle konkreten Berufe ablehnte, auf, während der Ferien eine Velotour mit Kollegen zu planen und durchzuführen. Im nächsten Gespräch konnten wir anhand des erfolgreich verlaufenen Projekts, das damit *Modellcharakter* für die Zielfindung erlangte, konkrete Schritte für die weitere Berufswahl planen.

Geht es darum, vage Zielvorstellungen zu konkretisieren, empfiehlt es sich, Druck dadurch wegzunehmen, dass *Alternativen* erarbeitet werden, die lediglich »in Prüfung genommen« werden sollen. Es geht noch nicht um die Zukunft, sondern um die Vorbereitung darauf. Nicht *ein* Ziel wird aufgestellt, sondern eine Palette von Zielen – eine Art Auswahlsendung.

Unrealistische Zielvorstellungen

Manchmal äußern Klientinnen und Klienten Zielvorstellungen, die insofern als utopisch einzuschätzen sind, als kaum Chancen zu deren Realisierung bestehen. Es gibt Jugendliche, denen es schwer fällt, sich von Traumlösungen abzuwenden und realistischen Zielen zuzuwenden. Aber auch Erwachsene können aus Enttäuschungen oder Selbstüberschätzung heraus in Illusionen landen.

Versuchen Personen aus dem Umfeld, den »Utopisten« ihre Ideen auszureden, erreichen sie das Gegenteil. Es steht Beratenden nicht zu, sich zu Richtern zu erheben – nicht zuletzt auch, weil manchmal Wunder möglich sind und es Klienten gibt, die trotz ungünstigster Vorbedingungen Träume wahrzumachen verstehen. In Utopien stecken nicht selten Ressourcen im Sinne tragender Motive, die für andere Lösungen genutzt werden können. Spielen die Beratenden die »Agenten der Realität«, blockieren sie die Kräfte, die erforderlich wären, um zu Lösungen hinzufinden.

> Eine 16-Jährige hatte sich in den Kopf gesetzt, Balletteuse zu werden. Ihre Eltern stemmten sich vehement gegen den ihrer Meinung nach unrealistischen Berufswunsch. Im Gespräch hörte ich mir die Eltern an und nahm ihre Bedenken zur Kenntnis. Dann wandte ich mich dem Mädchen zu. Während annähernd einer Stunde – die Eltern mussten sich still alles anhören – ließ ich mich von ihr in die Faszination »ihrer Welt« einweihen. Wir vereinbarten am Schluss der Sitzung, dass sie mit ihrer Ballettlehrerin über ihre Berufschancen sprechen sollte. Ich zeigte mich erstaunt, dass sie dies nicht schon früher getan hatte. Die Eltern bat ich um Stillschweigen bis zur nächsten Sitzung. Während der zweiten Sitzung wurde über alles andere gesprochen, nur nicht über das Ballett. Auf mein verwundertes Nachfragen meinte die junge Frau, dass der harte Einsatz sich für sie nicht lohnen würde, wenn sie doch nie Primaballerina werden könnte. Dies sei das Resultat der Besprechung mit der Lehrerin gewesen.

In diesem Fall akzeptierte ich die Zielvorstellungen der Klientin, ermöglichte ihr aber eine Konfrontation mit der äußeren Realität.

»Ressourcenlose Persönlichkeiten«

Recht oft haben Klientinnen und Klienten Mühe, positive Zielvorstellungen zu nennen, weil sie sich selbst als ressourcenlose Persönlichkeiten erleben. Die Standardklage lautet, dass es ihnen an Selbstsicherheit mangle. Bringt die Beraterin positive Zielsetzungen ins Gespräch, folgt der Einwand, dass die Klientin nicht fähig sein werde, diese zu erreichen. Auch die Wunderfrage zu stellen, nützt in diesen Fällen nichts. Trotzdem sollen Beratende sich nicht beeindrucken lassen. Die Grundannahme, dass alle Menschen selber die Ressourcen für ein sinnvolles Gestalten des Lebens besitzen und dass es nur gilt, diese Ressourcen zu aktivieren, eröffnet hier Perspektiven. Mit der NLP-Interventionsstrategie des »changing history« lassen sich Klienten an ihre Fähigkeiten heranführen. Es ist erstaunlich zu erfahren, wie scheinbar ressourcenlose Menschen andere Situationen mit Erfolg meistern und im Problemkontext lediglich vergessen haben, das gleiche Vorgehen anzuwenden.

»Andere sollen sich ändern!«

Nicht ganz einfach fällt der Umgang mit Klientinnen und Klienten, die der Meinung sind, andere sollten sich ändern, nicht sie selbst. In solchen Fällen übernehme ich die Einschätzung des Klienten, erkläre aber, dass es notwendig sei, jetzt eine Beobachtungsphase einzuschalten, damit ich an ganz konkreten Beispielen seine Situation noch besser verstehen könne. Der Klient wird aufgefordert, alle Situationen mit Zeitangabe exakt zu protokollieren, in welchen er schlecht behandelt wird. Ebenfalls zu notieren sind Situationen, in denen sich seine »Kontrahenten« so verhalten, wie es für ihn angenehm ist (entspricht der Formel-Aufgabe der ersten Sitzung von De Shazer 1989a, S. 184). Je nach Klient empfehle ich auch, in die Beobachtungszeit einige Experimente einzustreuen. Einem streitbereiten Ehemann kann ich, wenn er sich durch seine Partnerin provoziert fühlt, raten, still von drei auf null zurückzuzählen, bevor er etwas sagt. Solche Aufgaben fördern die Bereitschaft des Klienten, aktiv auf positive Ziele hinzuarbeiten. Den besten Effekt erzielt man, wenn die Idee für neu zu erprobendes Verhalten vom Klienten selbst stammt.

Kriterien für konstruktive Beratungsziele

Um die Brauchbarkeit von Zielsetzungen zu beurteilen, wurden von Vertreterinnen und Vertretern der lösungsorientierten Kurzzeittherapie sowie des Neurolinguistischen Programmierens Kriterien aufgestellt (De Shazer 1989b, S. 110; Mohl 1993, S. 111f.). Wir werden diese Kriterien behandeln, weil sie eine gute Hilfe für das Formulieren von Zielen sind.

Das Ziel als Anfang

Identifiziert sich der Berater mit Wunschvorstellungen und weit in der Zukunft liegenden Zielen des Klienten, setzt er sich unter Druck, was seine Handlungsfähigkeit einschränkt. Mein Mitgefühl führte oft dazu, dass ich mich verpflichtet fühlte, dem Klienten zu helfen, sein Ziel möglichst rasch zu erreichen. Und dieses Mitgefühl führte mich regelmäßig in die Hilflosigkeit. Es brauchte lange, bis ich Folgendes lernte:

- Identifiziere dich als Berater nie mit den endgültigen Zielsetzungen deiner Ratsuchenden! Nehme Distanz, wenn du spürst, dass du Gefahr läufst, dies zu tun!

In der Regel umfasst der Zielerlangungsprozess eine Reihe einzelner Schritte von Teilziel zu Teilziel. Sind die Wunsch- oder Schlussziele genannt, soll der Berater zusammen mit dem Klienten ein erstes Teilziel ermitteln und Überlegungen anstellen, wie dieses erreicht werden könne. Wir nennen dieses erste Teilziel *Initialziel* – ganz im Sinne der Initialzündung. Die in Angriff zu nehmenden Schritte sind *nicht groß*, sollten aber von den Klientinnen und Klienten als *attraktiv* eingestuft werden. Ist eine erste Etappe erreicht, kommt der Veränderungsprozess dank der motivierenden Wirkung der erreichten Ziele vollends in Gang. Nicht selten kann die Beratung in diesem Moment beendet werden, weil sich die Ratsuchenden jetzt in der Lage fühlen, ihr Ziel selbst zu erreichen.

> Ein Personalberater überwies mir einen angeblich sehr neurotischen Klienten, der neben beruflichen und familiären Problemen an schwerer Schlaflosigkeit, Ängsten und Depressionen leide und eine Kurztherapie benötige. Der bald vierzigjährige Mann wohne bei den Eltern und arbeite im väterlichen Geschäft.

Im Rahmen einer telefonischen Vorbesprechung erklärte ich dem Klienten, dass ich mich in der Beratung nicht dafür interessieren werde, wie er in seine Probleme hineingeraten sei, sondern dafür, was er tun könne, um sich davon zu befreien. In der ersten Besprechung fragte ich ihn nach der Lösung seiner Probleme und nach den Zielen der Beratung. Er wolle eine weitere Ausbildung absolvieren und dann eine neue Stelle antreten. Um dieses Ziel zu erreichen, müsse er sich von zu Hause lösen, was ihm Angst bereite.

Ich fragte ihn, welches Ziel er am leichtesten erreichen könnte. Er nannte die verbindliche Anmeldung für eine bestimmte Fachschule. Weil er nicht mehr ein und aus wusste, hatte er diese hinausgeschoben. Er war willens, die Ausbildung zu absolvieren, sodass sich die Anmeldung als Initialziel eignete. Zum nächsten Termin erschien der Klient in fröhlicher und gelöster Stimmung. Die Anmeldung habe er noch am Tag des Erstgesprächs abgeschickt und daraufhin den Mut gefasst, mit seinen Eltern zu reden. Erstaunlicherweise sei er mit ihnen zurechtgekommen, er werde noch bis zum Eintritt in die Fachschule beim Vater arbeiten und sich eine eigene Wohnung suchen. Ängste, Schlaflosigkeit und Depressionen hätten sich gebessert – er brauche keine Beratung mehr.

Das Initialziel lag nahe und der auszuführende Schritt war klein – eine bereits auf dem Schreibtisch liegende Anmeldung zur Post zu bringen. Die Wirkung dieser kleinen Handlung jedoch war groß. De Shazers Regel »Fang mit dem Leichtesten an!« ist tatsächlich bedenkenswert!

Der Weg ist das Ziel

Walter und Peller (1994, S. 75f.) führen *Prozesshaftigkeit* als eines der Kriterien für eindeutige Zielbestimmungen an. Nicht Zustände und nicht Wunschvorstellungen, sondern Handlungen, die von Klientinnen und Klienten aufgeführt werden, entsprechen dieser Forderung. Wenn Klienten Verben benutzen, zeigt dies an, dass sie Ziele prozesshaft beschreiben:

- »Meiner Frau wieder näher zu sein« (Zustand),
- »Mehr Harmonie in der Beziehung« (Wunsch nach Gefühl),
- »Mit meiner Frau wieder *plaudern*, ihr auch *zuhören*, sie *einladen*, mit ihr *tanzen gehen*« (prozesshafte Ziele).

Walter und Peller empfehlen in diesem Zusammenhang die Verwendung von Wie-Fragen, da diese geeignet sind, Verben hervorzubringen und Handlungen auf konkreter Ebene zu spezifizieren:
- »Ich will mich meinem Vorgesetzten gegenüber durchsetzen!« – »Wie werden Sie sich Ihrem Vorgesetzten gegenüber durchsetzen?«

▶ Eine alte Weisheit besagt, dass der Weg das Ziel sei. Prozesshafte Ziele zeigen an, dass die Ratsuchenden daran sind, sich auf diesen Weg zu begeben.

Positive Formulierungen

Zielbestimmungen dürfen weder Negationen noch Vergleiche enthalten. Das Ziel »Ich will nicht mehr rauchen!« ist negativ besetzt und damit nicht attraktiv. Da das Unbewusste keine Negation kennt, wird es für dieses zur Aufforderung, weiter zu rauchen.

▶ Sollen Ziele attraktiv sein, sind positive Formulierungen erforderlich.

Die Zielformulierung muss eine positive Alternative zum bisherigen Verhalten sein, sonst sind Veränderungsversuche zum Scheitern verurteilt. Auch Vergleiche – »ich will glücklicher werden (als heute)!« – enthalten die Repräsentation des bisherigen Zustands. Wird dieser mitgedacht, ist keine Neuorientierung möglich. Außerdem sollen Ziele ökologisch sein, also dem Wertsystem des Klienten entsprechen.

Eine siebzigjährige lebensfrohe Frau möchte ihre sehr schön eingerichtete Wohnung genießen. Damit dies möglich wäre, müsse sie sich von ihrem widerlich nörgelnden und schwierigen Ehemann trennen. Diese Zielbestimmung weist eine Diskrepanz auf, denn es geht gegen ihre ethischen und moralischen Prinzipien, ihren Ehemann ins Altersheim abzuschieben, wo er an sich am richtigen Ort wäre. Die Zielbestimmung des Genießens der Wohnung hat also einen Haken und ist so einfach nicht zu realisieren.

Haben Beratende zusammen mit ihren Klienten konkrete und erstrebenswerte Ziele erarbeitet, müssen diese auf »Unbedenklichkeit« überprüft werden:

- Die Beraterin stellt die Frage nach positiven und negativen Konsequenzen und beharrt darauf, dass sowohl positive wie negative genannt werden.
- Der Berater fragt nach Bedenken, die den Klienten allenfalls daran hindern könnten, auf das Ziel hinzuschreiten.

Ziele als machbare Herauforderung

Ein Ziel, das keinerlei Anstrengung erfordert, wird nicht als Ziel erlebt, denn es vermag keine Motivationsspannung aufzubauen. Erreicht die Klientin ein Ziel, das sie nicht als solches einstuft, bleiben Erfolgserlebnisse aus. Deshalb müssen auch kleine Schritte der Klientin einen Effort abverlangen. Eine solche Herausforderung muss von der Klientin akzeptiert sein und im Bereich des für sie Machbaren liegen.

▶ Das aufgestellte Ziel soll einerseits der Klientin und dem Klienten etwas abverlangen, anderseits aber im Bereich des Machbaren liegen!

Die Klientin ist handelndes Subjekt und es ist ihre Aufgabe, das Ziel zu erreichen. Die Zielbestimmung soll im eigenen Kompetenzbereich der Klientin liegen. Die gesetzten Ziele müssen sich in ihrem Alltag umsetzen lassen.

Ich hatte mehrmals Klienten, die Meisterschaft darin zeigten, Ziele an Bedingungen zu knüpfen, die sich nicht im Alltag realisieren ließen: »In Neuseeland wären meine Probleme gelöst, aber hier in der Schweiz ist das alles völlig unmöglich!« Die erarbeiteten Nahziele sollen im Anschluss an die Beratungssitzung in Angriff genommen werden können und nicht irgendwo, irgendwann einmal. Es empfiehlt sich auch, die vereinbarten Ziele zeitlich festzulegen und in die Agenda einzutragen.

Kurzer Feedbackbogen

Liegen Ziele in weiter Ferne, wird es schwierig, eine Motivationsspannung aufzubauen und besonders während längerer Zeit aufrechtzuerhalten. Stellen sich nicht rasch Erfolge ein, lässt die Zielausrichtung des Verhaltens nach. Auf ein Fernziel hin muss der Zielerlangungsprozess in Etappen aufgeteilt werden. Schritt für Schritt, von Teilerfolg zu Teilerfolg wird das Fernziel angestrebt. Der Klient soll Rückmeldung erhalten, ob er tatsächlich am gewünschten Ort angekommen ist.

- ▶ Erfolge sollen sich rasch einstellen und müssen klar als solche erkennbar sein!

Eine genügende Schulnote im nächsten Quartalszeugnis vermittelt kein baldiges Erfolgserlebnis, auf das der unmotivierte Schüler so dringend angewiesen wäre. Kurz ist der Feedbackbogen, wenn ein erster Erfolg am nächsten Tag möglich wird. Bringe ich dem Schüler bei, wie er es anstellen muss, das doppelte Pensum an Englischvokabeln in der halben Lernzeit zu bewältigen, erhält er die Rückmeldung, sobald er die Methode zum ersten Mal anwendet.

Damit der Klient überprüfen kann, ob er an einem Ziel oder Teilziel angelangt ist, müssen Zielbestimmungen konkretes Verhalten oder spezifische Wissensinhalte beschreiben.

Der Klient im obigen Beispiel hat seine Fachschul-Anmeldung in den Briefkasten geworfen. Der eben erwähnte Schüler kann am nächsten Tag statt zehn von zwanzig, achtunddreißig von vierzig gelernten Vokabeln behalten.

Zielbestimmungen müssen *sinnesspezifisch konkret* sein. Es ist unmöglich, sein Denken und Handeln auf vage Vorstellungen auszurichten. Ein Ziel soll so definiert werden, dass klar zu erkennen ist, wann es erreicht ist. Zu einer korrekten Zielformulierung gehören *Indikatoren der Zielerreichung*: »Woran wirst du erkennen, wenn du das Ziel erreicht hast? Was siehst, hörst, riechst und fühlst du dabei?« Solche Indikatoren müssen einfach zu erfassen sein, sonst besteht die Gefahr, dass Klienten das Ziel erreicht haben, ohne es zu merken.

Praxis der Zielformulierung

Zur Abrundung unserer Ausführungen über die Problematik der Zielformulierung diskutieren wir einige »modellhafte« Beispiele:

»Ich will zwanzig Kilo abnehmen und das neue Gewicht halten!«
Dieses Ziel ist nicht erreichbar. Mit großer Anstrengung wird die Klientin zwanzig Kilogramm abnehmen, das Gewicht jedoch nicht halten können. Es handelt sich aus folgenden Gründen um ein unrealistisches Ziel:
- Für Leute, die gern essen und dabei zunehmen, ist »Abnehmen« eine negative Zielsetzung.
- Das Ziel ist nicht mit kurzem Feedbackbogen machbar.
- Das Essverhalten ist nicht auf Dauer kontrollierbar, denn es liegt zum großen Teil im Einflussbereich des Unbewussten und nur zum kleinen Teil im bewussten Kompetenzbereich der Klientin.

Konstruktive Zielsetzungen könnten in einem solchen Fall lauten:
- »Ich probiere neue, für mich sehr attraktive Ernährungsformen (nicht Diäten!) aus und mache mir einen neuen Ernährungsplan (ohne dauernde Gewichtskontrolle).«
- »Ich lerne, langsam zu essen und beim Kauen die Speisen bewusst zu genießen.«
- »Ich packe die neue Ausbildung an, die ich schon lange realisieren wollte!«

»Ich will selbstbewusster werden!«
Auch dieses Ziel ist kein konstruktives, denn:
- Es beinhaltet einen Komparativ (selbstbewusster als heute).
- Selbstbewusstsein ist ein Zustand und kein Prozess, kein Verhalten.
- Das Ziel ist völlig vage formuliert und es fehlen Indikatoren für die Zielerlangung.

Eine konstruktive Zielsetzung könnte in einem solchen Fall lauten:
- »Ich werde mich als selbstbewusst einschätzen, wenn ich in der Freizeit, statt herumzusitzen, die Tätigkeiten X und Y ausübe und wenn ich mein Arbeitspensum strikt begrenze.«

Die Indikatoren für selbstbewusstes Verhalten sind für jeden Klienten anders und müssen mit Sorgfalt herausgearbeitet werden.

»Ich will lernen, mich besser durchzusetzen.«
Auch dieses Ziel enthält einen Komparativ. Der negative Zustand ist inbegriffen! Wiederum fehlen konkrete Indikatoren für die Zielerlangung. Wem gegenüber will sich die Klientin durchsetzen und in welcher Art und Weise?

Konstruktive Zielsetzungen könnten in diesem Fall lauten:
- »Ich werde für Gespräche mit den Personen A, B oder C die genauen Zielsetzungen X, Y oder Z festlegen und die Argumente für meinen Standpunkt genau aufschreiben. Wenn die Personen auf diese Argumente eingehen, habe ich mich durchgesetzt.«
- »Ich werde vor dem Gespräch, in welchem es darauf ankommt, mir die Situation Y, in welcher ich Erfolg hatte, nochmals visualisieren. Erfolgreich durchgesetzt habe ich mich, wenn wir im Gespräch eine Lösung gefunden haben, die beide befriedigt.«

Andreas Bürgi

Intervenieren

Grundsätzliches

Grundanliegen der Phase des Intervenierens ist die konstruktive Beeinflussung des Klienten, damit er befähigt wird, selbst Schritte in eine für ihn positive Richtung zu machen. Genau besehen ist alles, was die Beratenden tut oder unterlassen, Intervention. Also auch das Definieren des Problems oder das Formulieren von Zielen. Den Terminus *Intervention* verwenden wir explizit, wenn gezieltes Eingreifen erforderlich ist.

Wenn Beratende intervenieren, lösen sie nicht das Problem für ihre Klienten. Es geht lediglich darum, Klienten mit geeigneten Maßnahmen so zu beeinflussen – zu motivieren, instruieren, informieren, ermuntern –, dass sie fähig werden, sich selbst auf einen für sie günstigen Weg zu begeben. Intervenieren darf nicht als direktes Eingreifen, sondern lediglich als indirekte Anregung oder »Verstörung« aufgefasst werden. Oft braucht es viele Teilschritte, bis das Ziel erreicht ist, manchmal genügt ein kleiner Anstoß.

Bei einem mittelmäßigen Schüler stellte sich im Rahmen des berufsberaterischen Gesprächs heraus, dass seine Interessen ganz eindeutig in Richtung akademischer Studien gingen. Dazu war erforderlich, das Gymnasium zu absolvieren, was er sich nicht so recht zutraute. Als Intervention schlug ich ihm vor, einen Intelligenztest durchzuführen, damit wir sehen könnten, ob es überhaupt einen Sinn hätte, uns weiter mit diesen Berufsrichtungen zu befassen. Der Test zeitigte ausgesprochen gute Resultate, was genügte, um den Klienten zum Entschluss zu bringen, den Weg zu gehen. Er entwickelte eine gute Motivation und bereitete sich intensiv auf die Prüfungen vor, die er bestand.

Die klassische Form der Intervention war der *Ratschlag*. Die Beratenden erarbeiteten für ihre Ratsuchenden eine fertige Handlungsanweisung und trugen sie ihnen vor. Ein Ratschlag wird vom Klienten unter der Bedingung angenommen, dass er genau auf ihn zugeschnitten ist. Die Beraterin hat also vorgängig sorgfältig geprüft, ob die Klientin die für die Umsetzung des Rats erforderliche Handlungskompetenz besitzt. Vermittelt ein Ratschlag der Klientin den Eindruck, sie könne ihm aus eigenen Ressourcen folgen, wird sie dies in der Regel auch tun.

De Shazer (1989b, S. 101) spricht vom »Passen« der Intervention. Was Beratende mit ihren Klienten unternehmen, muss in Übereinstimmung mit deren Fähigkeiten, Erfahrungen, Moral und Ethik sein. Wenn die Intervention passt, wird ihnen der Klient Folge leisten. Wie ein Kleidungsstück muss jede Intervention dem Klienten angemessen sein. Auch bei den Kleidern gibt es Maßgeschneidertes und Konfektion. So kann es sich als durchaus zweckmäßig erweisen, dem Klienten eine Aufgabe aus dem Repertoire des Beraters aufzutragen. De Shazer und sein Team (1989a, S. 184) arbeiten beispielsweise mit der »Formel-Aufgabe der ersten Sitzung«. Wir geben hier die Formulierung wieder, die wir in unserer Praxis verwenden:

»Ich bitte Sie, bis zur nächsten Sitzung aufmerksam zu beobachten und alles, was in Ihrem Leben geschieht, zu notieren – und zwar alles, von dem Sie sich wünschen, dass es auch weiterhin so bleibt.«

In vielen Fällen müssen Beratende allerdings erfinderisch sein und kreative Interventionen entwickeln. Es seien an dieser Stelle die Kernanforderungen an passende Interventionen zusammengefasst:

- Die Intervention ist so gestaltet, dass der Klient motiviert ist, der Handlungsanweisung zu folgen.
- Die Intervention umfasst nicht ein generelles Handlungsprogramm, sondern machbare, konkrete (Teil-)Schritte.
- Die Intervention beinhaltet Anleitung über die Art und Weise der Ausführung (nicht nur Angaben, was zu tun ist, sondern auch, wie es zu tun ist).

- Die Klientin besitzt die für die Umsetzung der Anweisung erforderlichen Fähigkeiten und Kräfte. Die Intervention nutzt diese persönlichen Voraussetzungen.
- Die Intervention ist in der Sprache der Klientin formuliert. Die Beraterin kalibriert auf das bevorzugte Repräsentationssystem der Klientin (visuelle Anleitungen für visuelle Typen, auditive Instruktionen an auditive Typen).

Jede Intervention ist Mittel zu einem ganz spezifischen, auf den Klienten in der aktuellen Situation abgestimmten Zweck. Darüber hinaus gibt es allerdings für die Konzeption von Interventionen wertvolle allgemeine Orientierungshilfen, auf die im Folgenden eingegangen wird.

Ermutigung

Damit ist nicht Trost gemeint. Das Englische kennt einen Begriff, der das mit Ermutigung Gemeinte gut umschreibt: »to facilitate«. Facilitate beinhaltet die Aspekte der Ermutigung und der Vereinfachung – denn es geht darum, dass die Sache einfacher (lat. facilis) wird. Nicht genug empfohlen werden kann die *Taktik der kleinen Schritte.* Durch das Bedürfnis der Klienten nach möglichst rascher Hilfe lassen sich Berater gern drängen. Sie versuchen dann, in zu großen Schritten vorwärts zu gehen, und überfordern damit die Klienten. In *Teilziele* aufgegliederte Zielformulierung und schrittweise Interventionen machen die Sache leichter. Ermutigend wirkt auch die Erschließung von Ressourcen der Klienten. Erleben sie, dass sie die Fähigkeiten zur Lösung ihres Problems schon besitzen und in anderen Kontexten bereits nutzen konnten, kann sie dies sehr motivieren.

Viele Klientinnen und Klienten fühlen sich durch Handlungsanweisungen unter Erfolgszwang gesetzt. Mehrere Male wurden mir Sitzungen mit der Begründung abgesagt, sie seien noch nicht in der Lage gewesen, die Hausaufgaben zu bewältigen. Es ist deshalb bei der Instruktion einer Aufgabe sehr darauf zu achten, das Gefühl zu vermitteln, dass es nicht auf die Resultate ankomme, sondern allein darauf, dass sie die Aufgabe überhaupt anpacken.

Klientinnen und Klienten sollen sich von den Erlebnissen, die das Ausführen der Aufgabe mit sich bringt, überraschen lassen.

Einen Klienten, der Mühe hatte, positive Zielvorstellungen zu entwickeln, forderte ich auf, in seinen Ferien Orte aufzusuchen, die er sehr gut mochte. Er solle sich dort hinbegeben und sich überraschen lassen, was ihm alles für seine Zukunft einfallen werde. In der nächsten Sitzung berichtete der Klient, er habe die Orte aufgesucht, aber es sei ihm nichts eingefallen. Aus Langeweile habe er begonnen, einen englischen Kriminalroman ins Deutsche zu übersetzen. Der Klient hatte sich inzwischen bereits Prospekte einer Dolmetscherschule besorgt, in die er später auch eintrat …

Kognitive Landkarten

Komplexe auditive, visuelle und motorische Handlungspläne steuern den Menschen im Alltag und stehen ihm zur Verfügung, wenn er Probleme lösen oder Konflikte austragen muss. Flexible und kreative Menschen haben sich im Lauf der Zeit kognitive Landkarten erarbeitet, die verschiedene *Varianten* enthalten, welche zum selben Ziel führen.

Sehr oft wird Leid dadurch verursacht, dass Menschen in einer kritischen und anforderungsreichen Situation mehrere Male *dasselbe Vorgehensmuster* eingesetzt hatten. Wenn Eltern ihre Kinder erziehen, lässt sich oft beobachten, wie sie nach dem Schema »mehr vom selben« vorgehen. Zuerst erfolgt eine Ermahnung, dann eine zweite, daraufhin mit lauter Stimme eine dritte. Anschließend wird das Kind herumgezerrt, dann wird mit Drohungen gearbeitet und zuletzt Brachialgewalt angewandt. Es ist Aufgabe der Beratenden, den Klienten zu helfen, ihre kognitiven Landkarten zum Problemkontext zu erweitern und anzureichern.

Intervenieren hat also sehr oft die Funktion *mehrere, alternative Lösungswege zum Ziel* zu er-finden. Bei dieser Suche nach Wegen pflege ich Ratsuchenden den Kommentar zu geben, dass ein Weg eine Zwangslage darstellt, zwei Wege zum Dilemma werden können und dass erst drei Wege eine echte Wahlmöglichkeit erschließen.

Gleichzeitig mehrere Alternativen aufzustellen, entspricht im Übrigen in entscheidungstheoretischer Sicht dem Modell der »rationalen Entscheidung« (Lange 1975, S. 101ff.), das Vergleiche anhand eines Kriterienkatalogs ermöglicht. Dieser Kriterienkatalog beinhaltet alle Anforderungen, die eine Lösung erfüllen muss, damit sie als gute Lösung gelten kann.

Mit einer Klientin, die an ihrer Arbeitsstelle sehr unter ihrem Vorgesetzten litt, diskutierte ich Alternativen. Sich zu wehren oder mit dem Chef zu reden, waren Alternativen, die die Klientin bereits versucht hatte und die die Situation eher verschlimmert als verbessert hatten. Wir kamen auf die folgenden Möglichkeiten:

- die Stelle künden,
- den Personalchef um Versetzung bitten,
- dem Vorgesetzten gegenüber »Theater zu spielen«, als ob sie in ihn verliebt wäre, oder
- dem Vorgesetzten häufiger Anerkennung zollen und sich exakter an seine Anweisungen halten und ihn zudem öfters um Unterstützung bitten.

Wir malten uns aus, wie die Klientin sich konkret verhalten würde, wenn sie die letzten beiden Alternativen ausprobierte, was viel zu lachen gab. Die Klientin entschied sich für die Variante, Theater zu spielen. Sie werde sich aber die erste Variante in Reserve halten. Der Vorgesetzte reagierte tatsächlich auf das veränderte Verhalten der Klientin, indem er sich ihr gegenüber umgänglicher und flexibler benahm.

An wen geht die Post?

Kommen Ratsuchende weiter, wenn sie Selbsteinsicht gewinnen oder wenn sie über ihr Unbewusstes beeinflusst werden? Traditionelle psychotherapeutische Schulen (Psychoanalyse, Gestalttherapie, Gesprächstherapie) nutzen *Lernen aus Einsicht* als Via regia therapeutischen Handelns, während die von Erickson beeinflussten Schulen (Palo-Alto-Gruppe, strategische Therapie, NLP) solche Interventionsformen eher ablehnen. Viele Direktiven und NLP-Strategien sind auf unbewusste Lernprozesse angelegt. Ans

Bewusstsein gerichtete Erklärungen können solche unbewussten Lernprozesse beeinträchtigen oder verunmöglichen.

Symptome, Gewohnheiten, eingeschliffene Beziehungsmuster sind eher vom Unbewussten her zu beeinflussen als auf dem Weg bewusster Einsicht. Eine Metapher oder eine dem Familiensystem übermittelte Direktive bedarf keiner weiteren Erläuterung. Das Ziel, spontan neues Verhalten zu initiieren, wird verfehlt, wenn Klienten über Sinn oder Zweck der Intervention aufgeklärt werden. Erfahrungsgemäß verzichten sie dann oft auf die Ausführung der Anweisungen, denn sie »wissen ja jetzt, worum es geht«. Für die allgemeine Beratungspraxis gilt die Faustregel, nur Erklärungen über das *Wie* von Direktiven zu geben und nicht über das *Warum.*

Im beraterischen Alltag auf das Mittel der bewussten Einsicht zu verzichten, hieße Fenster zuzumauern. Es gibt sehr viele Situationen, in welchen Wissen und Erkennen weiterhelfen:

- Einfache, direkte Informationen vermögen Perspektiven zu erschließen, die vorher nicht sichtbar waren.
- Informationen und Erklärungen vermitteln der Klientin ein »Gewusst-wie«, das es ihr erlaubt, Vorhaben zu realisieren. Konkrete Anleitungen zeigen an, wie in bestimmten Lebenssituationen agiert werden kann.
- Einsicht in bestimmte Bereiche der eigenen Persönlichkeit vermag neue Denk- und Handlungsspielräume zu erschließen.
- Deutungen, die Hintergründe und Motive eines Verhaltens aufschließen, können zu erhöhter Selbstakzeptanz führen. Solche »Aha-Erlebnisse« erlauben eine andere Einstellung sich selbst gegenüber, die Basis für konstruktive Veränderungen werden kann.

Kategorien von Interventionen

So wie es unterschiedliche Probleme gibt, stehen der Beraterin auch verschiedenartigste Interventionsmöglichkeiten zur Verfügung. Jede Intervention dient einem Zweck, kann also in einem bestimmten Problemkontext eingesetzt werden. Allerdings besteht kein eindimensionaler und direkter Zusammenhang zwischen Problem und Intervention. Dieselbe Intervention lässt sich in unterschiedlichen Kontexten nutzen, während verschiedenartige Interventionen in der gleichen Problemsituation angewendet werden können. Meist stehen in einer Problemlage einige Interventionstypen zur Auswahl.

Wenn im Folgenden verschiedene Interventionen beschrieben werden, geschieht dies in einer Reihenfolge, die nicht nach einem streng logischen System aufgebaut ist. Wir haben die Interventionen nach Grundanliegen kategorisiert:

»Wegbereiter«

Einige Interventionsformen sind Wegbereiter, die gewissermaßen den Boden für Schritte vom Problem zum Ziel ebnen. Lösungsorientierte Beratung verlangt mit ihrer Ausrichtung auf Ziele »action«, doch dürfen Ratsuchende unter keinen Umständen bedrängt und überfordert werden.

Manchmal muss die Situation der Klientin sorgfältig beobachtet werden, damit sie klarer und einer Veränderung zugänglicher wird. Oft gilt es, Angst vor Veränderung abzubauen. In vielen Fällen benötigen die Ratsuchenden Ermutigung. Und nicht selten muss man der Klientin aufzeigen, dass sie sich eigentlich schon auf den Weg zum Ziel begeben hat.

Beobachtungsaufgaben

Bei Beobachtungsaufgaben wird noch nicht neues Verhalten erkundet, sondern bestehendes Verhalten genau registriert.

Mit Generalisierungen (immer, alles, nur, nie) verschlimmern die Klienten ihre Situation. »Ich kann keinem Menschen trauen!« – »Ich bin nie fähig X zu tun!« – »Ich weiß überhaupt nicht weiter« – »Ich bin immer traurig!« – »Wir haben es in unserer Ehe nie mehr schön miteinander!«

In solchen Fällen empfiehlt es sich, die *Formelaufgabe der ersten Stunde* zu erteilen. Die Klienten werden gewahr, dass es ihnen eben doch nicht *nur* schlecht geht, wenn sie den Auftrag ausgeführt haben. Die erarbeiteten Ausnahmen vom Problemzustand werden zum Ausgangspunkt für neue Erfahrungen.

Wenn eine depressive Person in lichten Momenten schwimmen geht, Aquarelle malt und Kontakte aufnimmt, werden Sie sie ermuntern, solche und ähnliche Aktivitäten vermehrt anzugehen.

Es gibt auch recht viele, die nicht in der Lage sind, sofort neues Terrain zu betreten. Mit dem Auftrag, eigenes Verhalten und Erleben zu beobachten und notieren, können weitere Schritte vorbereitet werden. Erkläre ich der Klientin, sie müsse zunächst gar nichts verändern, sondern lediglich Beobachtungen machen, nehme ich Druck weg, rasch Erfolge erzielen zu müssen. Beobachtungsaufgaben tragen sehr viel dazu bei, die »Wirklichkeit« der negativen Erfahrung im positiven Sinn zu korrigieren.

Suchen und Ausweiten problemfreier Zustände

Ein aktuelles Problem kann Ratsuchende so absorbieren – manchmal auch faszinieren –, dass die Sicht auf die positiven, problemfreien Aspekte des Lebens verstellt ist. Hinwendung zum »Nicht-Problem« ist zentrales Anliegen problemlösungsorientierter Beratung. Verschiedene Instrumente – Wunderfrage, Suche nach Ausnahmen, Definieren positiver Zielsetzungen, Externalisieren des Problems – werden zu diesem Zweck genutzt. Ein weiteres Instrument ist das systematische Eruieren problemfreier Zustände. Kähler (1991) spricht von der »Identifikation unbelasteter Zustandsräume«.

Nimmt das Problem im Leben der Ratsuchenden breiten Raum ein, sollte systematisch nach unbelasteten, problemfreien Zuständen gefragt werden, in welchen sie voll und ganz über ihre Ressourcen verfügen. Kommen solche zum Vorschein, lassen sie sich für die Problemlösung nutzen, wie im Fall eines Jugendlichen, der in der Schulsituation passiv, energielos, unselbstständig und träge war, aber in seinem Hobby – Flugmodellbau – Initiative, Selbstständigkeit, Geduld und Durchhaltevermögen zeigte.

Fragen, die zur Erfassung unbelasteter Zustandsräume gestellt werden können:

- »Ihr Problem belastet Sie sehr. Es würde mich interessieren, ob es nicht doch Zeiten und Bereiche gibt, in welchen Sie sich wohl fühlen, zum Beispiel ...?« (Eventuell Bereiche wie Freizeit anführen.)
- »Wir haben lange über Ihr Problem gesprochen. Sollten wir uns

jetzt nicht einmal anschauen, was in Ihrem Leben gut funktioniert und Spaß macht?«
- »Sie haben viele Male gesagt: ›Ich kann nicht!‹ – bisher haben Sie Ihr Leben insgesamt gut gemeistert – können Sie nicht versuchen zu sagen: ›Ich *kann* X tun?‹ Versuchen Sie mal – was fällt Ihnen ein?«

Komplimente

Verschiedene psychotherapeutische Schulen – etwa die Mailänder Schule, De Shazer – nutzen Komplimente als therapeutische Interventionsform. Walter und Peller (1994, S. 141ff.) haben nach Angaben verschiedener Autoren eine Liste möglicher Wirkungen von Komplimenten zusammengestellt:
- Schaffen einer positiven Atmosphäre.
- Herausstellen der positiven Schritte, welche in Richtung Lösung bereits gemacht wurden.
- Angst vor negativen Bewertungen durch die Therapeutin verringern.
- Angst vor Überforderung durch die Therapeutin verringern.
- Ereignissen und Gefühlen den Anstrich des Abnormalen nehmen (»normalisieren«)
- Aufzeigen, dass in Gruppen verschiedene Sichtweisen zulässig sind.

Komplimente sind ein wertvolles, den Beratungsprozess unterstützendes Instrument, wenn die folgenden Punkte beachtet werden:

Formulieren Sie wenige, dafür gut durchdachte Komplimente

Ein gut gemeintes und wohlformuliertes Kompliment verpufft, wenn Sie andauernd »nette Sachen« sagen. Sowohl die Mailänder Schule als auch De Shazer formulieren Komplimente als Teil der Botschaft, die sie den Klientinnen und Klienten nach der Konsultation im Therapeutenraum übermitteln. Jene warten deshalb mit Spannung auf das, was ihnen die Therapeuten zu sagen haben, und dies macht die Komplimente in hohem Maße bedeutungsvoll.

Vermeiden Sie Auseinandersetzungen über Komplimente!
Walter und Peller (1994, S. 134f.) machen darauf aufmerksam, dass Therapeutinnen mit ihren Komplimenten den Klientinnen zu weit vorauseilen können. Letztere sind oft – noch – nicht in der Lage, die positiven Aspekte an ihrem Handeln zu erkennen. Positives wird als zufällig oder als nicht zum Selbst gehörend gewertet. Walter und Peller raten, sofort mit Komplimenten aufzuhören, wenn die Klientin mit »ja, aber …« antwortet. Die Klientin muss bereit sein, ein Kompliment auch wirklich zu akzeptieren.

Komplimente müssen sich auf Verhalten beziehen
Komplimente zum Aussehen einer Person oder zu Ereignissen, die sie nicht beeinflussen kann, können eine destruktive Wirkung haben und sind zu unterlassen. Beurteilt ein Berater das Aussehen einer Person, erhebt er sich über diese und maßt sich das Recht an, sie nach eigenen Wertvorstellungen zu kategorisieren.

Das Kompliment muss im Zusammenhang mit den zuvor formulierten Zielen der Beratung stehen!
Ein Kompliment erweist sich dann als wirkungsvoll, wenn Schritte, welche die Klientin aus eigener Kraft in Richtung des Ziels gegangen ist, aufgezeigt und gewürdigt werden. Das Kompliment soll Ressourcen ansprechen, die sie bereits genutzt hat:
- Zu einem sehr abwägenden Klienten: »Die Umsicht und Sorgfalt, mit welcher Sie künftige Perspektiven prüfen und damit eine Fehlentwicklung unwahrscheinlich machen, beeindruckt mich.«
- »Es freut mich, dass Sie trotz Ihrer schlimmen Lebenssituation den Mut und das Lachen nicht verlernt haben.«
- »Dass Sie sich geweigert haben, diese Aufgabe zu übernehmen, spricht dafür, dass Sie sehr viel Zivilcourage besitzen.«

Machen Sie indirekte Komplimente!
Um Schwierigkeiten mit direkten Komplimenten auszuweichen, empfiehlt De Shazer (mündliche Mitteilung, 1991) indirekte Komplimente. Bei indirekten Komplimenten wird mit Verben ein Verhalten kommentiert, das der Klient bei sich verstärken möchte. Kann das geschilderte Verhalten nicht geleugnet werden, wirkt das Kompliment besonders stark.

> Für einen Klienten war es wichtig, dass er sein Leben »managen« und selbst entscheiden konnte. Er war bis jetzt schon verschiedentlich psychiatrisch hospitalisiert worden. Der letzte Aufenthalt hatte allerdings nur zehn Tage gedauert: »Wie haben Sie das gemanagt, dass Sie Ihre Hospitalisation so kurz halten konnten?«
> »Die Gruppenleiterin hat mir gesagt, dass du bei der letzten Zusammenkunft sehr hilfreich warst. Was vermutest du, was hast du getan, das für sie hilfreich war?«

Wissen statt Nichtwissen

Unter diese Kategorie fallen Interventionstypen, die am Lernen durch Einsicht orientiert sind. Sie appellieren an die intellektuelle Schicht der Persönlichkeit und setzen voraus, dass die Klientin und der Klient in der Lage sind, ihr Erleben und Handeln bewusst zu reflektieren und zu steuern.

Informationen

Als Informationen werden sachliche Auskünfte, Belehrungen und Erklärungen bezeichnet. Hier geht es ganz einfach darum, den Klientinnen und Klienten Wissen zu vermitteln, das sie befähigen soll, sachliche Entscheidungen zu treffen, eine Situation besser zu verstehen oder ihr Handeln umsichtiger zu planen.

Interessanterweise sieht Kaminski (1970, S. 66) keinen prinzipiellen Unterschied zwischen einer einfachen Auskunft und einer eigentlich therapeutischen Intervention. Beide können dazu führen, bestehendes Verhalten zu verändern.

> So konnte ich eine Mutter beruhigen, die sich Sorgen um ihre sich in der Pubertät emanzipierende Tochter machte, indem ich das Verhalten als pubertätstypisch klassifizierte und ihr erzählte, dass sich meine Frau bei unseren Söhnen, die sich in derselben Altersstufe befanden, ähnliche Sorgen mache.

Eigentlich könnten die sachliche Information und die Belehrung ein Allerweltsmittel sein, doch vermögen relativ wenige Menschen mit diesen etwas anzufangen und sie recht zu nutzen. Die Intervention ist an die Oberfläche der Persönlichkeit gerichtet und ihre Umsetzung fällt nicht immer leicht.

Im Lauf meiner Praxis bin ich dazu übergegangen, mit Informationen sparsam umzugehen. Die Versuchung ist zwar groß, Klienten mit Informationen zu überschütten. Abgesehen davon, dass die Information in für den Klienten verständlicher Form übermittelt werden muss, ist zu klären, ob er überhaupt an der entsprechenden Information interessiert ist.

Wenn Sie ihre Klientinnen und Klienten informieren wollen, sollten Sie Folgendes beachten:

- Warten Sie zu mit Informationen. Wenn diese spärlich eingestreut werden, erscheinen sie der Klientin viel interessanter, als wenn sie damit überhäuft wird.
- Achten Sie darauf, wie Ihre Klienten Informationen abspeichern. Einer auditiv-sprachlich orientierten Person können ohne weiteres sachliche Erläuterungen abgegeben werden. Ein visueller Typ kann eher mit einer bildhaften Sprache und mit Metaphern etwas anfangen. Vornehmlich kinästhetisch orientierte Menschen haben es sehr schwer, von außen an sie Herangetragenes aufzunehmen. Solche Klienten werden über Gefühlszustände und Erlebnismöglichkeiten wesentlich besser erreicht.
- Halten Sie Informationsphasen kurz. Lange Erklärungen verwirren nur, auch wenn sie Ihnen fachlich fundierter erscheinen.
- Informieren Sie nicht oder hören Sie damit auf, wenn Sie merken, dass Ihre Klientin sich in einem negativen Gefühlszustand befindet – sie ist dann gar nicht aufnahmefähig.
- Informieren Sie stundenlang, wenn Sie für die Beratung bezahlt werden und sicher sind, dass die Rechnung auch bezahlt wird!

Benennen

Es gibt Lebenssituationen, die Mühe machen. Sie treiben Betroffene in dumpfer Weise um. Es ist ihnen nicht so recht klar, was eigentlich Mühe bereitet – sie kriegen die Situation nicht in den Griff. Hier kann eine einfache *Benennung* sehr hilfreich sein.

Ein Klient war ein aktiver und unternehmender Typus, entwickelte Initiativen und war meist auf Achse. Personen aus seinem

Umfeld bezeichneten ihn als kreativen Menschen. Wenn Routine eintrat, fühlte er sich rasch unterfordert. Dieser Klient war darüber verzweifelt, dass er gewisse anstehende Veränderungen nicht vornahm. Es gab Lebensbereiche, in welchen er sehr konservativ und viel zu wenig veränderungswillig war.
Im Gespräch zeigte sich, dass der Klient seine aktive Seite sehr bejahte. Er erlebte aber bestimmte Veränderungen als bedrohlich – sein eigenes Altern, die fortschreitende Umweltzerstörung und die Hektik unserer Konsumgesellschaft. Er fand, dass ihm der Boden unter den Füßen weggezogen werde, und klammerte sich an Erlebensbereiche, die Konstanz aufwiesen. Der Berater unterschied zwei Subpersönlichkeiten in seiner Person, die beide ihre Aufgabe hätten. Die eine nannte er den »Bewahrer« und die andere den »Unternehmer«. Diese Darstellung war dem Klienten eine gute Hilfe. Er sah ein, dass beide Seiten ihre Berechtigung hatten, und lernte den Bewahrer als sinnvolles Gegengewicht zu akzeptieren.

Wenn es gelingt, ein komplexes Phänomen zu benennen, erhalten die Klienten die Möglichkeit, es *in den Griff* zu bekommen. Wichtig ist, dass es in der Sprache der Klienten benannt wird.

Neustrukturieren von Erlebensmustern

Unter diesen Modus fallen Deutungen und Umdeutungen (Reframing). Hier soll nicht nur Einsicht oder Wissen vermittelt werden, sondern es geht darum, die Voraussetzungen zu schaffen, dass *dieselben* Erlebensinhalte *anders* erlebt werden können. Deutungen sollen nicht nur neue Fakten, sondern eine neue Sichtweise vermitteln. Selbstverständlich ist der Übergang von der Wissensvermittlung zum Modus des Umstrukturierens fließend. Auch eine reine Wissensvermehrung kann eine Umstrukturierung auf Erlebensebene bewirken. Anderseits besteht gerade bei Reframings Gefahr, am Klienten vorbeizudeuten und ihn nicht zu erreichen. Deutungen und Umdeutungen sollten insgesamt etwas weiter gehen oder tiefer greifen, als rein intellektuelle Botschaften.

Deutungen

Deutungen sollen Verhalten besser verständlich machen, indem die dahinter liegende *Motivation* oder das das Verhalten steuernde *persönliche Bedürfnis* ermittelt werden. Verhalten ist erlernt. Wird die *Lerngeschichte eines Verhaltens* erforscht und wird aufgezeigt, wie es entstanden ist, kann dies dazu führen, dass es besser verstanden und akzeptiert wird, was Voraussetzung für die daraus folgende Veränderungsarbeit ist.

> Eine Frau beklagte sich über unbeherrschte Reaktionen ihrem Gatten gegenüber. Sie bewertete ihr Verhalten als unziemlich und bereute ihre Reaktionen, fiel aber immer wieder in dasselbe Muster zurück. Die Analyse der Situation ergab, dass die Beziehung tief gestört war und die Partner entfremdet waren. Eine strenge Erziehung hinderte die Frau daran, die Beziehung zu beenden. Sie gab sich nach jedem »Anfall« erneut Mühe, die Partnerschaft konstruktiv zu gestalten. Ihre Ausbrüche – so unsere Deutung – hatten die Funktion, sie daran zu gemahnen, dass die Fortführung der Beziehung sinnlos war. Die Klientin war aufgrund der gewonnenen Erkenntnisse in der Lage, sich auf eine Scheidung einzustellen.

Deutungen als Bewusstmachen von hinter dem Verhalten stehenden Motiven und Lerngeschichten sind nicht nur in der Einzelberatung ein nützliches Mittel, sondern dienen auch in der Beratung von natürlichen und künstlichen Gruppen als Hilfe zur Klärung von Beziehungen.

> Eine Jugendliche war völlig resistent gegen alle Berufswahlbemühungen. Eltern, Lehrer, Verwandte und zwei Berufsberater bestürmten sie erfolglos. Ich wurde als dritter Berufsberater beigezogen. In einem klärenden Gespräch bat die Jugendliche darum, dass man sie mit der verdammten Berufswahl endlich in Ruhe lassen solle.
> Meine Frage an die Eltern, ob und warum es für sie schlimm wäre, wenn sich niemand mehr um die Berufswahl des Kindes bekümmern würde, beantwortete die Mutter so: Sie selber sei in ihrer Berufswahl nicht unterstützt worden, sodass diese schief

gelaufen sei. Sie wolle unbedingt verhindern, dass ihrer Tochter dasselbe Schicksal widerfahre.
In diesem Moment übernahm die Tochter die Rolle der Berufsberaterin. Sie riet nämlich ihrer Mutter, sie solle sich doch jetzt um ihre eigene Berufswahl kümmern, statt sie zu bedrängen.
Wir erarbeiteten daraufhin eine Abmachung: Die Eltern lassen ihr Kind in Ruhe. Die Mutter konsultiert selbst eine Berufsberaterin. Wenn das Mädchen ihre Berufswahl nicht in einem halben Jahr an die Hand genommen hat, muss sie mich wiederum konsultieren.
Diese Abmachung hatte zur Folge, dass die Tochter umgehend eine ihr zusagende Berufslösung fand und dann ihre Mutter im eigenen Berufsfindungsprozess unterstützte.

Das Beispiel zeigt auch, dass Deutungen nicht von außen, von Beraterseite an die Klientin herangetragen werden müssen. Die Klientin selbst lieferte die Deutung und entband damit den Berater von der Aufgabe, die Situation in expliziter Form interpretieren zu müssen. Es blieb ihm erspart, deuten zu müssen, dass das Drängen der Eltern die Tochter in die Resistenz geführt hatte. *Wir sind Experten für Fragen, nicht für Antworten!*

Reframing

Der Begriff besagt wörtlich, dass ein Inhalt »in einen neuen Rahmen gestellt« wird, was als Umdeutung übersetzt werden kann. NLP-Therapeutinnen und -Therapeuten verwenden die schon viel früher von Watzlawick et al. (1974) erwähnte und von der Mailänder Schule genutzte Technik des »Reframing« in systematischer und expliziter Form (vgl. Bandler u. Grinder 1985).

Vor einigen Jahren wurde mir ein »dummer, lernunwilliger, begriffsstutziger und unmotivierter« Schüler der Oberstufe zur Beratung überwiesen. Im Gespräch machte er bald einen interessierten und lebensklugen Eindruck. Im Sport waren seine Leistungen sehr gut. Ich analysierte seine Lernstrategie und ordnete ihn dem kinästhetischen Typus zu. Ich prophezeite dem Klienten, dass sich sein Leben in zwei Jahren zu seinen Gunsten ändern werde. Er werde einen Beruf sportlicher Art erlernen, der körperliche Geschicklichkeit erfordere, und darin Erfolg haben. Als kinästhetischer Typ habe er eben große Mühe mit dem Schullernen und so werde er noch zwei Jahre leiden müssen. Mein Reframing – der heutige Kontext ist schlecht für dich, aber später wirst du in einen dir adäquaten Rahmen steigen – half dem Schüler, sich mit seiner misslichen Lage besser abzufinden.

Bieten Beraterinnen oder Berater Reframings an, sollten sie die folgenden Regeln einhalten:
- Sie achten darauf, mit der Klientin in gutem Rapport zu sein.
- Sie verzichten auf zynische Formulierungen und witzigen Ton.
- Sie präsentieren Reframings als »Deutungsangebot« – in Frageform oder als erlebtes Beispiel. Sie sind ohne weiteres bereit, die Umdeutung als nicht passend zurückzunehmen, wenn die Klientin entsprechend reagiert.

Eine Klientin, die eine anspruchsvolle Weiterbildung absolvierte, berichtete in der Beratung, dass es ihr große Mühe bereite, sich in der Ausbildungsgruppe zu äußern. Vor kurzem habe sie in einer Übungssituation ein längeres, persönlich gefärbtes Statement abgegeben. Im Anschluss daran habe sie überhaupt nicht mehr gewusst, was sie gesagt habe. Erschrocken habe sie sich zurückgezogen und sei dort verzweifelt in Tränen ausgebrochen. Auf Rückfragen bestätigte sie, dass es sich um Verzweiflungstränen gehandelt habe: »Wenn ich nachher nicht mehr weiß, was ich gesagt habe, kann ich in Zukunft nie mehr etwas sagen!« – Die Umdeutung des Beraters: »Diese Tränen, was sagen sie denn sonst noch?« Das weitere Gespräch ergab, dass die Tränen auch Entspannung und Erleichterung anzeigten, dass ein gewisser Durchbruch gelungen war. Berater und Klientin sprachen daraufhin über ihren Mut und ihre Stärken.

Ein subtiles Instrument der Umdeutung sind »reflexive Fragen«. Tomm (1994), der sich intensiv mit systemischer Fragetechnik in der Psychotherapie auseinander setzte, bezeichnet Fragen als reflexiv, wenn diese geeignet sind, Klienten zu beeinflussen und Veränderungsprozesse zu ermöglichen. Sie sollen innerhalb des vorhandenen Wertsystems des Klienten eine »reflexive Aktivität« auslösen, so »daß sich für die Beteiligten die Gelegenheit eröffnet, neue Möglichkeiten zu erkennen und sich aus eigenem Antrieb heraus freier zu entfalten« (1994, S. 185).

Reflexive Fragen animieren Klienten, eine Lebenssituation »in neuem Licht« zu sehen oder andere Aspekte ihrer Situation zu beachten. Der Situation wird eine neue Bedeutung verliehen, nicht durch den Berater, sondern durch den Klienten.

Ein Klient, der in Scheidung stand und dem die Stelle gekündigt wurde, klagte über diese sehr belastende Lebenssituation. Der Berater hörte geduldig zu und stellte verständnisvoll Fragen zur Situation. Nach geraumer Zeit fragte er den Klienten: »Wie werden Sie Ihr Leben gestalten, wenn Sie die schwere Krise überwunden haben werden? Was werden Sie tun, wenn Sie Ihr Leben gewissermaßen neu beginnen?« Der Klient erwähnte, dass er sehr gern lese und sich oft in einem Antiquariat aufhalte. Der Antiquar habe erwähnt, dass er daran denke, sein Geschäft gelegentlich altershalber aufzugeben. Er könnte ihn fragen, ob »sich nicht etwas machen ließe«.

Abschließen eingeschliffenen Verhaltens

Es kommt in Beratungen immer wieder vor, dass es schwierig wird, die Klienten auf positive Ziele auszurichten oder die Bereitschaft zu Verhaltensveränderungen zu schaffen. Manche Klienten sind sehr auf gewisse Erlebnisse fixiert. Andere kommen nicht aus Verhaltensweisen heraus, die sie selbst ablehnen. Bevor eine Orientierung auf die Zukunft möglich wird, muss eine bisherige Phase abgeschlossen oder ein Verhalten »abgeblockt« werden.

Rituale

Rituale sind *Handlungen mit Symbolgehalt*, vorgeschriebene Verhaltenssequenzen mit bestimmter Bedeutung. Im beraterischen und therapeutischen Kontext lassen sich Rituale unter drei Zielsetzungen verschreiben.

Einmal erweisen sie sich als nützliches Mittel, um ein Zeichen zu setzen, welches hilft, eine Zeitphase abzuschließen. Es gibt Lebenssituationen oder Phasen, welche unsere Aufmerksamkeit beanspruchen, weil »nicht abgeschlossene Geschäfte« (Perls 1976a) uns daran hindern, uns neuen Inhalten zuzuwenden. Versäumtes, nicht erreichte Ziele, versagte Zuwendung, erlittene Frustrationen können Menschen so sehr beschäftigen, dass sie nicht in der Lage sind, wegzuschauen.

> Ein an sich sehr tüchtiger Berufsmann hatte großes Pech und sein Geschäft unglücklicherweise in Konkurs manövriert. Wir arbeiteten heraus, dass er sich unbewusst nicht erlaubt hatte, Erfolg im Beruf zu haben, weil er sich seinerzeit mit seiner Berufswahl gegen seinen Vater gestellt hatte. Alles Aufarbeiten und Deuten nützte nichts, um den Klienten aus seiner Hoffnungslosigkeit herauszuholen. Ich schlug ihm vor, zusammen mit seinem besten Freund ein Ritual durchzuführen. Er solle, ausgerüstet mit einem Foto seines Vaters und mit Kerzen, zu einem ihm geeignet erscheinenden Zeitpunkt das väterliche Grab aufsuchen. Er solle sich sehr gut vorbereiten, damit er wisse, was er seinem Vater sagen möchte. Er werde seinem Vater alle Vorwürfe, die er an ihn zu richten habe, vortragen, ihm danach erklären, warum er nicht den für ihn vorgesehenen Beruf gewählt habe, sich drittens bei ihm für alles bedanken, was er Gutes für ihn getan hatte und sich schließlich von ihm verabschieden. Als letzten Satz solle er sagen, dass er fortan sein eigenes Leben leben wolle, die Verantwortung dafür übernehmen und gut für sich sorgen werde. Ich hörte später von ihm, dass ein Freund ihm eine interessante Stellung im bisherigen Beruf angeboten und er die Krise überwunden hatte.

Mehrere Male schlug ich Rituale vor, wenn Klientinnen oder Klienten es versäumt hatten, ihren Eltern Dankbarkeit oder Anerkennung zu zeigen oder sich vor deren Tod zu verabschieden. Bei sehr starken negativen Gefühlen den Eltern gegenüber sind solche Rituale wirkungslos. Es sei denn, die Klienten seien wirklich zu einer Versöhnung bereit.

Rituale lassen sich unter einer zweiten Zielsetzung verschreiben, um ungünstiges Verhalten einzugrenzen. Boscolo und Bertrando

(1997) sprechen in diesem Zusammenhang von *Bannung*. Für ein bestimmtes Verhalten (z. B. Streit, Wutausbrüche, depressive Stimmung) wird täglich eine feste Zeit reserviert, während welcher das Verhalten aktiv »gepflegt« werden soll. Für die übrige Zeit wird das Verhalten verboten.

Ritualisierte Handlungsabläufe lassen sich drittens auch einsetzen, um Erleben umzustrukturieren oder verändertes Verhalten zu initiieren.

> Eine Apothekerhelferin, die auf dem Lande in behüteten Verhältnissen aufgewachsen war, hatte während ihrer Lehrzeit in der Stadt die Berufsschule zu besuchen. Sie entwickelte gegen diesen Schulbesuch eine solche Abneigung, dass sie jeweils massiv psychosomatisch reagierte. Sie ernährte sich zudem vor allem an den Schultagen so schlecht, dass die Symptome dadurch noch verschlimmert wurden. Ich verschrieb der jungen Frau für die Schultage folgendes Ritual.
>
> Für das Morgenessen müsse sie sich ein nahrhaftes Müsli zubereiten. Als Vertreterin eines Gesundheitsberufs wisse sie ja besser als ich, wie es zusammengesetzt sein müsse. Vor dem Weggehen solle sie ein Stofftierchen in die Mappe packen. Wenn die Angstzustände in der Schule stark würden, könne sie einfach in die Mappe greifen und sie werde Hilfe erhalten. Als Letztes solle sie ihr Meerschweinchen in die Arme nehmen und ihm sagen, dass sie am Abend ganz sicher zurückkomme. Auch der Türklinke solle sie sagen: »Am Abend werde ich dich wieder drücken.« Wenn sie am Abend dann glücklich heimkomme, solle sie lachen, wenn sie die Türklinke ergreife, und alsdann das Meerschweinchen begrüßen.
>
> Die Klientin befolgte meine Anweisungen. Die Symptome verschwanden rasch. Auch ihre Einstellung zu Schule und Großstadt änderten sich nach einiger Zeit. Mit den ritualisierten Handlungen gab ich ihr eine Rückbindung an ihr Zuhause, sodass sie sich davon zu lösen lernte.

Was hatte mich auf die Idee dieser ritualisierten Handlungen gebracht? Eine sehr genaue Beschreibung der aktuellen Situation der Klientin. Ich ließ sie vor allem die Gegensätze von Land und Stadt schildern. Im Weiteren wurde offensichtlich, dass sie eine intensive Beziehung zu Felltieren pflegte. Die Stadt ist kalt und düster, fremd und feindlich, die Tierchen sind warm und lieb, zärtlich und kuschelig. Die Intervention lag »auf der Hand«.

■ Überraschen

Manchmal sind Klientinnen und Klienten in Verhaltensmustern gefangen. Alle Bemühungen, sie aus »ihrer Umlaufbahn« zu bringen, schlagen fehl. Um das starre Muster aufzubrechen und einen Umstrukturierungsprozess einzuleiten, kann es geraten sein, sie zu erschrecken – mit überraschenden Interpretationen, mit unerwarteten Handlungen und vor allem mit widersprüchlichen Botschaften, die Verwirrung stiften.

> Eine Klientin, die mich in einer beruflichen Angelegenheit konsultierte, fragte mich, was sie tun solle, um die Aufmerksamkeit ihres Ehegatten zurückzugewinnen. Zu Hause rede er kaum mehr mit ihr, sondern verziehe sich hinter seine Zeitung oder sehe fern. Sie habe alles versucht, aber er sei nicht zu bewegen. Ich erkundigte mich, ob sie Raucherin sei, und analysierte die Wohnsituation in pyrotechnischer Hinsicht. Da die Situation günstig war – Steinboden in der Küche –, riet ich ihr, bei nächster Gelegenheit die Zeitung ihres Mannes anzuzünden. Beim nächsten Treffen erzählte die Klientin, sie sei meiner Aufforderung gefolgt. Sie habe mit ihrem Mann reden können und sie hätten beschlossen, ihre Beziehung in einer Ehetherapie zu klären.

Glücklicherweise ist es nicht häufig notwendig, mit so grobem Geschütz aufzufahren, doch können leichtere oder auch heftigere Schocks oft heilsam sein und zum Anlass für eine Neuorientierung werden.

■ Kritik

Selten und in sehr überlegter Weise angebrachte Kritik kann eine durchaus sinnvolle Intervention sein. Es gilt dabei, Folgendes zu beachten:

- Die Beziehung zwischen Klientin und Beraterin muss gut sein. Sie ist auf »Tragfähigkeit« zu überprüfen!

- Kritik soll in Verständnis und Sorge eingebettet sein.
- Die Kritik soll die Klientin überraschen: Die sonst so verständnisvolle Beraterin rügt plötzlich ein Verhalten der Klientin.
- Die Kritik darf nicht die Person, nicht ihr Wesen treffen. Sie muss sich auf Verhalten, auf etwas, das sie tut, beziehen.
- Die Beraterin sollte nicht nur kritisieren, sondern der Klientin anschließend helfen, anders mit der beklagten Situation umzugehen.

Eine Klientin berichtete über schlimme Eifersuchtsszenen, die die Beziehung zu ihrem früheren Ehemann und zu ihrem jetzigen Freund schwer belasteten. Dank einer Psychotherapie wusste sie Bescheid über die Ursachen ihrer Eifersuchtsanfälle, was sie allerdings nicht davon befreit hatte. Nach einer ersten Sitzung hatte die Klientin auf verschiedene Anregungen gut angesprochen und trotzdem ihrem Freund zwei Szenen gemacht.
Ich fuhr sie an: »Hören Sie doch auf mit diesem Mist! Haben Sie denn keine gescheiteren Methoden, um Nähe zu Ihrem Freund zu gewinnen?« Die Klientin schaute mich völlig verdutzt an, gab mir aber Recht. Wir stellten daraufhin Überlegungen an, wie sie mit der Situation anders umgehen könnte. Die Eifersucht nahm ihren Anfang, wenn der Freund am Abend abwesend war. Hatte sie sich genügend »aufgeladen«, begann sie ihm nachzuspionieren. Ich riet ihr, sie solle ein Foto ihres Freundes aufstellen, ihn betrachten und ihm gute Gedanken senden. Daraufhin solle sie einer anderen Beschäftigung nachgehen. Die Intervention klappte – und zeitigte zudem das Resultat, dass der Freund begann, sie an solchen Abenden öfter anzurufen.

Initiieren neuen Verhaltens

Handlungsanweisungen bringen viele Vorteile mit sich. Die Klienten erhalten Gelegenheit, etwas Neues zu erproben. Sie werden aus einem Zustand der Passivität, des Ausgeliefertseins heraus und zurück zu eigener Aktivität geführt. Viele Aufgaben stellen ein spielerisches Probehandeln dar, das Mut, Tätigkeitslust und Kreativität bei den Klienten fördert.

Jede Intervention muss gut auf den Klienten abgestimmt sein. Dies gilt bei Verhaltensanweisungen in ganz besonderem Maße. Der Klient muss befähigt sein, der Anweisung zu folgen. Überforderung wirkt kontraproduktiv.

- Mit Sorgfalt sollte bei der Planung der Intervention überprüft werden, wie der Klient vorgehen wird und ob er sich die Aufgabe selbst zumutet.

Experimente

Als Experimente werden Aktivitäten bezeichnet, wo Klientinnen und Klienten in spielerischer und kreativer Weise neues Verhalten entdecken und ausprobieren. Experimente lassen sich im Beratungsraum vornehmen – etwa in der Form von Rollenwechseln oder Rollenspielen. Die Beraterin kann der Klientin aber auch den Auftrag erteilen, ein Experiment zwischen zwei Beratungssitzungen auszuführen.

Erickson war ein unerreichbarer Meister in der Schöpfung origineller und wirksamer Verhaltensverschreibungen. Einer Frau, die an Blähungen litt und sich genierte, Wind fahren zu lassen, trug er auf, Bohnen zu kochen und nackt in der Wohnung herumzutanzen, dabei solle sie verschiedenartige Fürze fallen lassen – laute, leise … (O'Hanlon 1994, S. 346). Ich bewundere Erickson sehr und lese seine Fallgeschichten gern als Anregung, lasse mich aber durch seine Genialität nicht entmutigen. Auch weniger ausgeklügelte Experimente helfen meinen Klientinnen und Klienten, ihren seelischen und physischen Aktionsradius auszuweiten und interessante Erfahrungen zu machen.

> Einem Techniker, der mir überwiesen wurde, weil er Führungsaufgaben rein sachlich anging und die zwischenmenschliche Dimension völlig vernachlässigte, riet ich unter anderem, eine Videokamera anzuschaffen und ein Drehbuch für einen Videofilm zu schreiben. Die Idee zu diesem Projekt kam vom Klienten selbst. Mit Menschen zusammen einen Videofilm drehen und dabei Regie führen, erschließt ihm eine neue Welt.

Solche Aufgaben haben in gewissem Sinne *Pilotcharakter.* Um den

Einstieg in eine Aufgabe, die Angst macht, zu erleichtern, lässt sich auch ein Auftrag auf einem *Nebenkriegsschauplatz* geben.

> So empfahl ich einem Mann, der sich während vieler Jahre nicht hatte bewerben müssen, um sich »einzuüben«, sich für eine Stelle zu bewerben, die ihn gar nicht interessierte.

Reisen sind heute nicht mehr unbedingt ein Luxusartikel, sodass diese ein praktikables Hilfsmittel in der Beratungsarbeit darstellen. Ich schicke nicht ungern sehr pflichtbewusste, ein wenig zwanghafte Menschen, die Mühe haben, sich aus ihren bisherigen Verpflichtungen zu lösen und sich neue Horizonte zu erschließen, auf Reisen. Reisen vermögen eine Zäsur zu bilden, und das »Sich-im-Kreis-Drehen« zu unterbrechen. Es muss nicht unbedingt nach Neuseeland gehen, auch näher liegende Reiseziele erfüllen ihren Zweck.

- ▶ Lassen Sie die Klientin ihr Traumziel nennen. Diese muss sich dort rundherum wohl fühlen. Alsdann sollte die Reise gründlich vorbesprochen werden. Bringen Sie Ihre Klientin in eine positive Erwartungshaltung: »Am Reiseziel wird sich ihre Seele öffnen und Sie werden sich überraschen lassen. Sie werden sehr gute Einfälle haben, wie es mit Ihrem Leben weitergehen wird, wie Sie einen Partner finden werden, welchen Beruf Sie ergreifen wollen.« Führen Sie die Klientin als Vorbereitung in der Fantasie mehrmals an ihr Wunschziel.

»Tun-als-ob«

Kinder beherrschen das »Tun-als-ob« in großartiger Weise. Domenico ist der Herr Doktor, der seinem Schwesterchen das Bein verbindet, dann ein Auto, das auf der Autobahn rast, im nächsten Moment ist er Zügelmann und bald ein Kran, der Lasten hochhievt. Genau dieses kindlich-spielerische »Tun-als-ob« lässt sich in der Beratung nutzen. Als herrliche Möglichkeit, die Realität zu verzerren, um sie neu zu gestalten und sich Spielräume zu erschließen. »Tun-als-ob« bringt Leichtigkeit in den Beratungsprozess, und man vergibt sich damit nichts, lässt sich doch jederzeit wieder das Thema wechseln.

Der Klient wird aufgefordert, ein Verhalten zu zeigen, das er sich sonst nicht zumutet. Einfach so zu tun, als ob er dazu fähig wäre.

- ▶ Ein scheuer, unsicherer Klient soll zweimal in der Woche während zweier Stunden so tun, als ob er ein selbstbewusster Typ sei. Den Zeitpunkt soll er frei wählen und niemandem etwas davon sagen. Er soll aufschreiben, wie (nicht ob!) es ihm gelungen ist, selbstsicher zu sein und welche Reaktionen er im Umfeld damit erzielte. Als Vorbereitung des Experiments gilt es, Kriterien für selbstsicheres Verhalten zu erarbeiten: »Woran werden Sie erkennen, dass sie sich verhalten wie ein selbstsicherer Mensch?«

Erkunden und Einüben

In vielen Fällen wird es notwendig, Klientinnen und Klienten zu motivieren, sich an Ort und Stelle Informationen zu beschaffen, Interviews durchzuführen, Berufe zu besichtigen, Praktika zu absolvieren, mit Amtsstellen zu verhandeln. Informationen aus erster Hand und konkrete, erlebte Situationen helfen mehr als Informationen über Informationen.

Diese prosaisch erscheinende Interventionsform bedarf ganz besonders sorgfältiger Vorbereitung. Viele Klienten haben große Mühe, nur schon die Initiative zu ergreifen, um telefonisch um ein Gespräch zu bitten. Führen Sie den Klienten – Schritt für Schritt – durch den Erkundungsgang!

- Hat er genügend Mut?
- Weiß er, wie die Fragen zu stellen sind?
- Wie meistert er heikle Situationen?

Kurze Rollenspiele erlauben, insbesondere Gesprächsanfänge einzuüben. Wichtig ist, den Klienten nicht zu überfordern.

Neues Verhalten anzunehmen, erfordert oft längeres Einüben. Beratende sind nur während kurzer Zeit im Kontakt mit den Klienten und müssen trotzdem sicherstellen, dass diese sich gewünschtes Verhalten nicht nur vornehmen, sondern es auch erwerben:

- Das neue Verhalten ist wirklich *Wunschverhalten* der Klientin und nicht bloß das der beratenden Person.

- Es müssen genaue Frequenzen und Zeiten für die Einübung des Verhaltens festgelegt werden.
- Die Klientin soll aufgefordert werden, darüber Protokoll zu führen. Hat sie eine Übung vergessen, soll sie die Gründe dafür notieren.
- Geben Sie der Klientin ein Symbol mit, das geeignet ist, sie regelmäßig an ihre Absicht zu erinnern. Als solche *Anker* eignen sich irgendwelche Gegenstände, aber auch Zettel mit Merksätzen. Sehr bewährt haben sich Zettel, die am Toilettenspiegel angebracht oder in die Pultschublade gelegt werden, sodass die Klientin diese mehrmals täglich sieht und dabei an das Vorhaben erinnert wird.

Einer Unternehmensleitung, die ineffizient kommunizierte, verteilte ich rote Karten, die während längerer Zeit an jeden Sitzplatz zu legen waren. Wenn ein Mitglied die Karte hochhielt, bedeutete dies, dass Probleme zerredet oder auf Unwesentliches ausgewichen wurde. Die Mitglieder hatten in diesem Fall kurz zu beraten, wie die Sitzung weiter zu gestalten sei, damit die wesentlichen Ziele erreicht werden konnten. Die »Bürgi-Karte« wurde zum stehenden Begriff in der Geschäftsleitung und erfüllte ihren Zweck.

Fantasiearbeit

Freud hat das Denken als Probehandeln bezeichnet. Wir Menschen besitzen die wunderbare Möglichkeit, in der Fantasie Probleme zu lösen und neue Horizonte zu erschließen, ohne »einen Finger rühren zu müssen«. Alle Sinnessysteme stehen uns zur Verfügung, um uns die Zukunft auszumalen, Ideen auszuhecken und künstlerische Produkte zu schaffen. Um zu Problemlösungen zu kommen oder positive Zielvorstellungen zu entwickeln, sind kreative geistige Schritte nötig. In kreativer Stimmung sind Beraterin wie Klientin in der Lage, als Koautorinnen ihre Geschichte neu zu schreiben (White u. Epston 1990). Um dies tun zu können, gibt es verschiedene Hilfsmittel.

■ Metaphern

Metaphern sind Bilder und Geschichten, die zwar auch das Bewusstsein, insbesondere aber das Unbewusste ansprechen und Problemlösungen sowie Perspektiven enthalten.

> Eine Klientin, die im Leben viel erreicht hatte, litt an großen Selbstzweifeln, die es ihr erschwerten, sich in schwierigen Situationen flexibel zurechtzufinden. Wir analysierten verschiedene Situationen. Die Klientin fasste in meiner Gegenwart rasch Mut. Sie meinte dann, es wäre gut, wenn ich sie in schwierigen Momenten begleiten könnte. Ich erklärte ihr, dass sie dies teuer zu stehen käme. Sie solle sich eine persönliche Beraterin vorstellen, die immer zur Stelle sei. Nach einigem Nachdenken nannte die Klientin Pippi Langstrumpf. Diese sei ein Mädchen, das sich in allen Lebenslagen zurechtfinde. Ich bat sie, sich Pippi Langstrumpf vorzustellen, was gelang. Als Anker fertigte sich die Klientin eine Zeichnung an, damit sie daran denken würde, sie in problematischen Situationen zu konsultieren.

Mit Metaphern lassen sich viele Probleme »spielend« einer Lösung näher bringen.

> So erklärte ich einer Klientin, die vor einer schwierigen Entscheidung stand, aber durch ein nicht damit zusammenhängendes Problem sehr absorbiert und abgelenkt wurde, sie solle dieses Problem, bis sie die Entscheidung getroffen habe, in einen Eisschrank legen. »Machen Sie sich ein Bild vom Problem, das ablenkt. Stellen Sie sich eine Tiefkühltruhe vor. Öffnen Sie den Deckel, nehmen Sie das Problem und legen Sie es hinein. Schließen Sie den Deckel! – Öffnen Sie zur Kontrolle den Deckel und schauen Sie nach, ob das Problem noch drin ist. Machen Sie jetzt endgültig zu!« Die Intervention funktionierte, was am Gesichtsausdruck der Klientin abzulesen war.

Nicht nur Bilder, sondern auch ganze Geschichten können metaphorischen Charakter haben und als Intervention genutzt werden. Manche Beratende erfinden für ihre Klientinnen und Klienten Geschichten, die sie ihnen vortragen. Mohl gibt Anleitung, wie Metaphern aufzubauen sind, und führt verschiedene Geschichten als Beispiele an. Wir empfehlen die Lektüre des instruktiven Kapitels (Mohl 1996, S. 221–281).

Kreatives Problemlösen

Kreativitätsstrategien sind nicht eine Erfindung des Neurolinguistischen Programmierens, doch nutzt dieses die Fähigkeit des Fantasierens in systematischer und mannigfacher Weise, um kreative Prozesse auszulösen und neue Horizonte zu erschließen. Es ist nicht unsere Absicht, an dieser Stelle alle NLP-Strategien zu behandeln, die geeignet sind, neue Perspektiven zu schaffen. Sie sind in der NLP-Literatur gut beschrieben (z. B. Andreas u. Andreas 1988; Bandler 1987; Cameron-Bandler u. Lebeau 1990; Mohl 1993).

Unter der Zielsetzung, sich für die Zukunft kreativ neue Perspektiven zu erschließen, sind die folgenden Interventionen besonders gut geeignet:

- »Auspacken« (analysieren) der Kreativitäts- und Problemlösungsstrategien von Vorbildern. Wenn sich eine Kreativitätsstrategie bei der Person X bewährt hat und sie dem Klienten imponiert, kann er versuchen, diese zu übernehmen und nutzen.
- Veränderungen des Wertesystems der Person. Wertvorstellungen sind wichtige Leitplanken, die unser Verhalten steuern. Viele Verhaltensmuster lassen sich nur ändern und erneuern, wenn bei den dahinter liegenden Wertvorstellungen angesetzt wird. Mohl (1993, S. 361–369) beschreibt eine sehr praktikable Strategie für die Veränderung von Werthaltungen.
- Arbeit mit der Zeitlinie. Jeder Mensch besitzt Bilder der Vergangenheit, Gegenwart und Zukunft, die »auf einer Linie« angeordnet sind. Auf dieser Linie lässt sich eine veränderte Zukunft »etablieren«. Angeregt durch einen Kollegen (Bäbler, persönliche Mitteilung, 1993) benutze ich meine ganzen Praxisräume, damit Klientinnen und Klienten wichtige Stationen, Aspekte und Ereignisse ihrer Vergangenheit, Gegenwart und Zukunft – notiert auf Karten – auslegen können. Ich lasse die Klienten sich auf diese Karten stellen und sich die verschiedenen Stationen vergegenwärtigen. Oft gibt es vergangene Stationen, die den Weg in

die Zukunft blockieren und die zu bearbeiten sind. Manche Leute sind von ihrer Gegenwart sehr absorbiert. Spielerisch lassen sich Varianten des zukünftigen Lebenswegs erarbeiten.

Ein entscheidungsunfähiger Klient benötigte den ganzen Raum für Vergangenheit und Gegenwart – für die Zukunft blieb kein Platz mehr. In der »Realität unserer Übung« mussten wir zuerst Raum für die Zukunft schaffen, bevor der Klient in der Lage war, sich damit überhaupt zu beschäftigen. Sobald ganz real Platz für die Zukunft frei geworden war, gelang es ihm, positive Entwürfe zu skizzieren und Entscheide vorzubereiten.

Wenn es um die Verarbeitung vergangener Erlebnisse geht, lassen sich etwa folgende Fragen stellen:
- »Kommen Sie aus der Situation heraus und schauen Sie sie von außen an. Wie bringt es das Erlebnis fertig, Sie heute noch so zu beschäftigen (bestimmen, faszinieren)?«
- »Kommen Sie aus der Situation heraus und betrachten Sie sie von außen! Möchten Sie sich von dieser Situation verabschieden, damit Sie sich der Zukunft zuwenden können?«
- »Das Erlebnis beschäftigt Sie sehr. Vielleicht heißt dies, dass Sie daraus für das weitere Leben etwas lernen sollen. Was könnte es sein?«

Zur Gestaltung der künftigen Zeitlinie lassen sich viele Spielformen erfinden und viele Fragen stellen:
- Die Klientin kann aufgefordert werden, verschiedene denkbare Lebenswege mit Wollfäden im Raum zu markieren. Sie wird dann entlang dieser Fäden geleitet: »Welchen Weg wollen Sie zuerst gehen? Wollen Sie diesem Weg einen Namen geben? Folgen Sie diesem Weg und achten Sie, welche Bilder kommen, wenn Sie ihn gehen.« Später lässt sich verarbeitend über die verschiedenen Wege sprechen.
- Der Berater markiert mit Zetteln den Weg in die kurz-, mittel- und langfristige Zukunft. Der Klient wird auf den ersten Zettel geführt: »Hier werden Sie in einem Jahr stehen! Wo sind Sie jetzt, was sehen Sie?« Anschließend wird der Klient weiter in die Zukunft geführt. Als sehr nützlich erweist es sich, wenn zuvor

Kriterien und Wertvorstellungen für ein erfülltes Leben eruiert werden, sodass der Klient die verschiedenen Stationen auch bewerten kann.

Die NLP-Literatur erweist sich als wahre Fundgrube für Interventionskonzepte, die geeignet sind, Türen in eine positive Richtung zu öffnen. Manche Angebote sind ohne NLP-Ausbildung in die Beratungspraxis umzusetzen. Recht viele Strategien allerdings erfordern ein Mehr an Kenntnissen und Übung. Eine NLP-Grundausbildung erweist sich als gute Investition für beratende »Allgemeinpraktiker und Allgemeinpraktikerinnen«. In der Hand erfahrener Beraterinnen und Berater ist das Neurolinguistische Programmieren ein sehr brauchbares Arbeitsinstrument.

Geschenke

Als *Geschenke* bezeichnen wir spontane, oft »unlogische« Ideen, Eingebungen oder Erinnerungen, die es ermöglichen, dem Gespräch eine unerwartete Richtung zu geben. Es ist wichtig, sich dieser Quelle nicht zu verschließen – etwa aus dem Bedürfnis heraus, die Beratung unbedingt professionell gestalten zu wollen.

Auf bewusster Ebene haben wir nur begrenzten Zugang zu unseren Ressourcen. Neue Dimensionen – Kräfte und Fähigkeiten – tun sich uns auf, wenn wir das Unbewusste wirken lassen. Das persönliche und wohl auch das kollektive Unbewusste erweist sich als unerschöpfliche Quelle, die zu nutzen eigentlich ganz einfach ist.

Eine Akademikerin konsultierte mich in einer sehr schwierigen Lebensentscheidung. Sie hatte sich sehr kompetent mit den anstehenden Fragen auseinander gesetzt und kam zu keinem Entschluss. Im Beratungsgespräch konnte auch ich ihr nicht weiterhelfen. Etwas ratlos saßen wir da. Auf meine Frage, ob ihre jetzige Lebenssituation keine positiven Seiten habe, antwortete sie nach einigem Überlegen, dass sie auf der Herfahrt angehalten habe, weil am Straßenrand der erste Mohn blühte. Ich begann, ihr von meinen fotografischen Blumenexkursionen zu erzählen. So entdeckten wir eine gemeinsame Leidenschaft. Beide kamen wir ins Schwärmen. Erickson hätte wohl gesagt, dass wir gemeinsam in Trance gingen. Miteinander wurden wir gewahr, dass es eine Dimension gibt, in der große Lebensprobleme ihre Bedeutung verlieren. Als wir wieder »an Land« gekommen waren, erklärte die Klientin, dass sie die Kraft besitze, um ihre Situation durchzustehen und so lange zu warten, bis die Zeit zur Entscheidung reif sei.

Eine solche Beratung lässt sich nicht machen. Wenn wir aber offen und aufmerksam sind, gelingt es uns, Geschenke dieser Art anzunehmen.

Ressourcen nutzen

Nutzen innerer Ressourcen

Eine ganz wichtige Maxime besagt, dass Therapeuten nichts in den Klienten hineintragen müssen, weil der Klient über alle Ressourcen verfüge, um auch mit einer schwierigen Situation zurechtzukommen. Er weiß es oft ganz einfach nicht, dass er die zur Lösung des Problems erforderlichen Fähigkeiten bereits besitzt und sie womöglich schon unter Beweis gestellt hat.

Für solchen Fähigkeitstransfer bietet wiederum das Neurolinguistische Programmieren sehr nützliche Strategien an. Sie werden vor allem unter dem Begriff »changing history« beschrieben (z. B. in Mohl 1993, S. 178–183). In meiner Praxis wende ich sehr häufig eine Form des »changing history« an, die ich von Gundel Kutschera (Instruktion während eines Ausbildungskurses, 1991) übernommen habe. Sie zeigt das Grundprinzip der Strategie klar auf und wird von Klientinnen und Klienten gut aufgenommen.

Eine Klientin beschreibt eine problematische Situation. Sie wird aufgefordert, dies in sehr konkreter Weise zu tun und sich zum Schluss ganz in die Situation hineinzubegeben, das heißt, sie sich in allen Sinnessystemen – visuell, auditiv, olfaktorisch – zu vergegenwärtigen. Anschließend soll die Klientin abgelenkt werden.
Jetzt werden zwei A4-Blätter in etwas Abstand auf den Fußboden gelegt. Diese sind wie folgt beschriftet: »Problematische Situation« und »Wünschenswerter Zustand«.

Die Klientin wird aufgefordert, sich neben das Blatt »Wünschenswerter Zustand« zu stellen. Sie wird gefragt, wie sie aussehe, wenn sie das Problem gelöst habe, wie dann ihre Stimme klinge, woran sie erkennen werde, dass das Problem gelöst sei. Wie sie sich fühlen werde, welche Fähigkeiten sie besitze, dass sie mit dem Problem fertig geworden sei. Jetzt wird die Klientin gebeten, sich auf das Papier »Wünschenswerter Zustand« zu stellen und sich in der Vorstellung ganz in diesen Zustand hineinzubegeben. Sie soll ihn intensiv in allen Sinnessystemen (visuell, auditiv, kinästhetisch) erleben. Die Physiologie (Zustand der Haut, Mimik, Körperhaltung, Bewegungen) ist genau zu beobachten. Die Klientin wird aufgefordert, vom Papier wegzutreten, und aus dem Zustand herausgeholt, indem man sie beispielsweise auf ein konkretes Objekt aufmerksam macht.
Die Klientin wird jetzt aufgefordert, auf das Blatt »Problematische Situation« zu treten und sich die Situation wiederum in allen Repräsentationssystemen zu vergegenwärtigen. Auch hier muss die Physiologie (diesmal die Problemphysiologie) genau beobachtet werden. Sobald sich die Klientin in den Problemzustand begeben hat, wird sie gebeten, direkt auf das Blatt »Wünschenswerter Zustand« hinüberzuwechseln und sich in den Ressourcenzustand zurückzuversetzen. Anschließend wird sie gefragt, wie sie es geschafft habe, diesen Schritt zu machen. Es empfiehlt sich, die Klientin diverse Male hin- und hergehen zu lassen mit dem Ziel, mit Leichtigkeit vom Problemzustand in den Ressourcenzustand zu kommen. Mögliche Einwände werden dabei besprochen (so genannter »Ökologie-Check«).
Jetzt gilt es, die positiven Aspekte des Problemzustands in den Ressourcenzustand hinüberzuführen. Die Klientin wird gefragt, was sie aus dem Problemzustand in den zukünftigen Zustand mit hinübernehmen wolle. Man lässt ihr Zeit, um positive Aspekte des Problemzustands zu benennen. Wichtig ist dabei, keine negativen Formulierungen zu akzeptieren.
Die Klientin wird zum Schluss in den Ressourcenzustand geführt: Sie muss sich auf das Papier mit der Aufgabe stellen, ähnliche zukünftige Situationen in der Vorstellung durchzuerleben. Es kann die Instruktion gegeben werden, die Klientin solle sich einen Film machen. Diese Aufgabe wird dreimal wiederholt, in-

dem die Klientin drei unterschiedliche Problemsituationen auswählen soll. Fällt sie in einem dieser Tests wieder in die Problemphysiologie zurück, war der Ressourcenzustand zu wenig intensiv oder es waren Einwände da, die nicht erkannt wurden. Diese sind zu besprechen, und es muss ein neuer Ressourcenzustand definiert und etabliert werden.

Nutzen äußerer Ressourcen

Es ist nicht so, dass Berater und Klient sich allein auf einer einsamen Insel befinden, denn es besteht immer wieder Gelegenheit, das Umfeld einzubeziehen und äußere Quellen zu nutzen.

Sie haben die Möglichkeit, ihre Klienten aufzufordern, sich von Personen, die sie kennen, *Feedback* geben zu lassen. Diese Maßnahme ist recht gut geeignet, eine verquere Selbsteinschätzung eines Klienten zu korrigieren. Selbstunsicheren Klienten, die sich eine gewünschte Ausbildung nicht recht zumuten, erkläre ich, dass es nicht ihre Sache sei, ihre Eignung zu beurteilen. Sie sollten das Aufnahmegespräch oder -verfahren absolvieren und die Bewertung der Eignungsvoraussetzungen den Ausbildungsinstanzen überlassen.

Äußere Ressourcen stellen auch andere Menschen dar, die ein bestimmtes Problem in geschickter Art lösten, die kreative Ideen entwickelten, um mit einer vergleichbaren Lebenssituation fertig zu werden. Solche Vorbilder lassen sich im Sinne des *Lernens am Modell* nutzen. Fordern Sie Ihre Klienten auf, das Verhalten des Vorbilds »abzugucken« und zu übernehmen!

Sie haben die Möglichkeit, selbst Verantwortung für den Klienten zu übernehmen oder ihm Arbeit abzunehmen. Das Motto »Hilfe zur Selbsthilfe«, das nicht angezweifelt werden soll, verleitet ein wenig dazu, möglichst wenig aktiv zu werden. Milton H. Erickson scheute sich nicht, Verantwortung zu übernehmen. Nicht oft und dann sehr gezielt tue ich ein Gleiches:

> Eltern beschrieben in der Beratung ihre Tochter als scheu, kontaktarm, passiv und unentschlossen. Die Tochter wehrte sich und erklärte mir, dass die Eltern ihr auch nicht gestatteten, Initiativen zu entwickeln. Sie behüteten sie zu sehr. Die erstaunten Eltern verlangten von ihrer Tochter ein konkretes Beispiel. Spon-

tan erklärte sie: »Ihr wollt mir den Schlüssel nicht geben, dass ich am Samstag mit den Kollegen zur Nacht-Schlittenfahrt gehen kann!« Auf meine Frage, wieso dem so sei, erklärte die Mutter, dass sie sich wegen Drogen, Überfällen und Vergewaltigungen um ihre Tochter sehr Sorgen mache.

Daraufhin forderte ich die Eltern auf, der Tochter den Schlüssel zu geben. Ich würde die Verantwortung an ihrer Stelle übernehmen. Der Tochter sagte ich: »Du weißt, was du zu tun hast! Keine Drogen, kein Sex und Rückkehr nach Hause zwischen 24 und zwei Uhr!« Der Abend fand statt und die Tochter kehrte um 23.45 Uhr wohlbehalten nach Hause zurück. Durch die Übernahme der Verantwortung entlastete ich die Mutter und zeigte ihr gleichzeitig eine andere Art des Umgangs mit Jugendlichen. Nach einigen Wochen berichteten die Eltern, die Tochter sei wesentlich extravertierter und aktiver. Sie habe sich nun spontan für eine gute berufliche Lösung entschieden.

Evaluation

Bei vielen Interventionen besteht die Möglichkeit, die Wirkung auf Klientinnen und Klienten sofort zu evaluieren. Mit dem »future pacing« lässt sich testen, ob die erarbeitete Veränderung wirklich sitzt. »Future pacing« ist eine NLP-Technik und heißt übersetzt »Schritt in die Zukunft«. Die Klientin wird aufgefordert, sich vorzustellen und in allen Sinnessystemen zu vergegenwärtigen, wie sich der erreichte Zielzustand in künftigen Situationen auswirken wird und wie sie neu erschlossene Ressourcen nutzen wird (vgl. z. B. O'Connor u. Seymour 1992, S. 112f.). Trotzdem erscheint es unabdinglich, die Umsetzung der gewonnenen Kompetenzen in die Lebenspraxis in einer späteren Sitzung zu kontrollieren.

Kaminski (1970) unterscheidet zwischen »Leben drinnen« (in der Beratungssituation) und »Leben draußen«. Beratende haben mit ihrer Präsenz eine recht starke Ausstrahlung auf die Klienten, die im »normalen« Leben wieder entfallen kann. Genau diese Differenz zwischen Leben drinnen und draußen sollte durch sorgfältige Befragung ermittelt werden. Nicht die Absicht, die ich als

Berater mit meinen Interventionen habe, sondern deren Wirkung zählt. Interventionen, die über die Beratungssitzung hinausgehen – Hausaufgaben, Verhaltensverschreibungen, verbale Botschaften am Schluss der Sitzung – müssen in der nächsten Sitzung unbedingt überprüft und verarbeitet werden.

Viel hängt davon ab, wie Aufträge in der nächsten Sitzung diskutiert und ausgewertet werden. Ich habe es mir angewöhnt, den Text der Instruktion oder Botschaft auf einen farbigen Zettel zu schreiben und diesen in der nächsten Sitzung vor mich hinzulegen. Dies wirkt für die Klientinnen und Klienten wie für mich als Signal, über die Hausaufgabe zu sprechen, auch wenn in dieser Sitzung andere Themen aktuell sein sollten.

Wenn Klienten ihre Aufträge nicht erfüllt haben, muss ich nicht unbedingt etwas falsch gemacht haben, denn es kann ihnen einfach unmöglich gewesen sein, auf mein Angebot einzugehen. De Shazer (1989b) bezeichnet das Nichtausführen von Verhaltensverschreibungen einfach als Reaktion der Klientinnen und Klienten. Und diese wird zum Ausgangspunkt für weitere Therapeutenaktivitäten.

> Oder gar zum Ausgangspunkt für Verhaltensänderungen! Ein Klient beklagte sich über die Trostlosigkeit seines Büros. Er selbst fand, dass es mit einem Blumenstrauß geschmückt werden sollte. Am Schluss der Sitzung fragte ich ihn, ob er an einem Blumengeschäft vorbeikomme. Er solle doch ein Sträußchen kaufen und schauen, wie es sich im Büro ausmache. In der nächsten Sitzung erzählte er mir, dass er vor dem Blumenladen gestanden sei. Er sei nicht hineingegangen. Das Büro sei es einfach nicht wert, mit Blumen geschmückt zu werden. Er wolle jetzt baldmöglichst seine Stelle kündigen.

Wenn Klientinnen und Klienten Hausaufgaben nicht ausgeführt haben, mache ich grundsätzlich nie Vorwürfe, hinterfrage aber sorgfältig, wie es dazu kam, dass sie meiner Aufgabe nicht haben folgen können. Aus dieser verarbeitenden Kooperation resultieren oft neue, viel bessere Aufgaben.

Andreas Bürgi

Arbeitstechniken

Arbeitstechniken sind im Gegensatz zu Interventionen, welche im strategischen Kontext stehen, taktische Instrumente. Als grundsätzliche Hilfsmittel betreffen sie den gesamten Beratungsprozess und dienen dazu, diesen vorwärts zu bringen, zu fördern und im Einzelnen zu gestalten. Interventionen hingegen sind Schritte im Rahmen strategischer Planung entsprechend unserem Konzept aus dem Kapitel »Beratungen folgen einer inneren Gesetzmäßigkeit« (S. 76). Komprimiert ausgedrückt verstehen wir unter Arbeitstechniken Mittel der Prozessgestaltung und unter Interventionen Veränderungsschritte.

> Weiß ein Klient im Gespräch nicht weiter, weil er gerade blockiert ist, kann ich ihm mit einem so genannten Verstärker aufmuntern, weiterzufahren. Weiß ein Klient in einer Lebenssituation nicht weiter, weil er wegen Selbstentwertung verunsichert ist, lässt er sich mit einem oder mehreren Komplimenten aufrichten.

Eine strikte Grenze zwischen Arbeitstechniken und Interventionen lässt sich nicht ziehen, weil manchmal einfache Arbeitstechniken die Wirkung einer Intervention zeitigen und weil es Interventionen gibt, die in allen Beratungsphasen eingesetzt werden können: Ermuntert der Berater seinen Klienten konsequent, sich frei auszusprechen, kann dies eine klärende und lösende Wirkung haben, sodass der Klient plötzlich Auswege aus seiner Situation erkennt.

> Ein Beispiel für universellen Einsatz von Interventionen: Mithilfe einer *Deutung* kann das Problem definiert werden.

Berater: »Mit Ihrem proaktiven Verhalten im Team wollen Sie sich vielleicht Aufmerksamkeit und Zuwendung sichern.«
Deutungen können auch im Rahmen der Zielformulierung sinnvoll sein.
Beraterin: »Ihr Ziel wäre also, sich beruflich so zu etablieren, dass Sie nie mehr Angst haben müssen zu verarmen.«
Meistens werden Deutungen im Sinne eigentlicher Interventionen eingesetzt und dienen dazu, einen Veränderungsprozess zu ermöglichen.

Bandler und Grinder (1981) haben Gespräche berühmter Psychotherapeuten analysiert und festgestellt, dass diese sich ganz bestimmter Sprachmuster bedienen. Ihre Sprache unterscheidet sich stark von der Alltagssprache. Dies einerseits, weil sie gewisse Dinge unterlassen, die im Alltag üblich sind. Etwa sofort zu werten oder Ratschläge zu erteilen; anderseits eben, weil sie bestimmte Gesprächstechniken gezielt nutzen, wie dies im Alltagsgespräch eher selten geschieht. Dieses Kapitel ist solchen Gesprächstechniken gewidmet.

Verstärken

Aus der Lernpsychologie weiß man, dass Verhalten, welches »belohnt« wurde, vermehrt auftritt. Solche Belohnungen werden Verstärker genannt. In Gesprächen genügen minimale Belohnungen – ein »mhm« mit Kopfnicken –, um den Partner anzuregen, mit seinen Äußerungen weiterzufahren. Wir verwenden den Terminus technicus *Verstärken* für alle Berateraktivitäten, die dazu beitragen, das Gespräch in Fluss zu halten und die Klientin zu ermuntern, sich frei zu äußern.

Ziele
- Empathie und ermunterndes Gesprächsverhalten des Beraters erleichtern es der Klientin, frei zu sprechen.
- Der Berater hilft dem Gegenüber aus Blockaden oder einer peinlichen Lage heraus.

- Die Klientin fühlt sich nicht mehr exponiert, sondern frei.
- Die Situation ist wieder entspannt und die Atmosphäre angenehm.

Small Talk

Unter *Small Talk* verstehen wir beliebige, meist eher belanglose Themen – etwa das Wetter, die Anreise, ein Einrichtungsgegenstand – die eingestreut werden, um eine Leere zu überbrücken: Die Beraterin will zu Beginn des ersten Gesprächs Kontakt knüpfen, aber noch nicht mit dem Beratungsgespräch beginnen. Der Berater trifft den Klienten zum zweiten Gespräch und sucht nach einem unverfänglichen Anknüpfungspunkt. Nach einer sehr schwierigen Phase weicht die Beraterin in ein Nebenthema aus.

Als Small Talk eignen sich alle Themen, die in der Situation auf der Hand liegen. So kann ein gemeinsames Hobby Gesprächsstoff liefern. Wichtig ist, dass Small Talk nicht in die Länge gezogen wird. Ist guter Rapport oder Entspannung erreicht, kann das eigentliche Thema wieder aufgenommen werden.

Verstärken

Die Gesprächstechnik des *Verstärkens* ist ein universales Instrument, um das Gespräch im Fluss zu halten und Sprechende zu unterstützen, sich frei zu äußern. Durch Kopfnicken, Lächeln, »mhm«, »ja«, »gut«, »natürlich«, »interessant« wird die Klientin aufgefordert, mehr zu erzählen, ihren Redefluss nicht zu unterbrechen. Die Beraterin signalisiert mit solchen verbalen und nonverbalen Äußerungen, dass sie an dem, was die Klientin erzählt, interessiert ist und dass sie weiterfahren soll.

Ermunternde Äußerungen und Fragen

»Erzählen Sie! – Was Sie da sagen, interessiert mich, können Sie das noch weiter ausführen?«

Solche einladenden Aufforderungen werden unterstützt, indem die Beraterin sich der Klientin gleichzeitig mit nonverbalen Signalen zuwendet oder indem sie sich entspannt im Stuhl zurücklehnt und mit ihrem Blick Aufmerksamkeit signalisiert.

Wenn die Situation schwierig oder der Klientin peinlich wird, lässt sich die aus der Interviewtechnik stammende »Andere-Leute-Frage« (Neuberger 1998, S. 132) einsetzen. Mit einer solchen Frage wird eine virtuelle Drittperson eingeführt, die in einer vergleichbaren Situation ein bestimmtes Verhalten zeigt. Dieser Vergleich ermuntert die Klientin, ihr Verhalten zu reflektieren und/oder offen zu sprechen.

> »Ich hatte eine andere Klientin, die hat Ähnliches wie Sie erlebt, dabei aber (im Gegensatz zur Klientin) sehr geweint. Ich weiß gar nicht, wie Sie sich jetzt fühlen ...?«

Beginnt die Beraterin sehr rasch im Gespräch nach Ausnahmen zu fragen, die ja einen positiven Kontrast zum beklagten Zustand darstellen oder hypothetische Lösungen zu entwickeln (vgl. Walter u. Peller 1994), zeitigt dies ebenfalls eine in hohem Maße bekräftigende Wirkung.

Hilfen zu Selbstausdruck und -ergründung

Ziele

- Die Beraterin bietet dem Klienten Hilfe an, die es ihm ermöglicht, das, was in ihm vorgeht, zu äußern.
- Mit spielerischen Ausdrucksmitteln wird das Terrain so vorbereitet, dass der Klient aus sich herausgehen kann.
- Die Auseinandersetzung mit sich selbst wird so gestaltet, dass sie dem Klienten spannend erscheint.
- Die Beraterin bietet dem Klienten unterschiedlichste Techniken an, die es ihm erlauben, Einsichten in seine Person zu gewinnen.

Arbeit mit Notizzetteln

Als Veranschaulichungsmittel sehr probat sind Notizzettel verschiedenster Größe und Farbe. Einsatzmöglichkeiten dafür gibt es viele.

Die Klientin wird aufgefordert, verschiedene persönliche Ressourcen (oder Stärken, Bedürfnisse, Anliegen, Werte, Berufe, Ziele, Zukunftsvorstellungen), die zur Diskussion stehen, einzeln auf Zettel zu notieren. Diese Zettel lassen sich anschließend in eine *Rangfolge* bringen (nah–fern; sympathisch–unsympathisch; wichtig–unwichtig). Die Resultate werden diskutiert. Anschließend kann eventuell eine neue Einstufung geschehen.

Klientinnen, die Mühe haben, Entscheidungen zu treffen und eine Rangfolge zu legen, kann man sagen, dass die Einstufungen nur probeweise erfolgten, gewissermaßen nur als Spiel gedacht seien, um zu sehen, was »herauskommt«. Diskutieren lässt sich der Vorgang der Wahl als solcher, wie auch die zur Wahl anstehenden Alternativen.

Eine Klientin hatte eine große Zahl von beruflichen Alternativen ins Auge gefasst, die ihrer Meinung nach alle gleichermaßen interessant seien, was ihr die Wahl zur Qual machte. Ich notierte sämtliche Alternativen auf Zettel und legte sie auf den Tisch vor der Klientin in eine Reihe. Ich forderte sie auf, aus dem Gefühl heraus die interessanteren Alternativen näher zu sich heranzuziehen und die weniger interessanten weiter weg zu schieben. Nach einigem Stöhnen lagen drei kunsthandwerkliche Ausbildungen ganz in ihrer Nähe. Den dafür erforderlichen Vorbereitungskurs legte sie etwas weiter weg. Ich nahm die weniger interessanten Alternativen vom Tisch. Anschließend legte ich auch die drei Zettel mit den künstlerischen Ausbildungen weg. Es blieb der Zettel mit dem Vorbereitungskurs. Der etwas erschrockenen Klientin erklärte ich, dass ihre Situation eigentlich völlig klar sei: »Die drei Berufe stehen Ihnen nur offen, wenn Sie den Vorkurs absolviert haben. Sie müssten sich als Erstes auf die Aufnahmeprüfung der Kunstfachschule vorbereiten!« Wir besprachen anschließend noch einige Bedenken, die die Klientin hinderten, diesen Schritt spontan zu tun. Der Weg war aber rasch frei.

Bilder sprechen lassen

Bilder – Fotoserien, Serien von Kunstkarten oder Kalenderblättern –, die den Klientinnen und Klienten zur Auswahl vorgelegt werden, können als Projektionsschirme oder Identifikationsobjekte dienen und zu spielerischer Selbstexploration genutzt werden. Die Klientin erhält die Möglichkeit, etwas über sich selbst auszusagen, das sie ohne das Hilfsmittel nicht hätte in Worte fassen können. Uns geht es dabei nicht um tiefenpsychologische Erkenntnisse oder um höhere Wahrheiten über die Persönlichkeit, sondern um Selbsterkenntnis, die durchaus »auf der Hand liegt«.

> Eine sehr intelligente Maturandin wählte aus hundert Fotos mit Frauen in Berufssituationen ein Model, das Damenwäsche demonstriert, als sympathischstes Bild aus. Die Klientin hatte den Wunsch, als Model zu arbeiten, doch die Eltern hatten ihr dies verboten. Als intelligente junge Frau solle sie ein Studium beginnen. Das Beratungsgespräch zuvor war wenig ergiebig gewesen, denn keine Berufs- und Studienrichtung vermochte sie zu faszinieren. Sie hatte es nicht gewagt, ihren Wunsch dem Berater gegenüber zu äußern.
> Die Lösung war schnell gefunden. Mit den Eltern wurde vereinbart, dass die Tochter für ein bis zwei Jahre als Model arbeite, was kein Beruf, sondern nur ein vorübergehender Job sei. Es fiel ihr leicht, den Eltern zu versichern, dass sie in zwei Jahren ein Studium aufnehmen werde.

Ein Wechsel des Repräsentationssystems – hier von der Rede zur Bildersprache – erhöht die Chance, dass Gespräche eine überraschende Wendung nehmen können.

Collagen

Bei der beliebten Arbeit mit Collagen lassen sich bestimmte Themen mit Fotos aus Zeitschriften, Schlagzeilen, Titeln, Grafiken, Handskizzen und eigenen Texten darstellen. Das Argument, die Klientin sei außerstande zu zeichnen oder zu malen, fällt bei Collagen dahin. Diese lassen sich auch gut in Zusammenarbeit erstellen. Beide gestalten miteinander dasselbe Thema, was es der Beraterin erlaubt, neue Elemente in den Prozess einzubringen.

Eine Klientin hatte Mühe, konkrete Vorstellungen für ihre Zukunft zu entwickeln und Prioritäten zu setzen. Sie erklärte, sie wolle in ihrem Leben nichts verpassen, sondern alles machen, denn es gefalle ihr eben alles. Vom Berater erhielt sie den Auftrag, während vierzehn Tagen Bilder und Titel oder Schlagzeilen auszuschneiden. Sie solle *alles* sammeln, was sie interessiere. Kurz vor der nächsten Sitzung solle sie große Bogen Packpapier an die Wand ihres Zimmers heften und alles aufkleben. Wenn ihr dies möglich sei, solle sie die wichtigen Dinge in die Mitte kleben und die weniger wichtigen an den Rand. Die Klientin kam mit einem sehr großen Leintuch angereist, das wir in der Praxis auf dem Boden ausbreiteten. Die Collage half ihre Situation rasch zu klären, obwohl die Klientin anfangs der Meinung war, auf dem Leintuch befinde sich ein großes Durcheinander. Einmal hatte sie lauter Bilder mit Menschen und kaum solche mit Dingen ausgewählt. Außerdem hielt sie sich während längerer Zeit bei einer ganz bestimmten Gruppe von Bildern auf. Als ich sie darauf aufmerksam machte, wurde sie gewahr, dass diese ihr den Weg wiesen.

Arbeit mit Stühlen

Frei nach Fritz Perls, dem Begründer der Gestalttherapie, erweist sich Arbeit mit Stühlen in Beratungsgesprächen als hervorragendes Mittel, um Persönlichkeitsteile oder Personen in Dialog zu bringen und den Prozess der Auseinandersetzung mit sich selbst oder anderen Personen anzuregen. Bei Entscheidungsschwierigkeiten symbolisieren verschiedene Stühle die unterschiedlichen Alternativen. Die Klientin wird aufgefordert, sich auf einen Stuhl zu setzen und für diese Alternative zu plädieren. Die Beraterin kann sie dabei »sekundieren«. Sobald ein Einwand auftaucht, muss ein anderer Stuhl aufgesucht werden.

Ein Klient setzte ein solches »Rundherum-Spiel« während anderthalb Stunden fort. Nach dieser Zeit erklärte ich ihm, er solle allein weitermachen, denn ich wolle jetzt im nahe gelegenen Restaurant zu Mittag essen. In anderthalb Stunden komme ich wieder und schaue dann, auf welchem Stuhl er sitze. Nach zehn Minuten erschien der Klient auch im Restaurant und erklärte, dass er zunächst Ferien brauche, bevor er sich entscheiden könne. Nach einer längeren Reise durch Südeuropa war die Entscheidung kein Thema mehr.

Immer wo es gilt, unterdrückte Persönlichkeitsteile oder Standpunkte zu Wort kommen zu lassen, sind Stühle ein unentbehrliches Hilfsmittel. So lässt sich die Klientin auffordern, auf einem weiteren Stuhl sitzend als ihr »Bedenken gegen eine Lösung« zu sprechen. Oft stehen verschiedene Teile der Persönlichkeit im Widerstreit: »Von diesem Stuhl aus äußerst du dich als fürsorgliche Mutter, von jenem als Kumpel deiner Kinder und vom letzten her als psychologisch geschulte Erzieherin!« Auf diese Weise lassen sich Widersprüche offen legen, aber auch einen Konsens zwischen verschiedenen Persönlichkeitsteilen finden. Auch Dialoge mit nicht anwesenden Personen können so geführt werden.

Fokussieren

Der Begriff stammt aus der Optik und bedeutet Scharfeinstellung des Objektivs auf ein Objekt. Im übertragenen Sinn geht es um die Konzentration des Gesprächs auf einen bestimmten Gegenstand.

Ziele
- Die Beraterin hilft der Klientin, das, was sie sagen möchte, klar zum Ausdruck zu bringen, diffuse und allgemeine Aussagen zu konkretisieren und das Gespräch auf wesentliche Aspekte zu konzentrieren.
- Der Berater sorgt dafür, dass sein Klient, der ausweicht oder den Gesprächsgegenstand rasch wechselt, beim für das Beratungsziel relevanten Thema bleibt.

– In der Beratung erarbeitete positive Zustände werden so »geankert« (fixiert), dass sie reaktiviert werden können und der Klientin auch nach dem Beratungsgespräch zur Verfügung stehen.

Formale Lenkungstechniken

Neuberger (1998) stellte einige formale Lenkungstechniken dar, die es erlauben, das Gespräch auf den Punkt zu bringen und Klientinnen und Klienten zurückzuholen. Neuberger grenzt Lenkungstechniken – als Mittel zur offenen Beeinflussung des Klienten – gegen Manipulationstechniken ab, bei welchen es darum geht, den Handlungsspielraum des Gesprächspartners in verdeckter Weise einzugrenzen. Der Übergang zwischen Manipulations- und Lenkungstechniken ist ein fließender. Beratende sollten sich, wenn ihnen an konstruktiver Beziehung zu ihren Ratsuchenden gelegen ist, auf Lenkungstechniken beschränken.

– *Zusammenfassen*: Die Beraterin fasst die wesentlichen Aussagen eines Gesprächsabschnitts kurz zusammen. Die Zusammenfassung kann sie mit folgenden Worten einleiten: »Darf ich zusammenfassen …?« Oder: »Ich möchte sicher sein, dass ich Sie richtig verstanden habe, und will deshalb das bisherige Gespräch kurz zusammenfassen.« Es empfiehlt sich, die Zusammenfassung mithilfe von Fragen zu erarbeiten und entsprechende Äußerungen tentativ vorzutragen, sodass die Klientin die Möglichkeit erhält, Korrekturen anzubringen.
– *Wiederholen*: Der Berater wiederholt eine Klientenaussage in dessen eigenen Worten. Die Aussage darf nur sehr kurz sein: »Wenn ich nur könnte!« Oder: »Ich möchte Ferien machen!« Wird nur ein einzelnes, aber sehr bedeutsames Wort, das der Klient gesagt hat, wiederholt, bezeichnet man dies als *Schlüsselwort*: »Entspannen«, »Ängste«, »vergessen«. Die Schlüsselwörter werden mit Betonung wiederholt und es wird eine Pause eingelegt. Mit der Technik der Wiederholung und der Schlüsselwörter lässt sich das Gespräch auf einen bestimmten Punkt fokussieren und zu weiterem Nachdenken anregen.
– Es stehen verschiedene Fragen zur Verfügung, die geeignet sind, das Gespräch auf formaler Ebene zu lenken. *Formalfragen* sind

in Frageform gekleidete Aufforderungen: »Sollten wir nicht auf das vorhergehende Thema zurückkommen?« *Rangierfragen* werden eingesetzt, wenn das Thema heikel oder der Klient weitschweifig wird. Ein »berufswahlunwilliger« Maturand redet über alles gern, nur nicht über die Berufswahl. Berater: »Es ist interessant, mit Ihnen zu diskutieren, sollten wir nicht doch jetzt zum Thema Berufswahl zurückkehren?«

- *Pausen*: Der Berater schweigt, obwohl es im natürlichen Gesprächsfluss *seine* Sache wäre weiterzufahren. Dazu Neuberger (1998, S. 130): »Eine bewusst eingeschobene Pause ist ein Mittel, den Gesprächspartner zu aktivieren oder ihn zu ermuntern, auf einem bestimmten Gebiet fortzufahren. Sie kann natürlich auch als Druckmittel eingesetzt werden.« Gerade lebhafte Beratende nutzen diese Lenkungstechnik viel zu selten und neigen dazu, jede Leere, die im Gespräch entsteht, zu füllen. Insbesondere nach Fragen und Aufforderungen sollte »der Ball bei der Klientin« bleiben. Es erstaunt immer wieder, was das Gegenüber hervorholt, wenn es durch Pausen zum Nachdenken gezwungen ist. Hat der Berater eine Frage gestellt, ist die Klientin an der Reihe und der Berater soll ihr entsprechend Zeit geben. Nach einigem Zuwarten kann er Hilfestellung geben: »Meine Frage ... scheint Ihnen Mühe zu bereiten? – Soll ich meine Frage nochmals formulieren? – Meine Frage ... Sie haben sie schon verstanden?«

Skalen

Manchen Menschen bereitet es Mühe, Gefühlszustände in sprachliche Aussagen umzusetzen. Gefühle enthalten Wertungen. So ist mir die eine Person sehr sympathisch, eine andere nur ein bisschen sympathisch und eine weitere ziemlich unsympathisch. Ich fühle mich heute Morgen sehr gereizt, während ich mich gestern ganz gelassen fühlte. Solche Wertungen legen ein Einstufen von Gefühlszuständen auf Skalen nahe. Dazu Weiss (1988, S. 42): »Derartige Skalen geben mehr Informationen, als die schlichte Mitteilung, dass jemand unter dem Symptom leidet. Es existiert plötzlich eine ganze Reihe von Abstufungen, von Schattierungen des Betroffenseins.«

Ein Klient, der über Angstzustände klagt, wird um genauere Angaben gebeten, indem die Beraterin ihm eine Skala vorgibt: »Auf einer Skala von null bis zehn bedeutet zehn, dass Sie keine Angst haben und null einen Zustand völliger Überschwemmung durch massivste Ängste. Welchen Wert auf dieser Skala würden Sie Ihren Ängsten, die Sie mir genannt haben, zuordnen?« Wird mit solchen Skalen gearbeitet, beginnen die Klienten oft von selbst weitere Differenzierungen vorzunehmen: »Am Morgen ist meine Angst etwa auf Stufe sieben, aber vor der Nacht auf Stufe drei« oder: »Das kann ich nicht gut sagen! Meine Angst schwankt von null bis zehn!« (es gibt also Ausnahmen!).
Mithilfe von Skalen lassen sich Veränderungen von Zuständen quantitativ festhalten und mit ergänzenden Fragen auch qualitativ umschreiben. »Zu Beginn unserer Sitzung stuften Sie Ihre Hilflosigkeit auf acht ein und jetzt gerade sind Sie bei fünf angelangt. Was hat diesen Schritt möglich gemacht? / Wie haben Sie diesen Schritt geschafft?« Weitere Veränderungsschritte lassen sich planen: »Wenn Sie in der nächsten Woche von fünf auf drei kommen wollen – wie werden Sie dies schaffen / welche Fähigkeit benötigen Sie, um dies zu schaffen?« Der Berater achtet darauf, dass die Schritte nicht zu groß sind, dass die Klientin weiß, wie sie den Schritt tun kann und dass sie Kriterien hat, um zu erkennen, ob sie an ihrem (Teil-)Ziel angelangt ist.
Auch das Bilden von *Rangreihen* erweist sich als probates Hilfsmittel: »Sie haben sich mit vier Lösungen auseinander gesetzt. Welche steht Ihnen jetzt am nächsten? Welche am zweitnächsten …?«

Konkretisieren

Das Konkretisieren ist eine universale und äußerst wichtige Lenkungstechnik, um vage Klientenaussagen zu spezifizieren. Wenn der Klient sich allgemein ausdrückt oder theoretisiert, wird er um *konkrete Beispiele* zu seiner Aussage gebeten.

Der Klient klagt über seine Ehepartnerin. Die Beraterin: »Haben Sie für mich ein Beispiel, wie Ihre Frau Sie unterdrückt? –

Können Sie mir eine konkrete Situation schildern, wo Ihre Frau Sie unterdrückt hat?«

Um negative Zustände (Inaktivität, Trödeln, Angst, Niedergeschlagenheit) beeinflussen zu können, ist eine ganz präzise Beschreibung der Prozesse und Umstände bei deren Auftreten wie auch beim Verschwinden erforderlich.

Die Autoren sind davon überzeugt, dass sich alle Formen psychischer Zustände auch auf psychischer Ebene beeinflussen lassen. Exakte Kenntnis der »inneren Sequenzen« erlaubt es, Anhaltspunkte für gezielte Beeinflussung zu finden.

Mit Fragen nach der Abfolge von Gedanken und Handlungen und nach dem *Wie* lernen Beraterin wie auch Klient, das Geschehen zu verstehen.

- »Wie geraten Sie in den Zustand der Inaktivität hinein?«
- »Wie schaffen Sie es, in die Niedergeschlagenheit hineinzukommen?« (Eine aktive Frageform erweist sich oft als sehr nützlich.)
- »Können Sie etwas machen, um Ihre Niedergeschlagenheit zu verstärken?«
- »Wie schafft es Ihr Unbewusstes, Sie in die Angstzustände hineinzubringen?«
- »Mich interessiert, was in Ihnen vor sich geht, bevor Sie X tun / bevor Sie sich unsicher fühlen. Erzählen Sie mir eins nach dem anderen!«
- »Wie schaffen Sie es, aus dem depressiven Zustand herauszukommen / den depressiven Zustand zu beenden? Wie spielt sich das – Schritt für Schritt – ab?«
- »Wie geht Ihr Unbewusstes vor, wenn es den depressiven Zustand beendet?«

Klientinnen und Klienten werden angeleitet, ganz genaue Berichte über die jeweilige Veränderung zum Negativen oder zum Positiven zu erstellen.

Beraterin: »Wie geraten Sie in die depressive Verfassung hinein?«
Eine Antwort könnte lauten: »Ich gehe in mein Zimmer und krame herum. Ich bemerke, dass ich zu Boden schaue … ich

fühle mich einsam ... alles sieht so trist aus ... ich bin ganz gelähmt ... gehe in die Küche und mache mir einen Kaffee ... schaue in die Tasse ... das bringt ja auch nichts ... ich fühle mich immer verzweifelter.«
Beraterin: »Wie schaffen Sie es jeweils, aus der Depression herauszukommen?«
Klient: »Ich nehme ein Geräusch wahr, zum Beispiel im Treppenhaus ... gehe ins Wohnzimmer und drehe das Radio oder den CD-Spieler an und höre etwas Musik ... vielleicht gehe ich dann zum Telefon, rufe einer Freundin an und schwatze ein wenig mit ihr ... wenn ich so ein wenig herumgehe und etwas mache, geht es mir dann rasch besser.«

Aus solchen Schilderungen lassen sich leicht Anhaltspunkte gewinnen, wie dieser Klient von der Depression weggelenkt werden kann.

▶ Wenn es der Klient in seinen Äußerungen an Präzision fehlen lässt, kann sich die Beraterin »begriffsstutzig« geben: »Ich kann Ihnen nicht ganz folgen – wie muss ich mir das genau vorstellen?« Oder: »Ich komme da nicht nach – Sie müssen mir das genauer erklären!«
Bei unklaren Zielvorstellungen fordert die Beraterin ihren Klienten auf, sich ein lebendiges Bild vom Zielzustand oder der Wunschvorstellung zu machen: »Malen Sie sich das Bild genau aus! Was sehen, hören, fühlen und riechen Sie dabei ...? Intensivieren Sie die Farben des Bilds! Holen Sie sich das Bild näher heran, dass Sie die Details besser sehen können!« Solche Vorstellungsbilder sind gut geeignet, die Zielvorstellung auf eine konkretere Ebene zu bringen, vorausgesetzt, er ist einigermaßen in der Lage zu visualisieren.

Ankern

In der Beratungssitzung wird ein gewollter Zustand verfügbar gemacht oder der Zugriff auf eine Ressource ermöglicht, doch außerhalb des Beratungsraums fällt es der Klientin schwer, den positiven Zustand aufrecht zu erhalten. Es gilt deshalb, nicht nur positive Zustände zu erarbeiten, sondern auch sicher zu stellen, dass die Klientin den erwünschten Zustand nach Belieben reaktivieren kann.

Der Begriff des Ankerns stammt aus dem Neurolinguistischen Programmieren (z. B. Dilts et al. 1985; Mohl 1993). Beim Ankern wird ein bedingter Reflex gesetzt, der die Möglichkeit schafft, den erarbeiteten Zustand auch in zukünftigen Situationen verfügbar zu machen. Für die Praxis der Beratung sind so genannte *Selbstanker* nützlich, denn sie geben der Klientin die Möglichkeit, den erwünschten Zustand wieder auszulösen. Als solche Selbstanker eignen sich:

- Körperteile (z. B. Berühren des Kinns; Hand aufs Bein legen; mit der rechten Hand den Daumenballen der linken drücken),
- Schmuck, der am Körper getragen wird und berührt werden kann,
- sonstige leicht verfügbare Gegenstände (z. B. der Schlüsselbund),
- Gegenstände mit Symbolcharakter (z. B. Fotografien),
- visuelle Vorstellungen.

► Das Vorgehen beim Selbst-Ankern:

1. Ein Anker, welcher der Klientin geeignet erscheint, wird ausgewählt.
2. Sie wird gebeten, sich den erwünschten Zustand vorzustellen und in allen Sinnessystemen (visuell, auditiv, olfaktorisch, kinästhetisch) zu vergegenwärtigen. Der Klientin muss Zeit gegeben werden, dass sie sich möglichst intensiv in den Zustand hineinversetzen kann.
3. Jetzt wird sie aufgefordert zu ankern, indem sie beispielsweise ein Schmuckstück berührt.
4. Die Klientin wird abgelenkt.
5. Eine spätere Berührung des Ankers muss den erwünschten Zustand sofort wieder auslösen.

Eine sonst sehr couragierte Klientin reagierte mit Angst auf aggressive Männer. Als erwünschten Zustand definierte die Klientin ein Gefühl der Gelassenheit. Da Anker mit Selbstberührung nicht funktionierten, wurde der Klientin ein visueller Anker vorgeschlagen. Sie solle sich einen Kochherd mit Schalter vorstellen. Beim Angstzustand stehe der Schalter auf Stufe fünf, beim Zustand der Gelassenheit auf Stufe null. Sie könne den Angstzustand ausblenden und den gelassenen Zustand erscheinen lassen, wenn sie den Schalter von fünf auf null zurückdrehe. Die Klientin wurde instruiert, den etwas komplizierten Vorgang einige Male zu üben. Sie berichtete nach mehreren Jahren, dass sie das Verfahren – wenn nötig – immer noch mit Erfolg einsetze.

Es gibt unendlich viele Möglichkeiten, wie Klientinnen und Klienten geholfen werden kann, mittels Selbstankern positive Zustände zu evozieren. Am wirkungsvollsten erwiesen sich in der Praxis Anker, die selbst ausgewählt wurden. Gute Erfahrungen haben wir auch gemacht, wenn das Evozieren des gewünschten Zustands für eine gewisse Zeitspanne ritualisiert wurde. Dazu eignen sich Zeiten, in denen tägliche Routinen erledigt werden, etwa während des morgendlichen Frisierens, Schminkens oder Rasierens. Zettelchen mit einem verbalen Anker, die am Toilettenspiegel angebracht werden, sind hilfreich. Die Ratsuchenden werden aufgefordert, den erwünschten Zustand während mehrerer Wochen täglich einmal auszulösen.

Hinterfragen und Ergründen

Für die Konstruktion von Wirklichkeitsmodellen lassen sich einige grundlegende Prinzipien nachweisen. Bandler und Grinder (1981) beschreiben *Tilgung, Generalisierung* und *Verzerrung* als solche allgemeinen Mechanismen für die Organisation menschlicher Erfahrung. Am individuellen Gebrauch der Sprache lässt sich das zur Anwendung kommende Wirklichkeitsmodell beispielhaft erkennen. Mithilfe spezifischer sprachlicher Muster (»Therapeutensprache«) lassen sich Veränderungen der Organisation von Erfahrung herbeiführen. Die erwähnten Autoren bezeichnen die Analyse und Modifikation solcher linguistischer Strukturen als »Metamodell der Sprache«.

Ziele

- Die Klientin betrachtet ihre aktuelle Situation aus anderer Optik.
- Durch kritische Reflexion ergänzt und erweitert sie ihr bisheriges Wirklichkeitsmodell.
- Sie richtet den Blick auf andere Seiten ihrer Persönlichkeit und entdeckt damit Ressourcen, die ihr bereits zur Verfügung stehen.
- Die Klientin gibt festgefahrene Überzeugungen auf und erkennt, dass ein Problem auch ganz anders betrachtet werden kann.
- Eine neue Sicht erschließt Handlungsspielräume, die vorher fehlten.

Konstruktives Aufdecken

Eingeschränkte Modelle der Wirklichkeit können Menschen in ihrer Handlungsfreiheit beeinträchtigen, indem sie keine anderen Wege oder Auswege aus problematischer Situation anbieten. Solche unvollständige Wirklichkeitskonstrukte lassen sich an restringiertem Sprachcode erkennen. Linguisten unterscheiden eine Tiefen- und eine Oberflächenstruktur der Sprache. Erstere beinhaltet die »gedachte«, vollständige Aussage, Letztere den konkret gesprochenen Satz. Das Bilden von Sätzen wäre eine unendlich schwierige Aufgabe, wenn wir stets die vollständigen Botschaften formulieren müssten. Ein Teil der gedachten Botschaften ist zur zweckmäßigen Vereinfachung der Sprache *getilgt*.

Das verwendete Wirklichkeitsmodell kann aber auch in *unzweckmäßiger* Weise vereinfacht sein und damit Handlungsspielräume verschließen.

> Eine Klientin erklärt: »Ich mag nichts mehr unternehmen!« Dieselbe Botschaft auf der Ebene der Tiefenstruktur: »Ich mag weder Ausflüge noch Ferien zu planen, weil mein Mann mit seinem Wenn und Aber alles abblockt!«

Der Nebensatz enthält die getilgten Informationen. Diese Tilgung hängt direkt mit den beschränkten Wahlmöglichkeiten der Klientin zusammen. In unserem Beispiel fehlt der Klientin nicht Unternehmungslust, sondern eine Strategie, wie sie trotz Nörgeleien ihres Ehemannes zu Ferien kommt. Sie spüren mit geduldigem Nachfragen solche Tilgungen auf und ermöglichen damit eine »Revision« des Wirklichkeitsmodells Ihrer Klientin.

Bandler und Grinder (1981) führen zwei wichtige Formen der Tilgung an: Wenn ein Klient sagt: »Am Arbeitsplatz darf ich keine Gefühle zeigen!«, weist dies auf eine Regel hin, bei deren Missachtung etwas passieren wird. Der vollständige Satz müsste heißen: »Ich darf am Arbeitsplatz keine Gefühle zeigen, sonst merken alle, dass ich ein Weichling bin.« Dieser Teil des Satzes beinhaltet das getilgte Material. Hört man in Klientenaussagen *Modaloperatoren der Notwendigkeit* (Bandler und Grinder 1981) – »müssen; darf nicht; sollte« –, liegt diese Art der Tilgung vor. Sie kann mit der folgenden Frage rekonstruiert werden: »Was würde passieren, wenn Sie X nicht mehr unterlassen würden / wenn Sie am Arbeitsplatz Gefühle zeigten?«

»Ich kann meine Frau nicht verstehen!« Dieser Satz ist ebenfalls unvollständig. Die ergänzte Fassung könnte lauten: »Ich kann meine Frau nicht verstehen, denn ihr Verhalten widerspricht meiner religiösen Erziehung!« Der zweite Teil des Satzes beinhaltet das getilgte Material. Oberflächenstrukturen dieser Art lassen sich an folgenden Stichworten erkennen: »Kann nicht; nicht möglich, dass …; unmöglich zu …; außerstande zu; nicht fähig zu …«. Die Frage: »Was hindert Sie daran, X zu tun?« erlaubt, die getilgten Aspekte des Modells zu eruieren und verfügbar zu machen. Diese Frageform lässt sich beliebig variieren:

> Ich hatte einer Klientin den Auftrag erteilt, Stelleninserate auszuschneiden und sich mindestens einmal zu bewerben, ohne sich dabei Gedanken zu machen, ob sie die Stelle überhaupt erhalte. Im nächsten Gespräch: »Ich habe zwei Stelleninserate ausgeschnitten, aber ich war nicht in der Lage, mich zu bewerben« – »Was hat Sie daran gehindert, es zu tun?« – »Ich habe Angst, enttäuscht zu reagieren, wenn ich die Stelle nicht bekomme.«

Relativieren von Generalisierungen

Eine weitere von Bandler und Grinder beschriebene Transformation der Tiefenstruktur ist die *Generalisierung*. Ein Einzelfall wird verallgemeinert. Menschen neigen dazu, nach leidvollen Erlebnissen, die sie sehr beeindruckt haben, anzunehmen, dass alle weiteren vergleichbaren Situationen nach demselben Muster ablaufen werden. Solche Verallgemeinerungen schränken den persönlichen Erlebnishorizont stark ein und können zu starren Leitlinien für das Verhalten werden. Generalisierungen sind in den folgenden Sprachkonstruktionen zu erkennen.

»Frauen mögen mich nicht!« Bei dieser Aussage fehlt der Beziehungsindex und muss erfragt werden: »Welche Frauen sind es, die Sie nicht mögen?«
»Mein Mann hat mich verletzt.« Der Berater präzisiert diese vage Äußerung: »Womit hat Sie Ihr Mann verletzt?«
»*Nie* habe ich Erfolg!« – »Bei allem, was Sie im Leben getan haben, waren Sie erfolglos? Gibt es da gar keine *Ausnahme*?«

Das letzte Beispiel zeigt, dass De Shazers Frage nach der Ausnahme eine spezifische Technik darstellt, um Generalisierungen aufzuheben. Seien Sie als Beratende hellhörig auf *fehlende Beziehungsindices* (Situationen – welche Situationen?) und so genannte *Universalquantoren* (alle, jeder, sämtliche, immer, niemand, nirgends, nichts, kein)!

Erkennen von Verzerrungen

Ein dritter Typus von Oberflächenstruktur sind die Verzerrungen. Dabei werden ursprüngliche Aussagen in eine veränderte Form gebracht. Verzerrungen können zu kreativen, aber auch zu einengenden Wirklichkeitskonstrukten führen. Es gibt unterschiedliche Typen von Verzerrungen, die durch Beratende aufzudecken sind.

Ein erster Typus ist die *Nominalisierung*. Prozesswörter werden in Substantive umgewandelt. Statt zu sagen, ich ärgere mich, spricht die Klientin von ihrem Ärger. Entscheidung, Kränkung, Wahrnehmung, Einfühlung, Beziehung sind Beispiele solcher Nominalisierungen. Dabei werden Prozesse zu Institutionen gemacht, die kaum mehr beeinflussbar sind. Beratende sind deshalb gefordert, Nominalisierungen rückgängig zu machen, damit Erstarrtes wieder lebendigem Erleben zugänglich wird. Es stehen verschiedene Möglichkeiten offen, um Nominalisierungen aufzuheben:

- »Setzen Sie sich auf diesen Stuhl und reden Sie als Ihre Entscheidung / Ihre Wut!« Diese Gestalttechnik bringt den Klienten unvermeidlich in den Prozess zurück.
- »Wie klingt das für Sie / wie fühlt sich das an, wenn Sie statt ›meine Kränkung‹ sagen, du kränkst mich?«

In weiteren Typen der Verzerrung werden Kausalbeziehungen angenommen, die nicht unbedingt bestehen müssen. Das Wort »aber« in Klientenaussagen deutet auf eine stillschweigend angenommene Kausalbeziehung hin: »Ich möchte nicht zornig werden, *aber* mein Partner beschuldigt mich immer!« Die Beschuldigungen des Partners sind notwendigerweise Grund für die Zornesausbrüche der Klientin, sodass ihr gar keine andere Wahl offen steht. Es kommt sehr oft vor, dass Klienten ihre eigenen Gefühlszustände als zwangsläufige Folge von Handlungen anderer Menschen oder von Umständen betrachten. Auf eine Formel gebracht:

Handlung X der Person 1 bewirkt Zustand Y der Person 2.

Klient: »Die Ungezwungenheit meiner Freundin hemmt und deprimiert mich!«

Berater: »Sie haben wirklich gar keine andere Möglichkeit, als auf ihre Ungezwungenheit mit Niedergeschlagenheit zu reagieren?«

Klientin: »Die Pflege meiner Mutter nimmt mir jede Freiheit!«

Beraterin: »Solange Ihre Mutter krank ist, haben Sie also gar keine andere Möglichkeit, als Sie ununterbrochen zu pflegen!?«

Konfrontieren und provozieren

Individuen konstruieren sich Wirklichkeitsmodelle, die auf verschiedenen Annahmen basieren, und aufgrund ihres Modells interpretieren sie ihr konkretes Erleben. Meistens ist es möglich, solche Konstrukte in sachlicher und eleganter Weise infrage zu stellen. Gelegentlich aber müssen Klientinnen und Klienten in provokativer Weise mit einer anderen möglichen Sicht der Wirklichkeit konfrontiert werden.

> Einer meiner Klienten konnte sich nie lange an Arbeitsstellen halten. Ihm wurde zum Vorwurf gemacht, dass er zu langsam arbeite und Termine nicht einhalte. Verlangte Arbeiten lieferte er oft mit Verspätung ab. Sein Verhalten interpretierte er als Unfähigkeit zur Konzentration auf das Wesentliche und zu klar strukturiertem Vorgehen. Die Informationen, die ich über ihn gewonnen hatte, charakterisierten ihn als intelligente Persönlichkeit mit Sinn für das Wesentliche und Fähigkeit zu effizientem Arbeiten. Die vom Klienten gegebene Interpretation leuchtete mir nicht ein und ich suchte nach anderen Motiven. Fast beiläufig erwähnte der Klient, dass er unter einem sehr autoritären Vater gelitten hatte. Als ich genügend Informationen gesammelt hatte, konfrontierte ich den Klienten wie folgt: »Sie sind nicht unfähig zu schnellem Arbeiten, sondern Sie sind ein gewiefter Saboteur und wissen offenbar sehr genau, wie Sie mit verpassten Terminen Ihre Chefs auf die Gabel nehmen können.« Im Gesicht des Klienten zeigte sich eine Mischung von Erschrecken, Tränen und aggressivem Grinsen. Der Klient gab mir Recht und fragte, was er tun müsse, um aus diesem Spiel herauszukommen.

Provokationen und Konfrontationen dürfen durchaus harter Art sein. Beratende tun aber gut daran, vorsichtig einzuschätzen, ob die Beratungsbeziehung genügend tragfähig ist und ob die Klientinnen und Klienten die Provokation zu verkraften vermögen.

Frage nach Konsequenzen

Beratungen sind meist auf verändertes Verhalten angelegt. Eine Klientin will bestimmte Lebenssituationen anders meistern als vorher. Oder ein Klient beabsichtigt, sich eine neue Stelle zu suchen, sich also eine veränderte Perspektive zu eröffnen. Das Neurolinguistische Programmieren lehrt uns, solche künftigen Veränderungen gut zu bedenken. Einerseits soll mit dem *Ökologiecheck* geklärt werden, ob das künftige Verhalten persönlichkeitskonform ist, und anderseits gilt es Voraussetzungen zu schaffen, dass das künftige Verhalten auch wirklich etabliert werden kann. Letztere Aktivität wird *Future pace* genannt.

Beispiele für einen Ökologiecheck

- »Nennen Sie mir drei positive und drei negative Konsequenzen Ihres neuen Verhaltens!« (Der Berater muss insistieren, dass mehrere sowohl positive als auch negative Konsequenzen genannt werden.)
- »Wenn Sie sich so, wie wir es besprochen haben, verhalten werden, wie wird sich das auf die Personen X, Y, Z auswirken?« (Auch hier insistieren, dass mehrere positive und negative Auswirkungen genannt werden.)
- »Wenn Sie nicht mehr in diesem Beratungszimmer sind, sondern zu Hause, kommen Ihnen vielleicht Bedenken, X zu tun. Was meinen Sie dazu?«

Beispiele für Future pace

- Die Klientin wird aufgefordert, sich einen Film zu machen und das neue Verhalten (in allen Sinnessystemen) mehrere Male durchzuspielen. Anschließend soll sie darüber Bericht erstatten, damit allfällige Modifikationen besprochen werden können. Auch hier schließt die Frage nach negativen und positiven Konsequenzen an.
- Mit der Klientin werden Indikatoren für das Zielverhalten erarbeitet: »Woran genau werden Sie zweifelsfrei erkennen, dass Sie sich so verhalten, wie Sie es sich wünschen?«

Zirkuläre Gesprächsführung

Der Terminus *zirkuläre Gesprächsführung* wurde durch die Mailänder Schule (z. B. Selvini Palazzoli et al. 1981) geprägt und charakterisiert einen Fragestil, der es erlaubt, Prozesse und Situationen in Systemen zu ergründen und verstehen.

Will man das, was in einem Klientensystem geschieht, verstehen, greift die so genannte lineare Kausalität (Ursache bedingt Wirkung) zu kurz. Eine adäquate Verstehensgrundlage ist die reflexive oder zirkuläre Kausalität. Ereignisse bedingen sich gegenseitig. Die Impotenz des Ehemannes ist wohl Folge der Gefühlskälte seiner Frau. Aber die Gefühlskälte seiner Frau ist ebenso Folge seiner Impotenz. Jeder Partner erlebt sein eigenes Verhalten, monokularer Sicht entsprechend, als Folge des Verhaltens des Partners. Erst binokulares Sehen zeigt die gegenseitige Bedingtheit der Verhaltensweisen auf.

Um in der Praxis diese zirkulären Verknüpfungen im System erkennen zu können, müssen Beratende die ablaufenden Prozesse nicht nur konsequent aus binokularer Sicht betrachten, sondern auch ganz spezifische Fragen stellen. Diese werden als zirkuläre Fragen bezeichnet.

> Beraterin zur Tochter: »Wie wirkt sich die Arbeitslosigkeit deines Vaters auf deine Mutter aus?« Dann zum Sohn: »Wenn deine Mutter verzweifelt dasitzt und Angst hat, was tut dein Vater dann?« Zur Mutter: »Wie reagiert Ihre Tochter, wenn der Vater dann in die Kneipe geht, in der er sich betrinkt?« Zum Vater: »Wer in dieser Familie macht sich am meisten Sorgen über die jetzige Situation? – Wer am zweitmeisten ...? – Wer am drittmeisten ...?«

Die Grundfrage, was sich in der zu beratenden Familie abspiele, wird beim zirkulären Fragen an Drittpersonen gerichtet. Die zugleich anwesende betroffene Person erfährt damit, wie ihre Ansichten, Vorstellungen oder Handlungsweisen von den anderen erlebt werden. Die Familienmitglieder werden von ihrer eigenen linearen Sichtweise abgelenkt und dazu geführt, den Familienprozess aus einer neuen Perspektive zu betrachten.

Tomm (1994) hat sich intensiv mit dem Konzept der zirkulären Gesprächsführung beschäftigt und verschiedene Kategorien zirkulärer Fragen unterschieden. Wir verweisen auf sein sehr informatives Werk.

Zirkuläre Fragen in der Einzelberatung

Zirkuläre Fragen wurden von Familientherapeuten für die Arbeit mit Mehrpersonensystemen entwickelt. Die Technik lässt sich als Schlüssel bezeichnen, mit dem sich in schwierigen Situationen Türen zu Lösungen öffnen lassen. Die Theorie, die zirkulärem Fragen zugrunde liegt, ist die systemische Sichtweise, welche heute auch für die Arbeit mit Einzelpersonen Gültigkeit hat. Ob nun eine oder mehrere Personen im Beratungsraum sitzen, die Beraterin ist immer mit einer Mehrzahl von Systemen konfrontiert, in die die Klienten eingebunden sind. Zirkuläre Fragen sind denn auch in der Einzelberatung ein nützliches Instrument und lassen sich wie folgt nutzen.

»Leben draußen«

Kaminski (1970) weist darauf hin, dass Klienten unter dem Einfluss der Beraterin zu einer neuen Sicht oder Haltung kommen können. Außerhalb ihrer Einflusssphäre fällt der Klient möglicherweise in die vorherige Verfassung zurück. Zirkuläre Fragen können den Klienten auf das »Leben draußen« vorbereiten.

- »Wie werden Sie sich fühlen, wenn Sie hier weggegangen und zu Hause eingetroffen sind? Was wird anders sein, was werden Sie anders machen? Wie wird Ihr Sohn darauf reagieren?«
- »Wie werden Sie sich das nächste Mal in einer schwierigen Situation an die Ressource erinnern, die wir heute gefunden haben? Brauchen Sie dazu eine Erinnerungsstütze?«

Die Beraterin thematisiert die Zeit nach der Beratung und stellt ihren Klienten damit in andere Umfelder, wo er Subsystem in unterschiedlichen sozialen Systemen ist. Hat der Klient sich im Rahmen der Beratung mit solchen denkbaren oder wahrscheinlich eintreffenden Situationen auseinander gesetzt, läuft er weniger Gefahr, dass er in bisherige Verhaltensmuster zurückfällt.

Drittpersonen einbeziehen

In der Einzelberatung bilden Berater und Klientin ein System mit intensiver gegenseitiger Zuwendung. Nur zu leicht wird diese Zweiheit zu einem »geschlossenen« System, das der Umwelt des Klienten keine Aufmerksamkeit mehr schenkt. Es ist Aufgabe des Beraters, das Umfeld der Klientin im Auge zu behalten. Mit zirkulären Fragen sorgt er dafür, dass relevante Drittpersonen in den Beratungsprozess einbezogen werden.

- »Was meint denn Ihr Partner zu Ihren Plänen?«
- »Wenn ich jetzt Ihre Mutter, Ihren Vorgesetzten fragen würde, wie würde sie/er Ihr Problem/Ihre Situation beschreiben?«
- »Wenn Ihre Tochter auf diesem Stuhl sitzen würde und gehört hätte, was Sie eben gesagt haben, was würde sie dazu wohl sagen?«
- »Wer könnte sonst noch betroffen sein, wenn Sie Ihre Pläne in die Tat umsetzen?«

Wenn die Klientin die Position einer Drittperson einnimmt, muss dies nicht mit der Meinung dieser Person übereinstimmen. Die Auseinandersetzung mit der vermeintlichen Sicht einer Drittperson bringt aber in verschiedener Hinsicht Gewinn:

- Es wird der Klientin bewusst, dass andere Personen von ihren Plänen betroffen sein und auf die Veränderungen in ihrem Verhalten reagieren werden.
- Sie gewinnt eine von ihrer bisherigen abweichende Sicht.
- Die Klientin wird angeregt, sich nach der Beratung einer persönlichen Auseinandersetzung zu stellen.

Eine andersartige Sicht

Zirkuläre Fragen ermöglichen der Klientin, einen andersartigen Zugang zu ihrem Problem zu finden. So kann sie erkennen, dass ihr Verhalten zwar Reaktion auf das Verhalten ihres Partners »ist«, das Verhalten des Partners anderseits als Reaktion auf ihr Verhalten betrachtet werden kann. Ihre Sicht wird systemisch. Sie gewinnt Einblick in Beziehungsmuster und ein Verständnis, das frei ist von Schuldzuschreibungen.

Eine Klientin, die unter einem autoritären Vorgesetzten litt, war aufgefordert worden, sich auf den »Vorgesetztenstuhl« zu setzen und als Vorgesetzter über sie zu sprechen. Es stellte sich heraus, dass ihre häufigen Rückfragen von diesem als Unsicherheit gewertet wurden und ihn veranlassten, ihr zu sagen, »wo es langgeht«. Dieses Verhalten wurde von der Klientin als autoritär erlebt und verunsicherte sie noch mehr. Als die Klientin dieses »Beziehungsspiel« erfasst hatte, war sie offen, um Neues auszuprobieren. Sie erlaubte sich »Fehlerfreudigkeit« und hörte damit auf, den Chef so häufig zu fragen.

Zirkuläre Fragen sind auch hilfreich, um Klienten Einsicht in eine Kontextbezogenheit ihres Verhaltens zu vermitteln, die ihnen nicht bewusst ist. Viele Verhaltensweisen haben ihren Ursprung in Kontexten, die zur Zeit der Beratung nicht mehr aktuell sind.

Ein seinem Naturell sehr lebhafter und experimentierfreudiger Klient neigte zu einem Perfektionismus, der ihn in seiner Freiheit sehr einschränke. Er wolle dieses Verhalten verändern, sehe sich aber dazu außerstande. Berater: »Wenn Sie sagen, ich darf eine Arbeit nur abschließen, wenn sie perfekt ist, klingt dies, wie wenn eine andere Person in Ihnen dies sagte. Wer könnte dies sein, der so spricht?« Klient, nach einigem Kopfschütteln: »Ich glaube, mein Vater … er war Lehrer … er verhielt sich selber stets sehr perfekt … es wurde nicht darüber geredet, aber es war uns klar, dass Vater das auch von uns verlangte.«

In solchen und ähnlichen Fällen führen zirkuläre Fragen zu einer »binokularen« Sicht, die dem Klienten ein neues Verständnis seiner Verhaltensweisen eröffnet. Dieses wird zum Ausgangspunkt für Veränderungsschritte.

Intensivieren

Wir alle kennen Situationen, in welchen wir nach einem bestimmten Muster reagieren, obwohl wir dies lieber verhindern möchten. Wir kennen unsere Verhaltensbereitschaft, können darüber reden, nicht aber darauf Einfluss nehmen und sie verändern. Es sind unbewusste Motive und Bedürfnisse, die hinter solchem Verhalten stehen. Nur wenn wir unser Erleben einer Situation als Ganzheit erkennen, finden wir den Schlüssel, um unsere Verhaltensmuster neu anzugehen. Intensives Wiedererleben einer Situation vermag eingeschliffenes Verhalten aufzubrechen und neue Perspektiven zu erschließen. Viele Intensivierungstechniken erfordern psychotherapeutische Ausbildung, sind also von Beratenden nicht ohne weiteres anzuwenden. Oftmals haben sie aber die Aufgabe, ihre Klientinnen und Klienten vom wirkungslosen »Reden darüber« wegzuführen, um sie auf Erlebensebene anzusprechen. Grundsätzlich geht es beim Intensivieren darum, das Gegenüber in einen Zustand erhöhter Aufmerksamkeit und Präsenz zu führen, alle Signale, die ausgesendet werden, wahrzunehmen und zu nutzen und die ausgeblendete Gefühlsdimension in adäquater Weise einzubeziehen.

Ziele
- Im Gespräch sind die Partner präsent, voll und ganz da.
- Die ausgetauschten Botschaften zeichnen sich durch Verbindlichkeit aus.
- Der Klient findet hin zu emotionaler Beteiligung und Betroffenheit.
- Die Gesprächsatmosphäre ist lebendig und intensiv.
- Die thematisierten Inhalte (Vorstellungen, Ziele) sind im persönlichen Erleben der Ratsuchenden verankert.

Verbalisieren emotionaler Erlebensinhalte

In der von Rogers entwickelten Gesprächspsychotherapie ist das »Verbalisieren emotionaler Erlebensinhalte« die zentrale therapeutische Technik. Dabei wird die Klientin auf den Gefühlsgehalt ihrer Aussagen angesprochen. Es wird ihr gewissermaßen der

Spiegel vorgehalten, was nichts mit bloßem Nachäffen ihrer Aussagen zu tun hat.

Die Therapeutin fühlt sich in subtiler Weise in die Situation der Klientin ein. Ihre Grundhaltung ist nichtdirektiv. Mit großer Sorgfalt sucht sie die Gefühlsebene der Klientin zu erschließen.

Klientin: »In meiner Situation weiß ich nicht mehr ein und aus!«
Therapeutin: »Sie fühlen sich dabei völlig hin- und hergerissen und blockiert.«
Klientin: »Ja … es ist wie ein Klotz in meiner Brust, der mir den Atem nimmt.«

Grundprinzip dieses Verbalisierens ist die Erschließung der Gefühlsdimension im Erleben der Klientin. Dies ist nicht nur im psychotherapeutischen, sondern auch im beraterischen Kontext möglich:

Der Berater achtet aufmerksam darauf, wie die Klientin über eine Situation spricht. Vielleicht berichtet sie völlig unbeteiligt über ein Erlebnis, das sie eigentlich betroffen machen müsste. Er weiß, dass zum Erleben Gefühle gehören – als spontane Stellungnahme auf unbewusster Ebene. Fehlt der erwartete Gefühlsgehalt oder passen Situation und Gefühl nicht zusammen, überlegt sich der Berater, ob und wie er dies aussprechen soll.

- »Sie erzählen mir Ihre völlig dramatische und tragische Geschichte, wirken dabei aber ganz ruhig, ja fast unbeteiligt … ich verstehe nicht recht, wie Sie sich dabei wirklich fühlen.«
- »Andere wären in einer solchen Situation traurig und niedergeschlagen. Was fühlen Sie denn jetzt/dabei?«

Beratende reagieren mit eigenen Gefühlen auf die Darstellungen ihrer Ratsuchenden. Sie nehmen diese spontanen, vom Unbewussten initiierten Stellungnahmen aufmerksam wahr. Für die Klientin, die keinen Zugang zu ihren Gefühlen hat, ihre Situation nur sehr diffus erfasst und Mühe bekundet, sich sprachlich auszudrücken, kann es sehr hilfreich sein, wenn ihr der Berater das entsprechende Gefühl aus ihrer Einfühlung heraus spiegelt.

Äußern Sie Ihre Wahrnehmungen und emotionalen Reaktionen stets vorsichtig und verwenden Sie nach Möglichkeit die Frageform dafür. Spüren Sie auch nur den geringsten Widerstand, nehmen Sie Ihre Äußerung zurück.

- »Wie fühlen Sie sich, wenn Sie das erzählen? ... ich bin etwas verwirrt ... habe das Gefühl, dass etwas ... nicht zusammenpasst ...«
- »Sie berichten über Ihr wirklich interessantes Vorhaben, aber mit einem Ausdruck, als ob es Ihnen gar keine Freude machen würde ... ich komme da nicht ganz mit ...«

Arbeit mit Körpersprache

Beim Intensivieren geht es darum, den ganzen Menschen einzubeziehen. Gespräche verweilen oft an der Oberfläche, wichtige Seiten der Person bleiben ausgeklammert. Das Unbewusste bringt diese trotzdem mehr oder weniger deutlich zum Ausdruck. Es bedient sich der Körpersprache, sendet also auf para- oder nonverbaler Ebene.

Die unbewussten Erlebensanteile sind an körpersprachlichen Phänomenen zu erkennen. Es gilt deshalb, diese wahrzunehmen und sie in die beraterische Arbeit einzubeziehen. Die Gestaltpsychotherapie kennt verschiedene Techniken, um die körperliche Dimension anzusprechen und damit neue Seiten seines Erlebens aufzuschließen. Ein Teil dieser Techniken lässt sich auch im Rahmen psychologischer Beratung nutzen.

Aufmerksam machen auf nonverbale Signale

Bemerkt die Beraterin körpersprachliche Signale, kann sie den Klienten darauf ansprechen. Besonders aufschlussreich sind nonverbale Zeichen, die nicht zur verbalen Aussage passen. Einmal mehr sei darauf hingewiesen, dass die Beziehung zwischen Beraterin und Klient von Vertrauen geprägt sein muss und dass sie ihn in sehr behutsamer Weise ansprechen soll. Er muss eine Antwort ohne weiteres verweigern können.

Ein Klient erzählte mir, dass er sich gegen seinen Vorgesetzten energisch wehren werde. Gleichzeitig hielt er die Füße mit den

Spitzen gegeneinander. Ich sprach ihn darauf an: »Schauen Sie auf Ihre Füße – ich weiß nicht, ob die auch in Kampfposition sind!?« Der Klient bemerkte sofort, dass es mit dieser Fußstellung schwierig ist zu kämpfen und dass er offenbar Bedenken hatte, auf seinen Chef loszugehen.

»In den Körper gehen«

Spürt der Berater Widerspruch zwischen verbalen und nonverbalen Äußerungen, kann er dazu auffordern, »in den Körper zu gehen« und nachzuspüren, wie sich die verschiedenen Teile anfühlen. Es empfiehlt sich, einzelne Körperpartien durchzugehen. Nacken, Brust, Bauch, Arme und Beine »machen oft mit« und können ohne weiteres erwähnt werden. Ziel dieser Überprüfung ist nicht systematische Entspannung oder Energetisierung wie in der Psychotherapie, sondern Lenkung der Aufmerksamkeit auf körperliches Geschehen. Solche Gesprächssequenzen bringen oft überraschende Wendungen.

Eine Klientin wippte in auffälliger Weise mit dem Fuß. Ich sprach sie darauf an: »Ihr Fuß bewegt sich so stark. Vielleicht möchte er etwas sagen?« Die Klientin: »Ja ich sehe es … weiß nicht, was das heißen soll.« Ich forderte sie zu einem kleinen Experiment auf: »Setzen Sie sich auf diesen Stuhl und sprechen Sie als Ihr Fuß! Sagen Sie einfach frei heraus, was ihm so einfällt!« Die Klientin: »Ich bewege mich. Ich will frei sein, mir keine Vorschriften machen lassen …«. Es stellte sich heraus, dass die Klientin ihr Bemühen um eine Lösung in der Beratung als weitere, von außen kommende Einengung erlebte und sich dagegen sträubte, zurzeit überhaupt etwas zu unternehmen.

Der wippende Fuß signalisierte ein Bedürfnis nach Freiheit und es war notwendig, darauf einzugehen. Dieses Beispiel steht für viele andere, wo das Unbewusste von Klienten eine wichtige Botschaft übermittelt. Schärfen Sie deshalb Ihren Blick für solche Anzeichen, orakeln Sie nicht! Lassen Sie Ihre Klientin frei zum nonverbalen Signal assoziieren!

Trance

Eine der Wurzeln des Neurolinguistischen Programmierens ist die Hypnosetherapie von Milton H. Erickson. Seine aus der eigentlichen Hypnose abgeleiteten Trance-Techniken wurden von verschiedenen Schulen übernommen und weiterentwickelt. So induzieren beispielsweise NLP-Therapeuten bei ihren Klienten oft Trance, um sie Situationen intensiv erleben zu lassen.

Trance lässt sich definieren als Zustand erhöhter Konzentration, die sich besonders auf innere Vorgänge richtet. Es gibt aber auch Ereignisse in unserem Umfeld, die uns ganz gefangen nehmen können. Der Grad der Versunkenheit kann sehr verschieden sein und von leichter Faszination bis zur tiefen Hypnose reichen.

Wer nicht in Hypnose ausgebildet ist, soll niemals eigentliche Hypnoseinduktionen vornehmen. Mit leichter Trance, wie sie im Neurolinguistischen Programmieren Anwendung findet, kann auch in der psychologischen Beratung gearbeitet und erreicht werden, dass Klientinnen und Klienten erhöhte Präsenz zeigen. Sie lässt sich erzielen, indem die Klientin gebeten wird, sich eine bestimmte Situation ganz lebhaft zu vergegenwärtigen. Nicht über sie reden, sondern sie sich als Bild vorstellen (visuelle Repräsentanz), hinhören, was es zu vernehmen gibt (auditive Repräsentanz), im Körper nachspüren, wie man sich dabei fühlt (kinästhetische Repräsentanz) und darauf achten, ob man etwas schmeckt oder riecht (olfaktorische Repräsentanz). Solche Instruktionen erteilt der Berater mit ruhiger Stimme und er beachtet die Physiologie der Klientin sehr genau, denn er erkennt daran, ob und wie sie die Situation erlebt. Diese Art von Trance erlaubt, *Ressourcenzustände* zu erschließen und nutzbar zu machen.

Berater: »Haben Sie eine Situation erlebt, in welcher Sie sich rundum wohl/glücklich/sicher/kompetent fühlten?« – Die Klientin nennt eine. – »Vergegenwärtigen Sie sich diese mit allen Sinnen … was sehen Sie? (Nicht darüber reden) … und schauen Sie gut hin! Was hören Sie? … Was fühlen Sie dabei in Ihrem Körper? … Was riechen oder schmecken Sie?« – Die Klientin strahlt. – »Genießen Sie diese Situation voll und ganz!«
Anschließend wird die Klientin gefragt, wie sie sich im Alltag an

diese Situation erinnern werde, um sie, wenn nötig, zur Verfügung zu haben.

Die Aufforderung zur Vergegenwärtigung einer Situation mit allen Sinnen stellt ein einfaches und wirksames Mittel dar, um vom »Reden darüber« wegzukommen und zu mehr Intensität hinzufinden.

Distanzieren

Das Neurolinguistische Programmieren unterscheidet zwei Formen, wie Erlebnisse repräsentiert werden, den assoziierten und den dissoziierten Zustand. Vergegenwärtigt sich ein Klient eine Situation aus derselben Perspektive, wie er sie ursprünglich erlebt hat, spricht man von Assoziation. Er erkennt auf dem inneren Bild nur die Menschen und Gegenstände, die er wahrgenommen hat, nicht aber sich selbst. Im assoziierten Zustand erlebt der Klient intensive Gefühle positiver oder negativer Art. Bei der dissoziierten Visualisierung erkennt der Klient sich selber in der Interaktion mit Personen und Gegenständen – er betrachtet die Szene mithin »von außen«, ohne emotional involviert oder engagiert zu sein. Der assoziative Zustand bietet die Möglichkeit intensiven Erlebens, der dissoziierte erlaubt Verarbeitung aus Distanz.

Beim Intensivieren geht es darum, den Ratsuchenden Zugang zu assoziierten Zuständen zu ermöglichen, während die Dissoziation dazu dient, eine Situation in Ruhe von außen zu betrachten.

Ziele

- Dem Klienten wird aus starker Befangenheit oder emotionaler Blockade herausgeholfen.
- Ihm wird ermöglicht, seine aktuelle Situation von außen zu betrachten und aus der Distanz Stellung zu nehmen.

Dissoziieren

Im dissoziierten Zustand sieht sich der Klient aus der Position des Beobachtenden in einer bestimmten Situation oder Verfassung.

Einfache Dissoziation hilft Klientinnen und Klienten, sich aus Befangenheit zu befreien. Wenn sie sich in einem negativen Zustand befinden, werden sie aufgefordert, aus sich selbst herauszuschweben und sich aus einer anderen Position zu betrachten:

> »Stellen Sie sich vor, Sie schwebten aus sich heraus und Sie sehen durch das Fenster sich und Ihren Verhandlungspartner im Disput.« Oder: »Schweben Sie aus sich heraus und stellen Sie sich hinter Ihren Stuhl! Jetzt sehen Sie sich selbst und Ihren Gesprächspartner von oben!«

Einigen Ratsuchenden gelingt Dissoziation nicht ohne weiteres. Es gilt, ihre Physiologie (Mimik, Hautfärbung und deren Veränderungen) genau zu beachten und sie aufzufordern, wieder in die dissoziierte Position zurückzukehren, sobald sie in den assoziierten Zustand zurückgefallen sind.

Das Neurolinguistische Programmieren kennt noch die Technik der Doppelten Dissoziation, beschrieben als Phobietechnik (Bandler u. Grinder 1985). Dieses komplexe Verfahren eignet sich eher für die Anwendung in der Psychotherapie.

Neue Blickpunkte

Oftmals ist es nicht notwendig, explizit zu dissoziieren, sondern einfach zweckmäßig, das Gegenüber dazu zu bewegen, seine Situation aus einem anderen Blickwinkel heraus zu betrachten, um andere Ansichten und Perspektiven zu gewinnen.

- Lassen Sie Ihre Klientin in die Gondel eines Heißluftballons klettern und fordern Sie sie auf, mit dem Ballon aufzusteigen … Sie überfliegt jetzt hoch oben ihren Wohnort … Lassen Sie sie die herrliche Rundsicht beschreiben und genießen … Heißen Sie sie anschließend hinunterblicken, wo die Klientin lebt … Und ihre Situation von weit oben betrachten … »Wie sieht die-

se aus von weit oben besehen?« … »Hat die Ballonfahrerin eine gute Idee für die Klientin dort unten?«
- »Wenn ich die Person X (Chef, Partnerin, Freund, Verwandter) fragen würde, wie diese Sie / die geschilderte Situation / Sie in der geschilderten Situation wahrnehmen würde, was würde die Person mir jetzt berichten?«
- »Wenn ich als ganz kleines Wesen (als Fliege, als Däumling) in Ihrem Zimmer wäre und Sie beobachten könnte, was würde ich da sehen / miterleben?«
- Von einem Klienten, der immer »zu nah an den Dingen« war und keinen Überblick hatte, stammt die Idee, von der Telesicht, die Fernes nahe heranholt, zu einer Weitwinkelsicht zu zoomen, bei welcher man viel mehr auf einmal sieht, besseren Überblick bekommt und wo alles weiter weg ist. Seither lasse ich meine Klienten gelegentlich zoomen – in beide Richtungen.
- Heißen Sie Ihre Klientinnen und Klienten in andere Rollen zu schlüpfen – Beobachter, Coach, weise alte Frau, Pippi Langstrumpf – fordern Sie sie auf, als diese Person zur Klientin oder zum Klienten zu sprechen.

Nicht immer bringen solche Aufforderungen auf Anhieb den gewünschten Effekt. Wenn etwas nicht funktioniert, probiere man etwas anderes. Sehr oft haben Vorschläge, die »daneben gehen«, eine auflockernde Wirkung und erlauben es, weitere, passende Ideen zu entwickeln. Die Möglichkeit, immer wieder neue Experimente zu ersinnen, macht den Beraterberuf spannend.

»Aus dem Feld gehen«

Oft ist es notwendig, dass Beratende sich selbst aus misslicher Gefühlslage oder Blockade befreien. Es folgen einige Beispiele, wie sie ihre Denk- und Aktionsfähigkeit zurückgewinnen können:
- Beratende können dissoziieren, indem sie sich vorstellen, sie verließen den eigenen Körper, stellten sich hinter den Stuhl oder in den Türrahmen und beobachteten alle Gesprächsteilnehmer. Bedeutsam ist dabei, darauf zu achten, wie sich der eigene Gefühlszustand verändert.

- Der Berater hat die Möglichkeit, sich für einige Sekunden im Geiste aus dem Raum zu begeben und sich vorzustellen, er sitze allein auf einer Bank am See oder im Park. Sobald er eine andere emotionale Verfassung erreicht hat, kann er »zurückkehren«.
- Sehr geeignet sind auch gegenständliche Anker für positive Gefühlszustände von Beratenden (z. B. Bilder, Kristalle, Nippsachen).
- Als Berater kann ich mir die Freiheit nehmen, effektiv in den Nebenraum zu gehen, um nachzudenken. Der Klientin lässt sich sagen: »Wir stehen an, ich möchte kurz ins Nebenzimmer gehen, um meine Gedanken zu ordnen. Machen Sie es sich solange bequem!« Bisher haben meine sämtlichen Klientinnen und Klienten positiv auf diese Mitteilung reagiert. Vergessen Sie nicht, im Nebenzimmer das Fenster zu öffnen, durchzuatmen und einen Moment ins Leere zu blicken. Tragen Sie sich Sorge, denn Sie sind ein wertvolles Arbeitsinstrument!

Literatur

Adorno, Th. W. (1949): Philosophie der neuen Musik. Tübingen.

Anderson, H.; Goolishian, H. A. (1990): Menschliche Systeme als sprachliche Systeme. Familiendynamik 15 (3): 212–243.

Andreas, C.; Andreas, S. (1988): Gewußt wie. Arbeit mit Submodalitäten und weitere NLP-Interventionen nach Maß. Paderborn.

Bandler, R.; Grinder, J. (1981): Metasprache und Psychotherapie. Struktur der Magie I. 6. Aufl. Paderborn, 1990.

Bandler, R.; Grinder, J. (1985): Neue Wege der Kurzzeittherapie. Neurolinguistische Programme. Paderborn.

Bandler, R. (1987): Veränderung des subjektiven Erlebens. Fortgeschrittene Methoden des NLP. Paderborn.

Barrett-Lennard, G. T. (1962): Dimensions of therapist response as casual factors in therapeutic chance. Psychol. Monographics 76, No. 562.

Barth, F. G. (1982): Biologie einer Begegnung. Die Partnerschaft der Insekten und Blumen. Stuttgart.

Bateson, G. (1981): Ökologie des Geistes. Anthropologische, psychologische, biologische und epistemologische Perspektiven. Frankfurt a. M.

Betz, D.; Breuninger, H. (1987): Teufelskreis Lernstörungen. Theoretische Grundlegung und Standardprogramm. 3. Aufl. Weinheim, 1993.

Binswanger, L. (1962): Grundformen und Erkenntnis menschlichen Daseins. München/Basel.

Bischof, N. (1995): Struktur und Bedeutung. Eine Einführung in die Systemtheorie. Bern.

Boscolo, L.; Bertrando, P. (1997): Systemische Einzeltherapie. Heidelberg.

Boss, M. (1957): Psychoanalyse und Daseinsanalytik. Bern.

Brooks, Ch. V. W. (1979): Erleben durch die Sinne. Paderborn.

Bruner, J. (1986): Actual Minds, Possible Worlds. Cambridge.

Bruner, J. (1990): Das Unbekannte denken. Stuttgart.

Buber, M. (1962): Das dialogische Prinzip. 7. Aufl. Gerlingen, 1994

Bürgi, A.; Rutishauser, B. (1977): Die Gesprächsführung in der Berufsberatung. In: Seifert, K. H. (Hg.), Handbuch der Psychologie. Göttingen.

Cameron-Bandler, L.; Lebeau, M. (1990): Die Intelligenz der Gefühle. Paderborn.

Cecchin, G.; Lane, G.; Wendel, A. R. (1993): Respektlosigkeit. Eine Überlebensstrategie für Therapeuten. Heidelberg.

Ciompi, L. (1982): Affektlogik. Stuttgart.

Ciompi, L. (1988): Außenwelt – Innenwelt. Die Entstehung von Zeit, Raum und psychischen Strukturen. Göttingen.

Ciompi, L. (1997): Die emotionalen Grundlagen des Denkens. Entwurf einer fraktalen Affektlogik. Göttingen.

De Jong, P.; Berg, I. (1998): Lösungen (er)finden. Das Werkstattbuch der lösungsorientierten Kurztherapie. Dortmund.

De Shazer, S. (1989a): Wege der erfolgreichen Kurztherapie. Stuttgart.

De Shazer, S. (1989b): Der Dreh. Überraschende Wendungen und Lösungen in der Kurzzeittherapie. Heidelberg.

De Shazer, S. (1992): Das Spiel mit den Unterschieden – wie therapeutische Lösungen lösen. Heidelberg.

De Shazer, S. (1996): Worte waren ursprünglich Zauber. Lösungsorientierte Therapie in Theorie und Praxis. Dortmund.

Derrida, J. (1976): Die Schrift und die Differenz. Frankfurt.

Dilts, R. B.; Bandler, R.; Grindler, J.; Cameron-Bandler, L.; De Lozier, J. (1985): Strukturen subjektiver Erfahrung, ihre Erforschung und Veränderung durch NLP. Paderborn.

Dörner, D. (1989): Die Logik des Mißlingens. Strategisches Denken in komplexen Situationen. Reinbek.

Essen, S. (1993): Systemische Therapie als Praxis des Nichtanhaftens. Zeitschrift für systemische Therapie 11 (1): 32–38.

Freud, S. (1916): Trauer und Melancholie. G. W. Bd. X. London, 1946.

Ginsburg, H.; Opper S. (1998): Piagets Theorie der geistigen Entwicklung. 8. Aufl. Stuttgart.

Graumann, C. F. (1972): Interaktion und Kommunikation. In: Handbuch der Psychologie. Bd. 7, 2. Halbbd. Göttingen, S. 1109–1262.

Grossmann, K. P. (2000): Der Fluss des Erzählens. Narrative Formen der Therapie. Heidelberg.

Haley, J. (1977): Direktive Familientherapie. Strategien für die Lösung von Problemen. München.

Hare-Mustin, R. T. (1994): Diskurse im verspiegelten Raum. Familiendynamik 19 (3): 205–232.

Homans, G. G. (1961): Social Behavoir. New York.

Kähler, H. D. (1991): Erstgespräche in der sozialen Einzelhilfe. Freiburg.

Kaminski, G. (1970): Verhaltenstheorie und Verhaltensmodifikation. Stuttgart.

Kriz, J. (1997a): Systemtheorie. Eine Einführung für Psychotherapeuten, Psychologen und Mediziner. Wien.

Kriz, J. (1997b): Chaos, Angst und Ordnung. Wie wir unsere Lebenswelt gestalten. Göttingen.

Kriz, J. (2002): Expressive Arts Therapy: Ein »Spiel-Raum« für mehr Spielraum in den Sinnstrukturen der Lebenswelt. Ein »intellectual response«

auf das Werk von Paolo J. Knill. In: Levine, S. K. (Hg.), Crossing boundaries. Explorations in Therapy & the Arts. A Festschrift for Paolo Knill. Toronto.
Lange, A. (1994): Zwischenmenschliche Fähigkeiten fördern. Nr. 1, S. 1–11.
Lange, E. (1975): Berufswahl als Entscheidungsprozess. In: Lange, E.; Büschges, G., Aspekte der Berufswahl in der modernen Gesellschaft. Frankfurt a. M.
Leutz, G. (1974): Psychodrama. Theorie und Praxis. Berlin.
Löhmer, C.; Standhardt, R. (Hg.) (1992): TZI. Pädagogisch-therapeutische Gruppenarbeit nach Ruth C. Cohn. Stuttgart.
Lütz, M. (1997): Psychotherapie und Religion. In: Hesse, J. (Hg.), Systemisch-lösungsorientierte Kurztherapie. Göttingen.
Margraf, J.; Schneider S.; Ehlers A. (1994): Diagnostisches Interview bei psychischen Störungen. Berlin.
Miller, G. A.; Galanter, E.; Pribram, K. H. (1960): Plans and the Structures of Behavoir. New York.
Mohl, A. (1993): Der Zauberlehrling. Das NLP Lern- und Übungsbuch. Paderborn.
Mohl, A. (1996): Meisterschüler, der Zauberlehrling II. Paderborn.
Neuberger, O. (1998): Das Mitarbeitergespräch. Praktische Grundlagen für erfolgreiche Führungsarbeit. 4. Aufl. Leonberg.
O'Connor, J.; Seymour, I. (1992): Neurolinguistisches Programmieren. Gelungene Kommunikation und persönliche Entfaltung. Freiburg.
O'Hanlon, W. H.; Hexum, A. L. (1994): Milton H. Ericksons gesammelte Fälle. Stuttgart.
Osgood, C. (1975): Cross-cultural Universals of Affective Meaning. Urbana.
Perls, F. (1976a): Grundlagen der Gestalt-Therapie. Einführung und Sitzungsprotokolle. München.
Perls, F. (1976b): Gestalttherapie in Aktion. Stuttgart.
Piaget, J. (1947): Psychologie der Intelligenz. Zürich.
Retzer, A. (1996): Zeit und Psychotherapie. Familiendynamik 21 (2): 136–159.
Ricoeur, P. (1983): Time and Narrative. Chicago.
Rogers, C. R. (1962): The Interpersonal Relationship. The Core of Guidance. In: Harward Educational Review 42: 416–429.
Rogers, C. R. (1983): Therapeut und Klient. Grundlagen der Gesprächspsychotherapie. Frankfurt a. M.
Roth, G. (1997): Das Gehirn und seine Wirklichkeit. Frankfurt a. M.
Schlippe, A. v.; Schweitzer, J. (1996): Lehrbuch der systemischen Therapie und Beratung. Göttingen.
Schlippe, A. v.; Lob-Corzilius, T. (1993): Chronische Krankheit im Kontext der Familie. Familiendynamik, 18 (1): 37–55.
Schulz von Thun, F. (1981): Miteinander reden 1. Störungen und Klärungen. Psychologie der zwischenmenschlichen Kommunikation. Reinbek, 2001
Schwartz, R. C. (1997): Systemische Therapie mit der inneren Familie. München.

Selvini Palazzoli, M.; Boscolo, L.; Cecchin, G.; Prata, G. (1981): Hypothetisieren – Zirkularität – Neutralität, drei Richtlinien für den Leiter der Sitzung. Familiendynamik 6/2: 123–139.

Simon, F. B.; Retzer, A. (1999): Editorial: Lösungsgeschichten. Familiendynamik 24 (1): 1–3.

Sluzki, C. E. (1992): Die therapeutische Transformation von Erzählungen. Familiendynamik 17 (1): 19–38.

Stierlin, H. (1990): Zwischen Sprachwagnis und Sprachwirrnis. Fam. dyn. 15 (3): 266–275.

Tausch, R. (1970): Gesprächspsychotherapie. 4. Aufl. Göttingen.

Tomm, K. (1994): Die Fragen des Beobachters. Schritte zu einer Kybernetik zweiter Ordnung in der systemischen Therapie. Heidelberg.

Truax, Ch. B. (1962): A Tentative Scale for the Measurement of Therapist Genuineness of Self Congruence. Mimeo-Manuser. Psychiatric Institute, Univ. Wisconsin.

Walter, J. L.; Peller, J. E. (1994): Lösungsorientierte Kurztherapie. Ein Lehr- und Lernbuch. Dortmund.

Watzlawick, P.; Beavin, J. H.; Jackson, D. D. (1969): Menschliche Kommunikation. Formen, Störungen, Paradoxien. Bern.

Watzlawick, P.; Waekland, J. H.; Fisch, R. (1974): Lösungen. Bern.

Weakland, J. H.; Fisch, R.; Watzlawick, P.; Bodin, A. (1980): Kurztherapie. Zielgerichtete Problemlösungen. In: Watzlawick, P.; Weakland, J. H., Interaktionen. Bern.

Weiss, T. (1988): Familientherapie ohne Familie. Kurztherapie mit Einzelpatienten. München.

White, M. (1989): Selected Papers. Adelaide.

White, M.; Epston, D. (1990): Die Zähmung der Monster. Literarische Mittel zu therapeutischen Zwecken. Heidelberg.

White, M. (1997): Narratives of Therapists' Lives. Adelaide.

Systemische Praxis

Johannes Herwig-Lempp

Ressourcenorientierte Teamarbeit

Systemische Praxis der kollegialen Beratung. Ein Lern- und Übungsbuch

2004. Ca. 250 Seiten, kartoniert
ISBN 3-525-46197-6

Kollegiale Beratung dient dazu, die Ressourcen des Teams zu nutzen und die Qualität der Arbeit dadurch zu verbessern. Das hier entwickelte systemische Modell der Teamberatung zeigt auf, wie die erprobten ressourcen- und lösungsorientierten Ansätze aus der Arbeit mit Klientinnen und Klienten auch gewinnbringend auf die eigene Teamarbeit übertragen werden können. Spielerisch-kreativ lassen sich neue Perspektiven und Ideen erfinden, um dann hieraus brauchbare Handlungsmöglichkeiten zu entwickeln. Neben einer ganzen Reihe von vielfältigen, praxiserprobten Methoden der kollegialen Beratung wird auch gezeigt, wie Teams die Organisation ihrer Sitzungen effektiv gestalten können.
Der Band ist als Lern- und Übungsbuch konzipiert, er lädt ein zum Experimentieren und Ausprobieren. Der Autor verweist auch auf die theoretischen Hintergründe seines Modells, deren Kenntnis für die praktische Umsetzung der Übungen jedoch nicht vorausgesetzt wird.

Jürgen Hargens

Aller Anfang ist ein Anfang

Gestaltungsmöglichkeiten hilfreicher systemischer Gespräche

Mit einem Vorwort von Arist von Schlippe.

2004. 160 Seiten mit 2 Abbildungen und 3 Tabellen, kartoniert
ISBN 3-525-46195-X

Jürgen Hargens gelingt es, seine langjährige Erfahrung als systemischer Therapeut gerade im Hinblick auf die so bedeutungsvollen Erstgespräche von Beratungen und Therapien in anschaulicher Weise haargenau nahe zu bringen.
Nach einer kurzen theoretischen Einführung stellt Hargens drei fiktive Erstgespräche vor, bei denen er – ganz im Sinn eines Arbeitsbuchs – jeden Schritt darstellt und jede Äußerung kommentiert und erläutert.
Für Therapeut*innen* und Berate*rinnen* erweist sich das Buch als eine Fundgrube, insbesondere was schwierig erscheinende Situationen angeht.

V&R
Vandenhoeck & Ruprecht